Hans Fallada · Uli Ditzen
Mein Vater und sein Sohn

AF199222

aufbau taschenbuch

Der Herausgeber: Ulrich (Uli) Ditzen, (1930–2013), ältester Sohn von Hans Fallada und Anna Ditzen. Von
1940 bis 1945 besuchte er das Joachimsthalsche Gymnasium
in Temp lin (Uckermark); ab November 1945 lebte er bei
seinem Vater und dessen zweiter Frau Ulla in Berlin, ging
nach dem Tod des Vaters im Februar 1947 ohne Abitur von
der Schule ab; zunächst Zeitungsreporter, später Jurastudium an der Freien Universität Berlin. Er ließ sich als Anwalt in Wuppertal nieder und lebte zuletzt wieder in seiner
Geburtsstadt Berlin.

Die Briefe, die Hans Fallada an den Sohn im Internat des
Templiner Gymnasiums schrieb, sind liebevoll und freundschaftlich; wenn es sein muß, aber auch streng. Der Vater
läßt Uli teilhaben am Leben in Carwitz, erzählt von seiner
Arbeit auf dem Hof und mit den Tieren, von den Sorgen des
Kriegsalltags. Uli berichtet von der Schule, von Freunden,
von Luftalarm und schlechtem Essen. Ein starkes, inniges
Verhältnis bindet beide, das erst zerbrach, als der Sohn
Zeuge des Verfalls seines morphiumsüchtigen Vaters wurde.

Aus der umfangreichen Korrespondenz von 1940 bis
1946 stellte Uli Ditzen eine beredte, anrührende Auswahl
zusammen.

Hans Fallada
Uli Ditzen

Mein Vater
und sein Sohn

Briefwechsel

*Herausgegeben
von Uli Ditzen*

atb aufbau taschenbuch

Mit Anmerkungen von Hartmut Schönfuß

Mit 22 Abbildungen

MIX
Papier | Fördert.
gute Waldnutzung
FSC® C083411

ISBN 978-3-7466-2145-6

Aufbau Taschenbuch ist eine Marke der Aufbau Verlage GmbH & Co. KG

3. Auflage 2023
Vollständige Taschenbuchausgabe
© Aufbau-Verlage GmbH & Co. KG, Berlin 2004; 2008
www.aufbau-verlage.de
10969 Berlin, Prinzenstraße 85
Die Originalausgabe erschien 2004 bei Aufbau,
einer Marke der Aufbau Verlage GmbH & Co. KG
Der Verlag behält sich das Text- und Data-Mining nach § 44b UrhG vor,
was hiermit Dritten ohne Zustimmung des Verlages untersagt ist.
Umschlaggestaltung gold, Fesel/Dieterich
unter Verwendung eines Fotos
Hans Fallada (Rudolf Ditzen) und sein Sohn Uli (Archiv Uli Ditzen)
Druck und Binden CPI books GmbH, Leck, Germany
Printed in Germany

Vorwort

I

Mein Vater ist seit über fünfzig Jahren tot. Die Erinnerung ist längst verschwommen. Manche Gesten meine ich mir noch vorstellen zu können. Und Fotografien, die er in großer Zahl hinterlassen hat, halten seine äußere Erscheinung im Bewußtsein. Doch seine Körpergröße habe ich nicht mehr in Erinnerung, vor allem die Stimme meines Vaters kenne ich nicht mehr, sie ist verklungen – wie so vieles vergangen ist von dem, was er neben seiner schriftstellerischen Tätigkeit noch tat und war.

Als dann auch meine Mutter gestorben war, mehr als vierzig Jahre später, kamen ihre persönlichen und persönlichsten Dinge in den Besitz der beiden Söhne. Lange sahen wir davon ab, den Schriftverkehr zu sichten. Schließlich ließ die Pietät nach, das Interesse nahm zu. Neben manchem, was noch heute verschlossen ist, fand sich ein alter Leitz-Ordner (»D. Reichspatent, Konventionsqualität 1«), handbeschriftet: »Kinder«. Ein alter, abgegriffener Ordner.

Meine Mutter – die Mummi, wie sie von Ehemann, Kindern, Freunden und vielen ihr sonst Nahestehenden genannt wurde –, die Mummi also muß ihn oft in der Hand gehabt haben. Nach meiner Vorstellung auf der Suche nach der früh gestorbenen Tochter Mücke, die ihr immer das liebste Kind war, aber wohl auch nach den beiden Söhnen, die ihr, wie üblich, eines Tages aus Haus, Fürsorge und Leben entwachsen waren.

Jetzt also liegt dieser Ordner vor mir. Sein Inhalt: 461 Blatt Korrespondenz aus dem Zeitraum 1940 bis 1946. Korrespondenz hauptsächlich zwischen dem Vater, manchmal auch der Mutter, mit dem Sohn Uli, der anfangs zehn Jahre alt war und zum Ende sechzehn, dazu auch Korrespondenz, in geringerem Umfang, mit Mücke (damals neun und zehn Jahre alt). Meistens Briefe im Vollformat DIN A4, gegen Kriegsende im Zeichen des Papiermangels häufiger im Halbformat, gelegentlich auch nur Postkarten. Der Vater schrieb jahrelang auf seiner Reiseschreibmaschine Remington mit der kleinen Type Pica und engzeilig, erst in der Endphase öfter mit der Hand; die Kinder gaben ihre Berichte handschriftlich, meist mit Tinte. Lange Texte, einiges an Leerformeln, ganz überwiegend aber Substanz. Für mich tat sich, als ich die alten Briefe las, eine verlorene, eine neue Welt auf.

II

Im Normalfall gibt es zwischen Eltern und Kindern in diesem Alter keinen Briefwechsel. Hier war es anders – der Schule der Kinder wegen.

Nach dem Erfolg des »Kleinen Mannes« im Jahre 1932, der ihm zugestandenermaßen in bezug auf seine Lebensführung und Sparsamkeit eher wenig gut bekam, hatte sich mein Vater aus der Großstadt geflüchtet, weg von Berlin aufs Land. Carwitz bei Feldberg in Mecklenburg war weit weg genug. Ein Ort mit damals nicht einmal 300 Einwohnern. Heute wird manchmal von einem Fischerdorf gesprochen, doch das trifft es nicht – der eine Fischer namens Haase, den es gab, bestimmte nicht den Charakter von Carwitz. Eher die Bauern, die sich mit wenig genug Hektar von armem Endmoränen-(Sand-)Acker mühsam ernähren mußten, und die Waldarbeiter.

Und dort, praktisch am Ende der Welt, lag, noch hinter dem Dorf, die Büdnerei Nummer 17. Sie wurde für Familie Ditzen zur Heimat, für die Kinder zum Paradies – mit einem

Vater, der nach seiner nächtlich-morgendlichen Schreiberei für sie Zeit hatte, sie auf den Acker, in den Stall mitnahm, mit ihnen im Kahn zum Schwimmen fuhr und mit dem Sohn dann auch über Krieg und Politik sprach, über das, was im Staatsrundfunk und im »Völkischen Beobachter« verkündet wurde, ebenso wie über das, was die Feindsender sagten (der Sohn hatte zuletzt 52 aufgelistet). Dieser Vater war schon ein Traumvater!

Das Dorf hatte eine Schule, mit einem einzigen ofenbeheizten Klassenraum, in dem alle acht Altersklassen unterrichtet wurden. Von dem einzigen Lehrer des Ortes, dem Herrn Schwoch, der später auch Ortsgruppenleiter der Partei und Bürgermeister wurde.

Für die ersten drei Schuljahre sahen meine Eltern diese Schule als ausreichend an. Gerade auch, weil Mücke und mir beim Schulbesuch im Dorf die unbeschwerte Kindheit erhalten blieb, wie sie uns in Carwitz geprägt hat. Doch ausreichende Vorbereitung für das Gymnasium, auf das wir mit zehn Jahren sollten, konnte Herr Schwoch nicht bieten. Deswegen hieß es schließlich: Ab in die Verbannung!

Zuerst kam ich auf ein Jahr zu guten Freunden des Vaters nach Berlin, damit ich dort einmal richtigen Schulbetrieb mit seinen Anforderungen kennenlernen konnte, dann 1940 nach Templin in der Uckermark, ins Joachimsthalsche Gymnasium und dessen Internat. Der Schwester Mücke ging es zwei Jahre später ebenso, sie fand in einem Internat bei Potsdam Aufnahme.

Mein Vater – der Papa (mit Ton auf der ersten Silbe) – hatte uns eingeschärft, jede Woche einmal zu schreiben. Genauso, wie er uns jede Woche schreiben würde. Ausgenommen natürlich Ferien und Wochenendbesuche.

Letztere boten sich für mich an. Templin lag zwar für Bahn und Post runde hundert Kilometer von Carwitz entfernt (bei zweimaligem Umsteigen); doch für mich als Radfahrer waren es nur gut zwanzig Landstraßen- und Waldweg-Kilometer. Das war ein Klacks von keinen zwei Stunden.

Doch gleichwohl – während der längsten Zeit des Jahres war Alltag die Briefschreiberei. So brachten es der Vater und ich auf die genannten 461 Blatt.

III

Mit diesem Briefwechsel hat mein Vater sich mir wiedergegeben, über ein halbes Jahrhundert nach seinem Tod.

Zum Verlust des ursprünglich so geliebten Vaters war es in seinen letzten beiden Lebensjahren gekommen, mit seinem Tode. Der war einsam, arm und würdelos. Niemand, von dem ich wüßte, hat seine letzten Stunden begleitet. Auch mich, den damals Sechzehnjährigen, drängte es nicht mehr täglich an sein Krankenlager. Er lag im Pankower Hilfskrankenhaus Blankenburger Straße 21–23. Es war die kümmerlichste Station auf den vielfachen Morphium-Entziehungskuren, denen er sich immer wieder ebenso freiwillig wie schließlich ergebnislos unterzog. Ich verstand nicht, warum das sein mußte.

Im zerstörten Nachkriegs-Berlin hatte er es mit seiner Familie an sich nicht schlecht getroffen. Obdach in einem vom Luftkrieg unberührten Einzelhaus in Pankow am Eisenmenger Weg; ein Keller voller Braunkohle im bitterkalten Winter 1946/47; genug zu essen mit der Schwerarbeiter-Lebensmittelkarte der »Kulturschaffenden« und mit zusätzlichen Pajoks der sowjetischen Militärverwaltung; und an seiner Seite seine fünfundzwanzigjährige zweite Ehefrau Ulla, die mit enormer Tatkraft und Freude am Organisieren manches möglich machte, was für den Normalbürger unerreichbar war. Um aber auch als letztes das für ihn immer wichtigste zu erwähnen: die Arbeitsmöglichkeit.

Was er jetzt schrieb, wurde ihm gewissermaßen aus den Händen gerissen, für Honorare, die sich selbst in Reichsmark sehen lassen konnten.

Das alles, aber auch die Sucht nach Morphium, die sein Leben und das seiner Frau gleichwohl zerstörte, konnte ich hautnah verfolgen. Nach Trennung und Scheidung meiner Eltern im Jahre 1944 war ich bis Kriegsende im Internat geblieben, nach dem Zusammenbruch in Mecklenburg. Dort gelang es 1945/46 zunächst nicht, die weiterführenden Schulen wieder zu öffnen; so nahm mein Vater zunächst mich und dann die Mücke im Eisenmenger Weg auf, so konnten wir in Pankow zur Schule gehen. Als ich frohgemut im zerstörten und doch hochinteressanten Berlin ankam, ahnte ich nicht, daß ich bald über Monate hinweg zum De-facto-Haushaltsvorstand werden würde

Das familiäre Chaos, in das ich kam, traf mich unvorbereitet. Von den Gründen der Trennung und von der Scheidung hatte ich kaum etwas gehört, und was, in verharmlosenden Worten. Von der Suchtgefährdung meines Vaters bis zur Zeit der Gründung unserer Familie wußte ich gar nichts – eine Fallada-Biographie gab es bis zum Erscheinen der Monographie von Jürgen Manthey 1963 nicht. Nun aber, 1946, entdeckte ich plötzlich, daß die Jagd nach Morphium Hauptziel der »Eltern« war. Aufgabenteilig: Für die Finanzierung war der Vater zuständig, für die Beschaffung Ulla. Mit Charme wie mit Schönheit beliehen (wenn auch nur bis zum jeweils nächsten Zusammenbruch mit nachfolgendem Klinik-Aufenthalt), war Ulla bei der Erfüllung ihrer Aufgabe verblüffend erfolgreich. Dabei war das Problem offensichtlich nicht der Ankauf des Stoffes – Morphium, meist in 100-ccm-Flaschen, war aus Beständen der zusammengebrochenen Wehrmacht am Schwarzen Markt massenhaft vorhanden –, Ullas eigentliches Problem war die Beschaffung auf Pump. Denn der Bedarf an Stoff eilte dem Zufluß der Mittel immer spürbar voraus; seltsame Gestalten erschienen manches Mal am Eisenmenger Weg, feierten mit den Falladas. Die Hilflosigkeit des Süchtigen, der Stunde für Stunde auf die nächste Lieferung wartet, ist jämmerlich. Die Haltlosigkeit des Süchtigen, der den soeben angelieferten Schuß feiert, kaum minder.

Von Familienleben, wie ich es aus Carwitz gewöhnt war, konnte keine Rede sein. Keine gemeinsamen Mahlzeiten zu festen Stunden mehr, kaum Kontakte innerhalb der Familie. Ulla war fast immerzu unterwegs; kam sie nach Hause, wollte sie gelobt werden für den Erfolg des jeweils letzten Organisationszuges, war es nun die Beschaffung eines ganzen frischen Brotes oder die Aufhebung der Stromabschaltung, nachdem das amtliche Verbrauchskontingent mit abenteuerlich vielen Kilowattstunden überschritten war.

Und wie habe ich den Vater in Erinnerung? Aus dieser Zeit kaum. Konnte er arbeiten, so war er im Arbeitszimmer und arbeitete wie besessen. Konnte er es nicht, so war er meist im Schlafzimmer, verfallen und hungrig nach der nächsten Spritze, oder glücklich von der letzten.

So kam mir die Achtung vor meinem Vater abhanden.

Noch in den fünfziger Jahren, das berichtete kürzlich eine Freundin jener Zeit, habe ich von meinem Vater nur als von »diesem Mann« gesprochen.

IV

Der Wandel der Einstellung dauerte Jahrzehnte.

Als erstes stellte ich fest, nicht ohne Verwunderung, daß das Werk Falladas nicht vom Markt verschwand. In den ersten Jahren nach seinem Tode war für mich fast selbstverständlich, daß die Bücher eines Versagers keinen Erfolg mehr haben konnten. Jedenfalls nicht auf Dauer.

Doch die Rowohlt-Taschenbücher mit vielen Fallada-Titeln kamen und blieben, der »Kleine Mann« wurde zur Nummer 1 der flexiblen Serie, die nach der Währungsreform die großformatigen Rotationsdrucke ablöste. Parallel dazu pflegte der Aufbau-Verlag das Werk kontinuierlich und langfristig. Die gebundene Ausgabe, die von den sechzigern bis in die achtziger Jahre erschien, war der verlegerische Höhepunkt. Den Nachworten des Herausgebers Günter Caspar entnahm ich Informationen und Wertungen, die mir in meiner jugendlichen Ignoranz fremd und unbekannt gewesen waren.

Stärker noch trugen zum Umdenken die Fallada-Freunde bei, die sich ab 1983 in Ostberlin trafen und die sich dann zur Hans-Fallada-Gesellschaft e. V. zusammenschlossen – jedes Mitglied ein Individualist, gleichwohl aber bereit zur Zusammenarbeit in dem Bemühen, die Erinnerung an einen großen deutschen Erzähler zu pflegen (mag er auch unter anspruchsvollen Germanisten noch bis heute nicht so recht ernstgenommen werden).

Aber wie vielen Autoren der ersten Hälfte des 20. Jahrhunderts ist es schon gelungen, mit ihrem erzählerischen Werk bis zum Beginn des 21. präsent zu bleiben?!

Während ich derart allmählich den Autor Fallada wiederentdeckte und akzeptierte, blieb der menschliche Bereich ausgespart. Um diese Lücke zu füllen, bedurfte es der Kenntnis der Korrespondenz. Sie mag im folgenden für sich selbst sprechen.

V

Heute bin ich rund zwanzig Jahre älter als mein Vater geworden ist. Aus meiner Sicht eines Siebzigers stand er, als er mit 53 Jahren starb, noch in seinen besten Jahren. Wenn es, abgesehen von den zwölf guten Carwitzer Jahren, dennoch kein ordentliches, gutes Leben geworden ist, so lag es gewiß nicht an mangelndem Streben.

Mein Vater hatte ein besonderes Gespür für Menschen, für Situationen, einen feinfühligen Nerv, der ihm erlaubte, die Welt um sich herum zu erfassen – das erweist sein Werk. Nur war dieser Nerv nicht bloß rezeptiv, sondern auch re-aktiv: Die Welt seiner Tage griff zu auf ihn, ließ ihn mitten darin stehen, nicht darüber. Stärke war sein Haupt-Charak-terzug wohl nicht.

Aber manches Mal bedenke ich, wie ich selbst wohl, wie jeder andere heutige Normalbürger, die Zeit um 1945 mit ihrem Zusammenbruch aller bisherigen Lebensverhältnisse überstanden hätte, wie ich wohl mit dem Charme und der Verführung einer halb so alten Frau umgegangen wäre, die für ihren Partner durch dick und dünn ging, mochte das gemeinsame Ziel auch nur die leichte Flucht in den Rausch sein. Für mich selbst, denke ich dann, wollte ich keine Ge-währ des guten Ausganges übernehmen.

So hat der Sohn schließlich sein Verständnis der Dinge und seinen Frieden gefunden mit dem Vater. Und den Ge-halt einer Kindheit, die über lange Jahre hinweg aus der Er-innerung geraten war.

Uli Ditzen

1940

Der Sohn, gerade zehn Jahre alt, hat die Aufnahmeprüfung für
das altsprachliche Joachimsthalsche Gymnasium bestanden.
Am 3. April hat ihn der Vater, auf dem vom Carwitzer Gast-
wirt Utnehmer gemieteten Pferdewagen, aus Carwitz nach
Templin gebracht. Dort ist er nun nach lateinischem Sprach-
gebrauch Alumne, erhält also Unterkunft, Kost und Unter-
richt, wie insgesamt rund 150 Heimschüler, die auf sechs
Alumnate verteilt sind. Und die neuen werden, wie im Na-
tionalsozialismus selbstverständlich, gleich im Deutschen
Jungvolk (DJ) organisiert.

Templin, den 18. 4. 40

Lieber Papa!
Wie geht es Dir? Mir gut! Hier ist noch kein schönes Wetter. Und vielen Dank für die Eier, Butter, Zeitungen. Sage
mir bitte, wie lange der Brief braucht um anzukommen?
Wir stehen sehr zeitig auf. Dann kommt Frühsport. Es ist
schade, das hier schlechtes Wetter ist. Am Sonntag habe ich
einen Film gesehen, Feuertaufe. Er war aus dem Polenfeldzug. Wir haben heute in der Schule das erste lateinische
Dictat geschrieben, im nächsten Brief schreibe ich Dir die
Nummer. Im Rechnen habe ich eine 2. Morgen ist meine
Aufnahmefeier in der DJ. Vor ein paar Tagen hatte ich
Taufe. Da kam ich in den dunklen Waschsaal, da hat einer
irgendetwas zu mir gesagt, dann wurde ich untergetaucht
und mußte rumgehen. Da kriegte ich Wasser über den Kopf
und wurde mit Handtüchern gekloppt. Wir haben in der

Schule fast jeden Tag Turnen. Ich wünsche mir einen Photo-apparat, wenn Du nichts für die Eisenbahn kriegst. Für nun genug, und grüße Alle.

Dein Sohn Uli

Carwitz, am 23. April 1940.
Post Feldberg/Meckl.

Mein lieber Ulimuxe,

ich kann Dir garnicht sagen, wie sehr sich Mummi und ich über Deine beiden letzten Briefe gefreut haben. Das ist grossartig, wenn Du uns so ein bisschen von Deinem Le-ben erzählst. Wir möchten doch gerne alles von Dir wissen, wie es Dir geht, was Dir Spass macht, eben alles. Im Gan-zen haben wir den Eindruck, dass Du gerne dort bist. Wir drücken Dir kräftig den Daumen, dass es noch was mit den Pfingstferien wird. Wie ist es denn mit Owe Sachse, hat er nun doch das Bett neben Dir nicht bekommen? Ist er we-nigstens auf derselben Stube? – Wir senden Dir bald wieder ein paar Eier und so was, augenblicklich sind wir etwas knapp, weil vier Hennen bei uns brüten. Wenn Du kommst, laufen vielleicht schon die Kücken über den Hof, da müs-sen wir mächtig aufpassen, dass Polly und auch Plischi den kleinen Biestern nichts tun. Hunde schnappen die garzu gerne weg, es ist nur ein Happs für die, so ein Kücken!

Wir glauben, das mit dem Photoapparat für Dich ist gar keine schlechte Idee. Wenn Du in die Pfingstferien kommst, werden wir einen gemeinsam kaufen, wird nichts aus den Ferien, besorge ich Dir einen. Hast Du irgendeinen beson-deren Wunsch, oder sollen wir für Dich wählen?

Am Sonntag ist nun die Mummi mit dem Achim nach Carwitz gekommen. Alles ging gut mit der Fahrt, der kleine Mann hat sich gut gehalten. Wie klein er noch ist, kannst Du Dir einfach nicht vorstellen, man muss immerzu

14

lachen, wenn man ihn sieht. Jetzt ist er ja noch ganz dumm, er kann noch nicht richtig sehen, erkennt noch nichts, nicht einmal seine eigene Mummi, und kann auch noch nichts fassen. Aber das wird nun schnell anders, heute morgen hatte er schon richtig die Augen offen und sah die Mücke immerzu an. Ob er freilich was von ihr verstanden hat, das kann man nicht wissen. Nur brüllen tut er sehr schön, das kann er ganz grossartig.

Übrigens hast Du uns am Sonntag in Berlin richtig gefehlt. Mummi ist mit dem Brüderchen und dem Kinderwagen von Onkel Willi nach dem Stettiner Bahnhof gefahren worden. Ich zog mit Hertha, die mitgekommen war als Hilfe, und vier Koffern auf der Suche nach einer Autotaxe los. Von zehn Uhr an stand ich auf der Strasse, habe gerufen und gewinkt, es wurde immer später, ich bekam keine Taxe. Es kamen kaum welche, und die, die kamen, waren alle besetzt. Na, schliesslich habe ich eine gekriegt, aber da war der Zug schon lange weg. Nun dachte ich immer: womöglich ist Mummi mit dem Brüderchen schon los gefahren, ganz allein. Aber sie haben doch auf mich gewartet. Wir sind dann mit dem Abendzug gefahren, das ging auch noch.

[Schlußzeile fehlt im Durchschlag]

Templin, den 2. 5. 40

Lieber Papa, liebe Mummi und lieber Achim
Ich freue mich sehr über den Brief. Wie weit seit Ihr den in der Gartenarbeit. Schläft Achim auch schön? Wenn ich keine Ferien kriege, dann besorge mir bitte einen Fotoapparat nach Deiner Meinung. Vorgestern wurden zwei meiner Saalgefährten geimpft. Am selben Tag sahen wir einen Schulfilm, von Negern, Franzosen und England, von ihrer Sprache und Musick, Trommelsingnalen. Es war Professor

Dögen. Jetzt ist wieder schönes Wetter. Bei Euch auch? Owe schläft im 3. Saal, ich im 1. Jetzt muß ich mein Rad mal genau nachsehen, es ist schrecklich mit ihm. Es ist der Dünamo losgegangen und hat zwei Speichen zerschlagen. Danach ging der Halter ab und hat unten am Konus ein paar Sp. verbogen. Das ist ja nicht schön, daß Du den Zug verpaßt hast. Wir haben den 1. 2. 3. Mai keine Schule. Ich will Dir mal aus den Schulfächern die Nummern sagen: Latein 2, 4, 5, Deutsch 3, Rechnen 3. Zum Frühsport gehen wir nach draußen und machen Dauerlauf. Beim Turnen machen wir Fußballübungen und machen Dauerlauf. Morgens vor der Schule machen wir die Andacht. Am Mittwoch ist morgens nach der Andacht noch ein kleines Konzert. Ich brauche auch Postkarten zu 6 Pfennig. Also soweit und nicht weiter. Ich grüße alle

Euer Uli

Templin, den 3. 5. 40

Meine Lieben in Carwitz!

Euer Uli grüßt Euch schön. Wie geht es euch? Bei uns ist wieder schönes Wetter. Gestern, am Donnerstag, ist das Paket gekommen. Nun einen schönen Sonntagsgruß von Eurem

Uli in Templin.

Carwitz, am 5. Mai 1940
Post Feldberg/Meckl

Lieber Uli-Bulli,

wir haben uns alle sehr über Deinen Brief gefreut – ausser dem Achim, der weiss noch nichts davon. Er trinkt und schläft und schreit, meistens richtet er sich so ein, dass Mummi doch ihre Nachtruhe hat. Aber manchmal schreit er auch in der Nacht, dann wird sein Bettchen in mein Arbeitszimmer gestellt, da kann er dann die Wände anbrüllen. Das ist ihm nur gut, davon kriegt er eine kräftige Brust. Mückchen konnte zuerst sein Schreien garnicht anhören, aber jetzt weiss sie, dass er schreien muss, und schläft ruhig dabei weiter. Achim nimmt auch jeden Tag schon ein bisschen zu, jeden Tag 20 Gramm, also so viel, wie ein gewöhnlicher Brief wiegen darf. Nun wiegt er also schon über 8 Pfund. Aber er ist noch mächtig winzig, eigentlich muss man immer über ihn lachen, wenn man ihn sieht. Jetzt fängt er schon ein bisschen an, mit den Augen zu kucken, aber er sieht noch nichts.

Deine Zensuren sind ja noch nicht sehr erschütternd, warum wird denn Latein jedesmal schlechter!! Damit musst Du Dich doch all die nächsten Jahre abgeben, da ist es eigentlich besser, Du fängst richtig an, gibst Dir gleich zu Anfang alle Mühe, sonst musst Du später die doppelte Zeit daran wenden, nur um mitzukommen.

Heute haben mir die Hullerbuscher Leute geholfen, die von den Kaninchen im Obstgarten abgenagten Bäume nachzupflanzen. Ein bisschen fängt es schon an, im Garten zu wachsen, die Krokusse sind verblüht, dafür blühen jetzt Tulpen und Hyazinthen, und die weisse Polsterpflanze am Zaun, Arabis, die schönste Bienenweide. Mit meinen neuen Bienen komme ich jetzt gut in Gang, das macht Spass, viel mehr als im vorigen Jahr. Freilich, wenn es so bleibt, wird es nichts mit Honig, vorläufig muss ich sie noch füttern. – Was ist denn mit Deinem Rad los? Das ist wohl nur noch ein Trümmerhaufen? Wie ist es denn gekommen, es war doch ganz in Ordnung, als Du losfuhrst! Hast Du auch in Deinem 1. Saal gute Freunde, und tut es Dir leid, dass Owe Sachse nicht bei Dir ist? Mit dem Essen ist es also genau so wie zu Haus, hier fandest Du ja auch unser Essen manchmal furchtbar – oder denkst Du jetzt anders über unsere

Esserei? – Seit ein paar Tagen haben wir ganz kleine Kük-ken, aus 15 Eiern hat die Henne 13 Kücken ausgebrütet, 2 waren schlecht. Plisch klettert jetzt immer wie ein Mensch über den Zaun, wenn er fort will. – Hier hast Du wieder Zeitschriften und auch 6-Pfennig-Postkarten. Wem willst Du die denn schreiben, schick uns man lieber Briefe.

Nun mach's weiter gut, alter Junge, und schreibe bald wieder Deinem

[Postkarte vom 15. 5. 1940]

Lieber Papa!
Wie seid ihr nach Hause gekommen. Ich bin gut angekom-men. Ich bin, als ihr weggefahren seid, gemütlich zum Gymnasium gegangen und bin eine kleine Weile im Zim-mer geblieben und traf dann mit Dieter von Malsen-Ponickau zusammen und dann meldeten wir uns bei Fräu-lein an. Dann sollten wir Post nach anderen Alumnaten austragen. Dann sind wir zum spitzen Ort, wo die Kähne liegen, gegangen. Da dürfen wir nicht hin, und diesmal wurden wir vom Direcktor erwischt und mußten weg. Dann sind wir zur Kegelbahn gegangen. Die lag ganz voll Gerümpel. Wir sind dann wieder ins Alumnat gegangen und ich habe ausgepackt und nun schreibe ich den Brief. Hier ist es sehr warm. Und nun, lieber Papa, auf wieder-schreiben, viele Grüße
    Dein Uli

Carwitz, am 19. Mai 1940
Post Feldberg/Meckl.

Lieber Uli-Bulli,
Mummi wie ich, wir haben uns alle beide sehr über Deine Brieflein gefreut, Mummi auch besonders darum, dass Du

18

am heutigen Muttertag an sie gedacht hast. So ein Brief freut sie ebenso wie Blümeckens.

Du kannst jetzt schon richtige Briefe schreiben, in denen auch was drin steht, so gut, wie Du Dich ausdrücken kannst, solltest Du im deutschen Aufsatz eigentlich immer eine 1 bekommen. Nur ein bisschen musst Du noch auf die Rechtschreibung aufpassen. Da Du viel liest, weißt Du ja eigentlich, wie die Wörter aussehen müssen, um richtig zu sein. Wenn Du einmal zweifelhaft bist, wie ein Wort geschrieben wird, so male es Dir aufs Löschpapier, einmal so geschrieben, einmal anders geschrieben, dann siehst Du meistens schon, was das Richtige ist. So habe ich es auch als Junge immer gemacht, und manchmal mache ich es noch heute so, wenn ich zu faul bin, im ›Duden‹ nachzuschlagen. Mücke plagt sich noch immer mit dem Lesen, sie hat noch nicht begriffen, wieso aus dem A und U ein Au wird. Aber auch das wird noch kommen. Dafür spricht sie jetzt nur noch Plattdütsch, sogar mit ihrem alten Vater.

Das Wetter ist ganz schön und sonnig, nur noch immer sehr kalt. Und dann die bösen Winde. Wir sprengen jetzt alle Tage im Garten und lassen den Beregner gehen, aber der Wind holt alles wieder aus dem Boden. Den Kückeln und Entchen geht es gut, da hat sich noch nichts Neues begeben.

Ich lege Dir einen Postscheck bei, auf dem Dir Tante Evchen ausser zehn Mark noch einen Gruss und eine Bitte um ein Briefchen schickt. Du hast die 10 Mark ja eigentlich schon von mir bekommen, aber ich will sie Dir für die Grossen Ferien gut halten, wenn Du gleich einen furchtbar netten Brief an die Burlages schreibst. Das müsstest Du aber eigentlich auch ohne Geld tun!

Nun noch viele Grüsse, dies waren schöne Ferien, wir haben uns alle sehr über Dich gefreut. Alle grüssen Dich, mein Alter! Dein

Lieber Papa!

Wie geht es euch? Mir gut! Heute war ein sehr heißer Tag
mit 6 Schulstunden. Wir haben Eis gegessen. Übrigens:
Sommerferien sind vom 4. April [richtig: Juli] bis zum
23. August, es sind genau 7 Wochen. Am Sonnabend ist das
DJ Sportfest. Am letzten Sonnabend hatten wir Altmaterial-
sammeln. Am Mittwoch hatten wir Vorübung zum Sportfest. Vielen Dank für's Paket. Ich bin gerade wieder mit den
Schularbeiten fertig. Die Herbstferien sind 14 Tage, aber es
ist noch nicht festgestellt, wann sie sein sollen. Nun viele
Grüße

Euer Uli

Carwitz, am 1. Juni 1940
Post Feldberg/Meckl.

Lieber Uli,

wie Du schon erwartet hast, kamen Deine beiden Briefe
hier zur gleichen Zeit an. Die Fotos sind ja recht hübsch
geworden, namentlich von mir hast Du zwei gute Aufnahmen gemacht. Was soll nun mit diesen Bildern werden? Soll
ich sie Dir für Dein Album zurückschicken oder sollen sie
hier in mein grosses Album? Darüber musst Du mir noch
Bescheid geben.

In Berlin hatte ich geschäftlich zu tun. Bei dieser Gelegenheit sah ich die Karte, die Du an Willi Burlage geschrieben
hast. Mein lieber Uli, das, was Du da getan hast, ist schlimmer als nichts. So eine widerwillige Schmiererei hättest Du
Dir gut ersparen können, sie ist das Papier nicht wert, auf
dem sie steht. Am hässlichsten ist es aber von Dir, dass Du
Evchen nicht mit einem Wort erwähnt hast. Wir haben uns
das letzte Mal so über Dich gefreut, wir dachten, Du seiest
viel netter geworden, diese Karte ist wieder ein Rückfall in

Deine schlimmsten Zeiten. Mummi wie ich sind sehr traurig darüber. Du weißt, dass wir Burlages sehr gerne mögen, Du weißt, dass Willi mein ältester Freund ist, Du weißt, dass sie ein Jahr lang alles, was in ihren Kräften stand, für Dich getan haben, dass Evchen sich die allergrösste Mühe gegeben hat, Dich in schwierigen Zeiten satt zu kriegen, dass sie viele Wege für Dich gelaufen ist – und alles, was Du ihnen schreibst, nachdem Du über ein viertel Jahr aus ihrem Hause bist, sind zwei jämmerliche Zeilen. Und die sind auch nur darum geschrieben, weil Du denkst, Du bekommst nun die zehn Mark! Die bekommst Du natürlich nicht, und ich muss sagen, dass ich persönlich wieder einmal jede Lust verloren habe, Dir Freundlichkeiten zu erweisen, wenn ich immer wieder sehe, dass Du ganz undankbar und kalt bist.

So, das ist ein schlechter Schluss für einen Sonntagsbrief. Ich hoffe nur sehr, dass Du Dich ein bisschen änderst, dass Du Dir ein bisschen Mühe gibst, auch nett zu andern zu sein! Wir sind alle so bereit, vieles für Dich zu tun, zeige doch auch einmal ein bisschen Deinen guten Willen, Deine Liebe, die Du doch hast!

Dein

Papa und Mummi Ditzen

Carwitz, am 9. Juni 1940
Post Feldberg/Meckl.

Lieber Uli-Bulli,

das war ja ein schlimmer Schreck für uns heute Mittag! Wir sassen gerade beim Essen, als die Post kam, und Mummi hatte gleich gesehen, dass ein Brief von Frl. Krohn und einer vom Kreiskrankenhaus dabei war. ›Mit Uli ist was los‹, sagte die Mummi. ›Reg dich bloss nicht auf!‹, sagte ich. ›Es ist sicher wieder was mit seinem Arm, er hat doch geschrieben, er darf nicht schwimmen, es ist was mit seinem Arm!‹

Dann war es aber doch nicht der Arm, sondern Scharlach. Nach allem, was Frl. Krohn schreibt, hast Du ihn ja nicht schlimm, aber es wird ja ziemlich langweilig für Dich dort sein. Beinahe ein Segen, dass zwei Kameraden Dir noch Gesellschaft leisten. Damit es mit der Langeweile nicht ganz schlimm wird, sende ich heute ein Paket mit ein paar Büchern und Zeitschriften an Dich ab, das kann alles verbrannt werden, wenn Du und Deine Kameraden es ausgelesen haben. – Ausserdem habe ich an die Kasse des Krankenhauses geschrieben und ihnen 5 RM (ausser den Kurkosten) für Dich gesandt, dafür sollen Dir, wenn das dort möglich ist, illustrierte Zeitungen gekauft werden. Aber nicht die Berliner und die Koralle, die bekommst Du weiter von uns.

Nun hoffen wir, dass Du recht bald auf dem Damm bist und uns schreiben kannst, dass Du Dich wieder besser fühlst. Mach nur schnell und tu alles, was der Doktor sagt. Du willst doch nicht die grossen Ferien oder einen Teil von ihnen im Krankenhaus verbringen! Aber wenn Du schnell machst, darf ich Dich sogar ein paar Tage früher holen – vielleicht!

Gestern habe ich den halben Tag im See gearbeitet, wir haben ein ganz kleines Stückchen See beim Sprungbrett für unsere Enten abgezäunt, damit sie nicht als reine Landtiere leben müssen. Das Schwierige war die Einzäunung auch unter Wasser, denn die Enten tauchen wie die Teufel, und eine Einzäunung allein über Wasser hätte ihnen nichts genützt.

So, jetzt will ich für heute Schluss machen, mach's gut, alter Junge!

Dein

Carwitz, am 16. Juni 1940
Post Feldberg/Meckl.

Lieber Uli,

gestern wollte ich eigentlich im Krankenhaus anrufen und hören, wie es Dir so geht. Aber es kam eine ganze Menge dazwischen, so habe ich es mir für morgen aufgespart. Ich habe ja diese Woche auch ziemlich häufig an Dich geschrieben, Dir auch so allerlei geschickt, so wirst Du Dich ja nicht zu verwaist fühlen.

Gestern Nachmittag war ich mit Mücke auf Utnehmers Wagen zur Bahn, und wir haben Burlages abgeholt, die aber leider nur einen Tag bleiben können, er hat zu viel in Zepernick zu tun. Wir freuen uns hier alle über diesen Besuch, leider ist das Wetter trübe.

Grade wie ich losfahren wollte, ging ein Bienenschwarm los, den ich erst noch einfangen musste. Ich wollte eigentlich in der Eile gar keinen Schleier nehmen und keine Handschuhe anziehen, ich dachte, wenn sie schwärmen, tun einem die Bienen meistens nichts. Gottlob habe ich es aber doch noch getan, und das war nur gut, denn sie haben mich auch so noch genug gestochen, besonders in die Beine. Heute habe ich so dicke Beine wie eine Kuh, sehe hübsch aus.

Jetzt gehe ich wieder alle Tage mit den Hunden spazieren, es macht richtig Spass zu sehen, wie gerne Polli badet. Er schwimmt viel mehr herum wie Plischi, und dann hat sie sich was Besonderes ausgedacht: immer wenn sie an einem Schilfhalm vorbeischwimmt, versucht sie, ihn ins Maul zu kriegen und etwas abzubeissen. Das priemt sie dann auf beim Weiterschwimmen und versucht sich dann am nächsten Halm. Manchmal gelingt es ihr, manchmal rutscht ihr der Halm fort.

Heute sind vier Männer für uns in den Wald gegangen und hauen Holz für uns, damit wir für den nächsten Winter auch genug Feuerung bekommen – es gibt hier vielleicht

gar keine Briketts. Opa Wendt und Siebrecht und Rheins-
berg und Studier sind losgezogen. Ich denke mir, die werden eine ganze Menge Holz abmachen, wenn Du zu uns
kommst, wird unser Hof ein richtiger Holzplatz geworden
sein. Aber es ist doch die Hauptsache, dass wir im nächsten
Winter nicht garzu arg frieren. Ob der Krieg dann zu Ende
sein wird, weiss man nicht. Wir hoffen es natürlich ...

Lass es Dir gut gehen, alter Junge, und schreibe bald wieder

Deinem

Carwitz, am 22. Juni 1940
Post Feldberg/Meckl.

Lieber Uli-Bulli,
nun sind es aber keine vier Wochen mehr. An Frl. Krohn
habe ich schon wegen Deines Ferienkoffers geschrieben,
um diese Dinge mache Dir nur keine Sorgen, das wird alles
schon erledigt.

Hier ist es immer noch dieselbe Hitze und Trockenheit.
Viel Erdbeeren wird es in diesem Jahr nicht geben, sie fangen grade erst an. Wir giessen und lassen Wasser laufen, was
die Pumpe hergibt, aber gegen diese Trockenheit ist nichts
zu machen. Im See ist es dafür umso schöner. – Ein Ha-
bicht oder eine Weihe hat uns jetzt schon zwei Kücken
weggeholt, jetzt haben wir über deren Auslauf alte Fischer-
netze gespannt. Wenn er nur keinen Appetit auf unsere
jungen Enten kriegt! Wie ich heute badete, kreiste er immer über deren Tummelplatz am See. Ich habe in die Luft
nach ihm gespuckt, ihn aber nicht getroffen.

Sonst gibt es gar nichts Neues, also nur einen schönen
Gruss, und dass Dir Morgen der Sonntag nicht zu langweilig werde!

Herzlich Dein alter

[Postkarte ohne Datum mit Poststempel vom 24. 6. 1940]

Lieber Papa!
Wie geht es euch? Mir gut! Vielen Dank für den Brief. Was soll ich mit dem Bild machen? Brauchst Du es noch? Vielleicht erwischt Du in der Zeitung eine Karte von England, die schick mir bitte! Kann ich nicht wieder ein paar Eier bekommen. Die drei Zeitungen sind inzwischen auch angekommen. Wir haben gestern abend noch die Sondermeldung gehört. – Nun geht's mit England los. Hier gab es in kurzer Folge drei Gewitter. Jetzt sind auch wieder Wolken am Himmel. Schicke mir bitte Postkarten, ich brauch sie nötig, das ist meine letzte Karte. Weißt Du noch was von Onkel Räder. Es grüßt Euch alle herzlich
    Dein Sohn Uli

[Postkarte vom 25. 6. 1940]

Lieber Uli,
nein, neue Postkarten schicke ich Dir nicht wieder. Du kannst Dich ruhig mal als Antwort auf meine vielen langen Briefe auch zu einem anständigen Brief aufraffen, Zeit genug hast Du dafür. Immer nur die geschmierten kaum lesbaren Karten, auf denen eigentlich nie etwas steht als Wünsche, die Du hast, und fast nie eine Antwort auf meine Fragen, das habe ich jetzt über.
    Gruss Dein

Templin, den 29. 6. 40

Lieber Papa!
Hier war gestern ein Gewitter. Bei Euch auch? Jetzt regnet es. 3 meiner Kameraden machen noch ihre Schularbeiten. Heute sollten die Nichtschwimmer baden, aber ich konnte

nicht, denn ich habe einen schlimmen Arm. Was macht Mummi, geht es ihr gut? Viele Grüße von mir. Ich muß jetzt in die Schreibstunden bei Herrn Krüger (Kalle Popel). Jetzt hat es aufgehört zu Regnen und einzelne Vögel singen.

Viele Grüße, euer Uli

Carwitz, am 30. Juni 1940
Post Feldberg/Meckl.

Lieber Uli,
schönen Dank für Deinen Brief, über den wir uns alle sehr gefreut haben. Nun wissen wir doch mal wieder, wie es Dir wirklich geht und was Du so treibst. In dieser Woche wird Dir Mummi wohl noch einmal ein kleines Paket mit Fresserei fertig machen, Eier sind leider nur sehr knapp, unsere gesamten Hühner haben neulich an einem Tage nur ein Ei gelegt! Da heisst es sparen. Wie wir hören, hast Du auch der Grossmutter in Celle einen Brief geschrieben, das war nett von Dir! Wir haben uns darüber gefreut!

Hier geht alles weiter,
trocken und oft nicht heiter.
Die Sonne scheint zu sehr,
was wächst, das wünscht sich Regen her.
Die Menschen schwitzen wie die Kälber,
und giessen sich mit Schweiss ganz selber,
Die Mücke schwimmt gern in dem See,
Dann tut ihr nicht ein bisschen weh,
Die Hühner werden immer dümmer,
Und haben von Verstand nicht einen Schimmer.
Der Achim wächst und schreit recht oft,
Weil er auf mehr Getränke hofft,
Auch kniept der Bauch ihn manchmal sehr.
Er denkt sich dann: wo kommt das her?

Und greift mit Pfoten in die Luft –
da kniept's schon wieder, solch ein Schuft!
Er schreit noch döller und noch mehr,
Das ganze Haus stürzt nun schon her.
Da plötzlich wird er mächtig rot,
Das Atmen macht ihm sichtlich Not,
Dann gibt es einen lauten Krach –
Aha, er hat nen Klex gemacht!
Die Mutter läuft und legt ihn trocken,
Beschmutzt ist er bis auf die Socken.
Dann liegt er in der Krippe still,
Der Bauch ruht nun, ganz wie er will.
Noch einmal lächelt Achim leise
Und fällt dann in das Schlafgehäuse.
Es schläft das Haus, es schläft der See,
Der Vater schläft, herrjemine!
Es schlafen alle, Weib und Mann –
da fängt er wieder mit Brüllen an!

Dein alter

Carwitz, am 2. Juli 1940

Lieber Uli,

schönen Dank für Deine beiden Karten. Du bekommst
aber heute nur einen kurzen Brief, weil es schon sehr spät
am Abend ist. Sintemalen heute wirklich was in Carwitz
passiert ist. Als ich heute Abend mit den Hunden spazieren
ging, sah ich vom Hauptmannsberg garnicht weit ab einen
grossen Fesselballon. Ich dachte: nanu, übt jetzt die Luftwaffe auch schon bei uns, davon habe ich ja noch gar nichts
gehört! Das Ding stand so, dass es aussah, als sei es direkt
am Luzin, aber auf der Feldberger Seite, es war so eine
grosse Zigarre mit einem Schwanz daran, der hin und her

schlappte. Als ich mir das Ding genug angesehen hatte, ging ich runter an die Badestelle und liess die Hunde baden. Wir waren grade damit fertig, als es einen Riesenknall gab, und sofort stieg eine ungeheure schwarze Rauchwolke zum Himmel. Es war mir auch so, als hörte ich Menschen schreien ...

Ich lief nach Hause, brachte die Hunde unter und gab nach Feldberg, weil immer noch Rauch aufstieg, Feuermeldung. Da konnte ja ev. der Wald brennen. Dann habe ich mich auf das Rad gesetzt und bin hingeflitzt. Es war direkt am Wege von Neuhof nach Feldberg, ungefähr da, wo der Weg nach Rosenhof abzweigt. Der Ballon war richtig explodiert. Als ich ankam, brannten nur noch ein paar Reste auf dem Seradellafeld von Köpke. Es hatte sich folgendes abgespielt: Der Ballon war in Müritz abgetrieben, unbemannt. Allmählich hatte er immer mehr Gas verloren und war immer tiefer gekommen. Feldberger und Carwitzer hatten unternommen, ihn herunterzuholen, denn die Seile schleppten schon auf der Erde. Als sie ihn schon ganz unten hatten, sprangen die Kinder, die auch dabei waren, auf den Ballon, damit das Gas schneller aus der Hülle ginge. In demselben Augenblick ist die Explosion erfolgt, entweder hat jemand heimlich geraucht, was alle aber bestreiten, oder durch das Draufrumhopsen ist das Knallgasgemisch explodiert.

Trotzdem es eine ungeheure Stichflamme gegeben hat, ist Gottlob keiner ernstlich verunglückt. Tüchtig angebrannt sind allerdings doch ein paar, meistens nur Feldberger. Von den Carwitzern scheint nur Gerhard K. was abbekommen zu haben, aber nur wenig, und die Landhelferin von Ihlenfeldt.

Von dem Ballon existiert nichts mehr. Die Verletzten sind nach Neuhof geschafft worden, dort hat sie Dr. Hotop verbunden.

So, das ist unser grosses heutiges Erlebnis.

Gruss von allen Dein

Rudolf Ditzen

Lieber Uli-Bulli,

ganz rechtzeitig zum Sonntag bekommst Du dieses Brieflein nicht mehr, aber Du sollst doch einen Gruss haben. Du
fehlst uns hier allen. Du musst mir mal in Deinem nächsten
Brief erzählen, wie es mit dem Latein usw. geht, ich wünsche
Dir (und mir), dass Du nicht zu sehr hereingefallen bist.

Wir sind glatt zurückgekommen, um Viertel nach Zehn
waren wir bei der Mummi, die uns noch viel später erwartet
hatte. Wir sind auch garnicht mehr so schlimm nass geworden. In Gandenitz haben wir dabei Station gemacht und
noch 45 Pfund Pfifferlinge gekauft. Gestern haben alle
Weibsen immerzu Pilze geputzt und heute kocht Mummi
sie ein, teils in Gläsern, teils zu Pilzextrakt.

Nun mach's gut, mein Alter, mein ältester Sohn. Alle
grüssen Dich herzlich, besonders aber

Dein

Templin, d. 29. 8. 40

Lieber Papa!

Wie geht es Dir? Mir geht es gut. Hattet ihr auch Luftschutzalarm. Wir hatten 3 mal Alarm. In der ersten Nacht
hatten wir ungefähr eine Stunde Alarm. Mitten in der
Nacht hörte einer die Sirene. Es ging jemand zu Frl. Krohn
und weckte sie. Dann gingen wir gar nicht all zu schnell in
den Keller, der einer ordentlichen Bombe nicht standhält.
Der Direktor hat nach dem Alarm gesagt, daß nach Alarm
es eine Stunde später zur Schule geht. Die Nacht danach
war kein Alarm. Vorige Nacht hatten wir 2½ Stunden.

Die Zeit vergeht sehr langsam. Und grüße alle.

Dein lieber Uli

Lieber Uli-Bulli,

schönen Dank für Deinen Brief. Es freut uns, dass es Dir gut geht. Nein, wir haben noch immer keinen Fliegeralarm gehabt und wünschen uns auch keinen. Es ist doch komisch, dass Templin und Carwitz, die in Luftlinie kaum 20 Kilometer auseinander sind, so verschieden getroffen werden! Wie ist es denn so im Keller? Seid Ihr sehr verschlafen oder macht Ihr viel Quatsch miteinander? Am nächsten Morgen wird das Aufstehen sicher schwer. Aber nun dürft Ihr ja eine Stunde länger in den Betten bleiben! Dafür dauert dann aber der Unterricht wohl eine Stunde länger?

Du schreibst, dass Dir die Zeit sehr langsam vergeht. Alter Uli, Du musst wirklich nicht immer nur von einen Ferien zu den andern leben und die Zwischenzeit garnicht rechnen! Das macht Dir ja das Leben zu schwer! Je besser Du Dich dort einfindest, je mehr Du Dich bemühst, unter den andern Jungen einen Freund zu finden, umso leichter wird Dir alles. Das kommt freilich nicht von selbst, da musst Du selbst mithelfen, Dir einen Stoss geben, Dich an die andern Jungen anschliessen, auch einmal auf sie einzugehen. Dein alter Vater ist viele Jahre in seinem Leben ganz einsam gewesen, und er weiss, wie schwer dann das Leben ist. Ein paar Freunde muss man haben, und findet man sie nicht gleich, so sucht man sie, gibt sich auch Mühe, auf andere Art einzugehen ...

Sonst finden wir hier das Wetter einfach scheusslich. An Baden ist garnicht mehr zu denken, damit ist es wohl in diesem Jahr vorbei. Als Neuigkeit kann ich Dir noch melden, dass Opa Lewerenz uns zum 15. 9. verlassen will. Er will nach Neustrelitz zu seinen Kindern ziehen. Wahrscheinlich wird Herr Lindenberg für ihn zu uns kommen.

Nun noch herzliche Grüsse, schreib mal wieder

Deinem

Lieber Uli-Bulli,

nun sind wir also aus Berlin zurück und hier schon wieder
einigermassen in Ordnung. In Berlin hatten wir zwei Nächte
ohne und zwei Nächte mit Alarm. Die Flak schiesst dann
mächtig. Sie steht überall auf den Hausdächern, Du kannst
Dir denken, wie das ballert. Ganz in der Nähe von Burlages,
wo wir wieder wohnten, stand schwere Flak auf dem Shellhaus, das hat aber Krach gemacht, wenn die schoss. Wir sind
nicht in den Keller gegangen, sondern ins Bett – wir waren so
müde. Ich dachte, ich könnte nicht einschlafen, in den Pau-
sen, wenn die Flak nicht schoss, hörte man die englischen
Flieger ganz deutlich über der Stadt brummen. Aber dann
bin ich beide Male doch so fest eingeschlafen, dass ich von
der Entwarnung garnichts gehört habe.

Am nächsten Tage sind dann Willi und ich ein bisschen
durch die Stadt gefahren und haben uns die Schäden angesehen. Es war aber nur ganz wenig, und man kann wohl sagen, so werden es die Tommies bestimmt nicht schaffen. In
der Ost-West-Achse, kurz vor dem Brandenburger Tor, war
ein Sprengtrichter, so gross wie etwa Dein Zimmer hier.
Als ich aber am nächsten Tag dort wieder vorbeikam, war es
schon wieder zugemacht, schon wieder Asphalt drüber: so
schnell wird gearbeitet. In der Dorotheenstrasse, nahe bei
den Linden, lag noch eine Bombe mit Zeitzünder mitten
auf der Strasse. Sie war ganz hoch mit Ballen von Stroh und
Altpapier zugedeckt, aber der Verkehr ging auf 50 Meter
daran vorüber. Das Haus, an dem die Bombe herunterge-
gangen war, sah natürlich schlimm aus, kein Fenster heil,
aber was will das eine Haus im grossen Berlin bedeuten?

Also, nun sind wir wieder hier, aber es ist kalt und un-
gemütlich. Das Heu verdirbt auf den Wiesen, und meine
schöne Seradella wage ich nicht zu mähen, sonst verfault

sie mir auch. Vorgestern habe ich meine Bienen für den Winter zurecht gemacht, dabei haben sie mich trotz aller Schleier gestochen wie noch nie. Über 40mal. Am schlimmsten waren drei Stiche in Lippen und Kinn, ich sah wie ein Neger aus, meine Unterlippe hing ganz weit herunter – alle haben lachen müssen, wenn sie mich nur ansahen. Jetzt ist es aber damit vorbei. – Schreibe rechtzeitig, wann Deine Ferien sind, ich komme dann.

Und nun herzliche Grüsse von uns allen
Deine

Templin, d. 19. 9. 40
Lieber Papa!
Ferien gibt es endgültig am 2. 10. In der letzten Zeit hatten wir gar keinen Alarm mehr. Morgen ist wieder ein Sportfest. Wir sind gegen die Lychner. Ich bin nicht in einer der Staffeln. Gestern ist Herr Voltz aus München wiedergekommen. Er hatte dort Sprachkursus. Vor kurzem schrieben wir eine Deutscharbeit. Die schrieb ich ganz gut. Die Nummer weiß ich nicht mehr. Heute haben wir eine Rechenarbeit geschrieben. Die haben wir noch nicht zurück. In der letzten Zeit hatten wir gutes Wetter. Bloß einmal hagelte es. Heute weiß ich nichts mehr. Also: Auf wieder schreiben
dein Uli

Carwitz, am 20. September 1940
Post Feldberg/Meckl.
Lieber Uli-Bulli,
diesmal muss ich Dir schon wieder schreiben, ehe ich noch Deinen Brief zu sehen bekommen habe. Mummi und ich, wir wollen morgen früh schon nach Lübeck und Travemünde fahren, wo mein neuer Roman spielen soll. Dann

wollen wir noch einen kurzen Abstecher nach Hamburg machen und die Oma dort besuchen, die ja schon ganz alte. Etwa Mitte der nächsten Woche werden wir zurück sein. Wir werden Dir von unterwegs eine Karte schreiben. Wir freuen uns sehr darauf, mal wieder die See zu sehen, sonst ist es grade nicht das rechte Reisewetter. Mummi packt die Koffer mit Seufzen.

Am Morgen des 2. komme ich dann wieder nach Templin, natürlich alles mit Utnehmer, und Du musst mir nun nur noch rechtzeitig schreiben, wann Du entlassen wirst, d. h. die Uhrzeit. Alles verstanden, kapiert, begriffen, gelöffelt?

Hier geht's feucht und windig zu. Das Wetter ist gräsig, immer wenn man gerade nach einem besseren Tag denkt: nun wird es gut, wird es noch schlimmer! Ich mag garnicht in die Landwirtschaft kieken. Gestern haben sie uns eine Ente geklaut, wie weiss der Henker, aber jedenfalls ist sie futschikato. – Achim hat sich heute im Regen damit vergnügt, sich bloss zu strampeln. Deckte man ihn wieder zu, schrie er, lag er nass, lachte er – so einen Bruder hast Du! – Deine Schwester Mücke, die sich so auf die Schule gefreut hatte, fand sie schon am ersten Tage mässig und jetzt wohl noch mässiger. Seit einer halben Stunde sitzt sie auf der Veranda und buchstabiert mit Tante Tilly was aus ihrem Lesebuch, das sie nun auch schon mit mir buchstabiert hat. – Die Mummi hat immer viel zu tun, ist aber bester Laune. Sie ärgert mich viel. Das kommt daher, weil sie jetzt so viel dicker als ich ist, sie hat auch mehr Kräfte als ich, und ich muss still sein. Überhaupt: Tante Tilly, Margarete, Mummi – alle diese drei sind viel dicker als ich, und nun essen sie mir alles weg. Darum bekommst Du auch kein Päckchen mehr. Manchmal denke ich, vielleicht ist die Ente garnicht geklaut, sondern die Drei haben sie heimlich gegessen.

Mit Gruss und Kuss

Dein leidender

Lieber Uli,

dies ist nun der letzte Brief vor Deinen Ferien – in einer Woche sind wir schon alle zusammen in Carwitz. Freust Du Dich darauf? Diesmal werden wir Dich wohl gemeinsam abholen, Mummi fährt, wenn es irgend geht, mit.

Mummi und ich, wir haben nun unsere grosse Reise hinter uns, sie war ja wirklich vom Wetter begünstigt. Wir haben schöne Stunden in Lübeck verlebt, das ist eine wirklich wundervolle Stadt. Hinterher hatte Mummi noch die Freude, ihre alte Mutter in Hamburg zu sehen. Sie ist sehr alt geworden die Oma, sie wird in diesem Jahre nun 80 Jahre, nach Carwitz kann sie wohl nicht mehr fahren, das wird ihr alles zu viel. Sie will Euch Enkelkinder aber durchaus noch sehen, wir haben ihr versprochen, dass wir, sobald das Auto wieder fahren darf, mit Euch Dreien zu ihr kommen.

Auf der Reise haben wir natürlich auch mehrfach Fliegeralarm gehabt, sowohl in Lübeck wie in Hamburg. Wir haben aber meist durchgeschlafen. Unterdessen sind aber englische Flugzeuge über Carwitz gewesen und haben dort Brandbomben abgeworfen, Unsinn, Brandplättchen meine ich. Die ganze Schule hat gesammelt, etwa 100 Stück haben sie im Dorf gefunden, teilweise schon brennend oder qualmend. Auch im Unterdorf, so bei Benzins und Rheinsbergs, haben welche gelegen, bei uns sind aber keine gefunden. Fliegeralarm haben wir hier auch noch nicht gehabt.

Sonst kann ich Dir von hier nichts Neues melden.

Viele Grüsse von

Deinen beiden

Templin, d. 26. 9. 40

Lieber Papa!

Kommen die Engländer bei euch jede Nacht. Wir haben jede Nacht jetzt Fliegeralarm. Gestern hatten wir 4¾ Stunden Alarm. Und was sehr wichtiges noch. Es gibt schon am 1. 10. 40 um 9 Uhr Ferien bis zum 16. 10. Heut ist schönes Wetter. Wir werden in den Ferien ein bißchen Latein lern. Meinst du nicht auch. Was macht ihr, wenn nun Fliegeralarm ist. In den Ferien machen wir die Lampe an. Soll ich einpacken oder wie wird das. Vielen Dank für die Karte. Tante Tilli hat mir auch eine Karte geschrieben. Ich weiß leider nichts zu schreiben. Bald sehen wir uns wieder.

Dein Uli

Von Oktober 1940 bis kurz vor Weihnachten hat der Vater, nach Abschluß des Romans »Der ungeliebte Mann« und anderen Arbeiten, eine langanhaltende Depressionsphase, gekennzeichnet durch Untergewicht und Schlaflosigkeit. Er lebt im »Heidehaus«, einem von Dr. Willi Burlage geleiteten Sanatorium nahe Berlin. Briefe schreibt er mit der Hand, oder er läßt sie von einer Schwester schreiben, er selbst unterschreibt dann nur. Die Originale sind verloren, Durchschriften gab es von Anfang an nicht. So liegen nur einige Briefe des Sohnes vor.

Templin, d. 31. 10. 40

Lieber Papa

Hoffentlich geht es dir schon besser? Ich habe mich schon gut eingelebt. Habt ihr oft Fliegeralarm. Deine Schrift kann ich gut lesen! Die drei Zeitungen habe ich auch erhalten! Vielen Dank für Deinen Brief! Ich habe allerdings in deinem Brief nur zwei Fragen gefunden. Gestern, am Mittwoch hat uns ein Stuka erzählt. Es hat einer gefragt warum der Stuka seitlich abstürzt, da hat er geantwortet, das tut er bloß in der Wochenschau. Da haben alle gelacht. Tante Tilli hat mir ein Päckchen geschickt. Ich war am Sonntag bei Tütchen. Da habe ich, als ich nach Zehdenick fuhr, habe ich einen entgleisten Zug gesehen.

Viele Grüße von Uli

Templin, den 14. 11. 1940

Lieber Papa!

Vielen Dank für Deinen Brief! Mit deinem Brief ist gleichzeitig einer von der Großmutter aus Celle angekommen. Erst dachte ich, ich hätte keine Post, weil sie unter der Serviette lagen. Da habe ich mich sehr gefreut. Am letzten Freitag hat es zuerst geschneit, aber richtig. Jetzt ist seit heute Morgen ein richtiger Herbststurm. In Latein geht es gut und Herr Lehmann hat gesagt, wenn ich mich gut anstrenge, kriege ich eine drei. Wir sind jetzt bei Stck. 19 zuende. In der Mathematik=Arbeit habe ich eine drei geschrieben und habe *einen* Fehler. Bei uns sind jetzt drei Offiziere vom Oberkommando des Heeres (O. K. H.). Heute sollen sie ins Alumnat kommen. Da haben wir alle gut aufgeräumt. Wir haben vor kurzem einen neuen Lehrer und Erzieher gekriegt. Er heißt Herr Schlicht.

Viele Grüße von
deinem Uli

Templin, d. 5. 12. 40

Lieber Papa.

Wie geht es dir? Hoffentlich schon besser. Heute hat es bei uns geschneit. Aber der Schnee blieb nicht liegen. Bei uns ist nun kein Fliegeralarm mehr. In Deutsch habe ich eine zwei und in Mathematik eine drei geschrieben. Heute haben wir grünes für Saalschlank geholt. Da vom 20. bis 5. Bahnsperre ist, fahren wir vielleicht schon am 19. Aber das habe ich nur gehört. Was macht denn Onkel Willi. Grüße ihn bitte von mir.

Viele Grüße von
Uli

Templin, den 17. XII. 40

Liebe Mummi!
Ich komme Freitag um 12.29 Uhr in Neustrelitz an. Ich fahre 9.40 ab Templin 10.31 an Fürstenberg. Fürstenberg ab 12.29. Ich fahre mit dem ½3 Zug.

Viele Grüße
Uli

1941

Rudolf Ditzen

Carwitz, d. 9. Januar 1941
Post Feldberg/Meckl.

Lieber Uli-Bulli,

Deinen Sonntagsgruss sollst Du doch haben, Mummi tippt,
Papa diktiert, Achim brüllt, die Schwester strickt, Mücke hat
eben Susi trockene Strümpfe angezogen – ja, denke Dir mal,
Mücke ist heute in der Schule Erste geworden. So eine tüchtige Schwester hast Du. Ich fürchte allerdings, sie wird es
nicht lange bleiben. Sonst gibt es hier wenig Neues. Die
Gänse und Enten sind noch nicht geschlachtet, denn Onkel
Rowohlt hat sich noch nicht wieder gemeldet und wird nun
wohl auch nicht mehr kommen, denn sein Urlaub geht nur
bis zum 11. Januar. Na, das macht schliesslich auch nichts,
die Gänse und Enten werden doch in der nächsten Woche
geschlachtet und dann bekommst Du Dein Töpfchen Gänseschmalz geschickt. Neulich ist die Schwester mit Achim
und dem Kinderwagen gestrandet, der Reifen von dem einen
Rad war runtergegangen, und es stellt sich nun heraus, dass
die Räder dieses schönen Kriegskinderwagens aus Pappe waren. Jetzt hat Meister Fromm ein Holzrad gemacht, was zwar
nicht sehr schön aussieht, aber vielleicht doch noch besser
hält. Mir geht es etwas besser, aber meistens liege ich doch
noch herum. Am Sonntag verlässt uns Schwester Josefine.

Und wie war nun die Heimkehr nach Templin? Hast Du
noch was zu essen gekriegt? Und wie schmeckt Latein nach
den Weihnachtsferien? Mach es gut, alter Bumbi, alle grüssen
Dich herzlich.

Deine

Templin, den 9. 1. 1941

Liebe Mummi und Papa.

Hoffentlich geht es euch gut? Wie schläft Papa? Hier ist viel vorgefallen. Erstens schicke ich euch meine Schlittschuhe mit dem Schlüssel, und dann noch die Skimütze. Beim Dienst ist einer bestraft, andere zu Führern ernannt worden. Jetzt ist in den Alumnaten Schule, weil zu wenig Kohle da ist. Wir, die 1. Klasse, haben in Alumnat 6 Schule. Unser Eßsal ist auf die anderen Alumnate verteilt worden, weil in unserem Eßsal eine Klasse ist. Ich esse in Alumnat eins. – Wir haben auch einen neuen Inspecktor. Es heißt Herr Billigk. Frl. Krohn schreibt noch wegen dem Zahnarzt. Viele Grüße von

Uli

Ditzen's

Carwitz, am 16. Januar 1941
Post Feldberg/Meckl.

Lieber Ulimuxe,

Du hast zwar in dieser Woche schon einen Brief – mit Deinen Schlittschuhen – von uns bekommen, aber zum Sonntag will ich Dir doch auch einen Gruss schicken. Mit der Mummi. Und mit allen andern. Draussen ist es grimmig kalt, die Telefondrähte summen, dass es bis oben in mein Zimmer zu hören ist (in dem ich jetzt aber nicht bin), und Mücke ist vor einer Weile mit Lindenberg ins Dorf zur Schule abmarschiert. Die beiden gehen jetzt immer zusammen, Lindenberg holt die Milch und nimmt dabei Mückchen mit. Einmal ist es ja morgens noch ganz duster, und zweitens ist es auf dem Berg von Schulzens zur Kirche mächtig glatt, weil die Kinder da alle Tage rodeln. Im vorigen Jahr war das verboten, aber in diesem scheint es erlaubt zu sein.

Jeden Nachmittag fahren wir jetzt Achim ein Weilchen aus, Mummi und ich. Weil der Wagen im Schnee so schwer geht, spannen wir im Dorf den Plischhund vor. Auf dem Ausmarsch zieht er mächtig, weil er dann noch mutig ist, auf dem Rückweg, wenn er sich müde getobt hat, muss ich aber die Hauptzieherei besorgen. Wenn wir auf dem Hullerbusch-weg sind, mache ich ihn los und spanne mich vor, immer an der Hundeleine. Dann geht die Reise los. Meistens schläft Achim von dem Gerumpel und Gepumpel auf dem Weg ein. Manchmal aber redet er auch den ganzen Weg mit sich.

[Schlußformel fehlt]

Templin, den 16. 1. 41

Liebe Mummi und Papa!

Hoffentlich geht es euch gut. Wir haben sehr viele Schul-arbeiten auf. Die Schlittschuhe passen mir nicht mehr. Ich habe mir schon einen Lieferzettel ausstellen lassen. Mit dem Gänseschmalz ist es nichts, aber Grieben- oder ande-res Schmalz nehme ich gerne. Vielen Dank für die Eier und das letzte Päckchen. Hier schneit es andauernd. Ich kann schon fast Schlittschuh laufen. Ich habe es am ersten Sonn-tag gelernt. Hier ist nichts vorgefallen.

Viele Grüße von Deinem
Uli

Rudolf Ditzen

Carwitz, am 23. Januar 1941
Post Feldberg/Meckl.

Lieber Uli,

wir haben einen Brief von Herrn Direktor Hertzberg be-kommen und Mummi und ich, wir sind beide sehr traurig darüber. Du wirst wissen, was in diesem Briefe gestanden hat. Es ist uns ganz unverständlich, wie Du jetzt schon wieder so gleichgültig über Deine Arbeiten denken kannst. Ich glaube, Du hast schon wieder vergessen, was wir Dir immer wieder gesagt haben über die Folgen eines etwaigen Sitzenbleibens zu Ostern oder den Grossen Ferien. (Denn dieser Brief von Herrn Dr. Hertzberg ist eine Vorbereitung darauf). Du musst dann nicht nur ein ganzes Jahr lang unter viel kleineren Jungens den Sextaner spielen, alles, was Du jetzt lernen solltest, noch einmal repetieren, Du musst nicht nur ein ganzes langes Jahr zur Schule gehen, sondern Du wirst auch von Deinen Ferien dann sehr wenig haben, Du kennst ja wohl Deinen Vater: Arbeitest Du weiter so schlecht, so werde ich erbarmungslos jeden Ferientag mit Dir arbeiten, und zwar nicht nur wie bisher ein paar Vormittagsstunden, sondern Du wirst richtige Arbeiten von mir aufbekommen, die Dich auch den Nachmittag beschäftigen werden. Es wäre etwas ganz anderes, wenn Du das, was von Dir verlangt wird, nicht leisten könntest. Aber zur Schule kommen und eine aufgegebene schriftliche Arbeit einfach nicht gemacht zu haben, das ist nichts wie Faulheit oder Nachlässigkeit. Das darf nicht wieder vorkommen.

Hier ist es jetzt wieder sehr still. Onkel Rowohlt war ein paar Tage hier und hat uns sehr interessant von seiner Flucht aus Brasilien und seiner Fahrt als Blockadebrecher erzählt. Er wird jetzt wahrscheinlich ans Luftfahrtministerium kommen. Morgen Nacht spricht er um 3 Uhr auf einem Kurzwellensender nach Brasilien in Portugiesisch und Deutsch über seine Fahrt. Er war mächtig vergnügt. Die Überfahrt hat er als Matrose gemacht, sie haben eine ganze Menge englische Schiffe getroffen, sind ihnen aber immer entwischt. Hier geht es allen gut.

Herzliche Grüsse, und, lieber Uli, nimm Dich zusammen! Du schädigst Dich selbst am allermeisten und verdirbst Dir Dein Leben, wenn Du es nicht tust. Ein paar Brotmarken anbei.

Deine

Liebe Mummi und Papa!

Hier ist meistens sehr kaltes Wetter. Vielen Dank für die Zeitungen. Ich brauche sehr nötig Seife. Wann kocht ihr Seife. Im Alumnat ist es sehr schön. Nun eine erfreuliche Nachricht: Ich habe eine eine zwei geschrieben, in Latein nämlich, ist das nicht schön. Heute war im Eßsaal die Führerrede. Herr Schlicht hat sein Radio heruntergebracht. Ich habe mir Seife von Frl. Krohn geborgt. Meine ist mir beim Waschen weggekommen. Gestern haben wir Mathematik geschrieben, aber Herr Krüger war ein bischen faul und hat sie noch nicht durchgesehen. Nun viele Grüße von deinem zweiteinzigsten Sohn Uli aus Templin. Heute hat Onkel Räder geschrieben an Deinen Sohn Uli in Templin.

Templin, den 6. II. 1941

Liebe Mummi und Papa!

Ich hatte die Arbeit über Sonntag vergessen und da bin ich eingeschrieben worden, und ich werde mich jetzt sehr anstrengen und es gut machen. Es ist wohl ein sehr nettes Kälbchen geworden. Die Zwiebacks kann ich gut gebrauchen. Morgen haben wir Sportfest. Es ist in der Klosterwalder Wassermühle. Zu Sonnabend muß ich zum D. J. einen Heimabend vorbereiten. Es schneit hier viel.

Viele Grüße

von Uli

Liebe Mummi und Papa.

Mir geht es hier gut. Nur hatte ich einen kleinen Husten. Einen Tag lag ich im Bett. Jetzt ist es nur noch ganz wenig. Husten meine ich. Am 22 des Monats können wir fahren und am 23 abends müssen wir wieder hier sein. Das beste ist wohl du kommst nach Templin oder Löwenberg. Vielleicht wird der Reisetag noch verlängert. Dann komme ich natürlich nach Carwitz und besehe mir das Kälbchen. Falls ich nicht kommen kann, sehe ich es dann auch? In Deutsch habe ich eine 4, aber in Mathematik 0 Fehler, 2. Ostern ist keine Versetzung, sondern erst im Sommer. Das kommt mir sehr gelegen in Latein, in dem ich mich aber sehr anstrenge. Gänseschmalz habe ich noch ⅓ Topf voll.

Nun viele Grüße
von Deinem zweiteinzigsten Sohn
Uli-Bulli

Carwitz, am 6. 3. 1941
Post Feldberg/Meckl.

Lieber Uli,

die Mummi ist nach Berlin zu den verschiedenen Geburtstagsmännern gefahren und sicher hat sie keine Zeit, Dir da zum Sonntag einen Gruss zu senden. So habe ich mich an die Maschine gekrabbelt und will versuchen, Dir wenigstens einen kurzen Gruss zu senden. Es ist der erste Brief, den ich seit vielen Wochen wieder tippe, sauer wird er mir auch, aber Deinen Sonntagsbrief musst Du doch haben.

Sonst ist hier alles ganz still, da ich kaum aus dem Bett komme, wirst Du verstehen, dass ich Dir wenig Neues berichten kann. Das eine noch: meine Bienen sind wirklich zum ersten Male geflogen. Sie finden draussen natürlich noch nichts, aber auf diesen ersten Flug lauern sie doch immer sehr, weil diese säuberlichen Tiere nämlich nie im Bau ihr Geschäft machen, sondern damit den ganzen langen Winter warten, bis sie ausfliegen können. Das war ein Gesumme und Gefliege um das Bienenhaus! Es hat natürlich viele Tote dabei gegeben, denn unter 8 Grad erstarrt die Biene sofort, und wer sich da etwas verspätet hat, hat den Stock nicht mehr lebend erreicht. – Und als zweite Neuigkeit: morgen kommt die neue Haustochter, sie heisst Gerti Wiegold, das ist doch ein spassiger Name, nicht wahr? Hoffentlich ist sie auch treu wie Gold. Sie kommt aus dem Ruhrgebiet und wird froh sein, hier ein bisschen in die Ruhe zu kommen. Dort haben sie ja wohl sehr oft Fliegeralarm. Habt Ihr in Templin auch welchen gehabt in letzter Zeit? Und was macht das Latein!?

Es grüsst Dich herzlich

Templin, den 12. III. 1941

Lieber Papa, liebe Mummi!
Heute war es hier wieder kalt geworden und es hat gereift. Der D.-J.-Dienst war heute nicht sehr besonders. Osterferien sind vom 2. IV. bis zum 17. IV. Pfingsten ist nur Reisetag, da die Osterferien nur für uns vom J. G. verlängert sind. Aber es ist ein langer Reisetag, vom Sonnabend bis zum Montag. Wie habt ihr Mummis Geburtstag verlebt? Hoffentlich schön? Großmutter hat mir schon das Geburtstagpaket geschickt. Es ist nur noch sehr wenig Eis auf dem See. Den Wäschekoffer habe ich schon abgeschickt. Hoffentlich kommt er zur rechten Zeit an. Die Arbeiten sind folgend ausgefallen: Latein 4, Mathemathik 4, Deutsch 3. Für jetzt viele Grüße von Uli. Heute haben wir in der Turnstunde zwei Filme gesehen und zwar: Der Wettlauf zwischen dem Hasen und dem Igel und Braunkohle Tagebau. Was macht euer Brennmaterial? Und alles andere?

Hoffentlich geht es dir bald besser. Vielen Dank für deinen Brief, Papa. Adjeu.

Dein lieber

Uli

Carwitz, am 20. März 1941
Post Feldberg/Meckl.

Lieber Uli-Bulli,

die Mummi hat Dir zwar in ihrem letzten Brief geschrieben, dass es mir wieder schlechter ginge und dass ich nach Dresden in ein neues Sanatorium gefahren sei, aber nun schreibe ich Dir doch aus Carwitz. Es hat mir nämlich in Dresden garnicht gefallen, und da bin ich schnell wieder nach Carwitz gefahren. Jetzt geht es mir wieder etwas besser, so dass ich Dir heute sogar tippen kann.

Aber nun, mein alter, elf Jahre alter Sohn, lass Dir erst einmal recht schön auch von mir zu Deinem Geburtstage gratulieren. Ich hoffe nur, Du hast ihn recht vergnügt mit Deinen Freunden verlebt, das Paket ist pünktlich zur Stelle gewesen, und der Kuchen aus Carwitz hat geschmeckt. Seid Ihr denn auch satt geworden, wenn auch keine Mark für Semmeln dabeilag?

Dass Frühling ist, merkt man auch daran, dass alle Kinder im Dorfe – und natürlich auch unsere Mücke – wieder anfangen, mit Murmeln zu spielen. Achim ist in den letzten Tagen mächtig meckrig, weil er mal wieder neue Zähnchen kriegt. Sonst wird er immer vergnügter und wilder. Das Wort ›Papa‹ kann er als sein erstes schon sagen, sonst macht er meistens nur Äh und Mäh. Bald wird er krabbeln können. – Mummi hat immer unendlich viel zu tun, auch mit dem Stopfen Deiner Turnhosen, über die sie seufzt. Die Frühbeete sind schon eingesät, die Schweinchen, von denen eines einen bösen Husten hatte, sind wieder in Ordnung, und heute fährt Utnehmer bei uns Mist. Das wäre wohl alles Neue. Alles andere musst Du Dir nun selber ansehen, wenn Du kommst, das ist in zwei Wochen weniger einem Tag. Schreibe rechtzeitig, wie Du fahren wirst und wann, damit sich Mummi ein bisschen darauf einrichten kann, nicht erst im letzten Augenblick!

Herzlichst, Dein

Carwitz, am 26. März 1941
Post Feldberg/Meckl.
Telef. Feldberg 76

Lieber Uli,

Mummi und ich, wir danken Dir schön für Deinen Brief. Wenn Dir die Grossmutter in Celle ein Buch geschenkt hat, das Du schon hast, so bringe es hier zu den Osterferien mit, wir können es vielleicht tauschen. – Wegen Deiner Reise hat Dir Mummi schon geschrieben:

1. Ich wiederhole: entweder Du fährst, wenn das Wetter und die Wege nicht garzu arg sind, mit Herrn Biligk auf dem Rad nach Carwitz. In diesem Falle darf Herr Biligk vorher nicht garzu spät hier anrufen, weil wir ja, wenn Ihr nicht fahrt, noch den Wagen von Utnehmer für die Mummi bestellen müssen, die Dir dann entgegenfährt.

2. Oder aber Du fährst wie sonst über Fürstenberg, Neustrelitz nach Feldberg (nicht über Hardenbeck). Du musst uns, sobald Du es erfährst, schreiben, ob Ihr schon morgens oder erst gegen Mittag entlassen werdet. Könnt Ihr schon am Morgen fahren, so erwartet Dich Mummi in Neustrelitz auf dem Bahnhof im Wartesaal 2. Klasse. Fahrt Ihr aber erst Mittags, so wird sie Dir bis Templin entgegenkommen. Wie Du es mit Deinem Rad machen willst, musst Du Dir überlegen, immerhin wirst Du 14 Tage hier sein, und ich möchte meines nicht zu oft verleihen. Du kannst es

ja auch mit der Bahn aufgeben. Erkundige Dich schon vorher nach Anhängern usw., damit Du nicht alles im letzten Augenblick machen musst.

Mücke legt Dir eine Postkarte bei und bittet Dich, ihr für 50 Pfg. Murmeln zu besorgen. Also erst einmal 100 von den ganz gewöhnlichen, und für den Rest des Geldes dann etwas bessere und grössere, soviel Du eben kriegst. In Feldberg gibt es nämlich nicht eine Murmel zu kaufen.

Hier freut sich alles auf Dein Kommen, hoffentlich ist dann das Wetter etwas besser. Wirst Du wieder in Deinem Bett schlafen wollen? Bei mir oben geht es diesmal nicht, ich schlafe noch zu schlecht und bin die halbe Nacht beim Lesen.

Mach es gut, alter Bumbi, bis zum nächsten Mittwoch! Dein

Templin, den 27. III. 1941

Lieber Papa und liebe Mummi!

Mir geht es gut. Nun Genaueres über die Ferien! Wenn angerufen wird, müßt ihr mich von Hardenbeck holen lassen. Wenn gutes und mittleres Wetter ist, komme ich mit Herrn Biligk zur Abendbrotszeit. Es sind 22 Kilometer. Über Neustrelitz komme ich auf keinen Fall. Vielen Dank für den Zwieback und die Bonbons. Ich komme am 1. IV. und muß am 16. IV. das Alumnat bis 20 Uhr betreten haben. Vielen Dank für die Bilder von Achim. Seid vielmals von mir gegrüßt von eurem Uli aus Templin.

In den Ferien werde ich mich ordentlich satt essen.

Der hungrige Uli

Lieber Uli,

Du hast ja Dein Versprechen, Deiner Mutter gleich zu schreiben, nicht grade schön gehalten. Bis heute haben wir noch nicht eine Zeile von Dir – denke doch einmal, wie Dir das wäre, wenn wir Dich länger ganz ohne Nachricht liessen oder Dir einfach nicht schickten, um was Du bittest. Also bessere Dich.

Unsere Kuh macht uns auch viel Kummer. Sechs Tage hat das alte Biest gehungert, wollte partout das Sauerfutter nicht fressen. Als die Milch fast ganz alle war, gab ich den Kampf auf und kehrte zu dem alten Futter, von dem ich aber kaum noch etwas habe, zurück. Aber nun kriegte unsere Gute Durchfall, den sie auch noch hat, wie es in einer alten Geschichte heisst: du isst mich nicht, du trinkst mich nicht, du bist mich doch nicht krank! Hoffentlich kommt sie wieder in Ordnung, augenblicklich sieht es mit Milch und Butter bei uns ganz schlecht aus.

Mücke lernt eifrig am Horst-Wessel- und Deutschlandlied, sehr schön ist es besonders, wenn sie zu singen versucht, singen können wir Ditzens alle nicht, auch Du nicht ausgenommen. Schade, dass Du da nichts von Deiner Mummi geerbt hast. Aus Celle hat sie nun doch von der Grossmutter noch ein kleines Murmelpäckchen bekommen, 310 Stück, aber alles nur die kleinen aus Ton.

Und nun, alter Junge, alles Gute für Deine Studien und für Deine Freizeit. Schreib bald und viel!

Deine

Templin, den 8. V. 1941

Lieber Papa und liebe Mummi.

Hier ist kein gutes Wetter. Ist bei Euch auch solches Wetter wie hier? Ist zu Pfingsten das Boot schon im Wasser? Herr Biligk hat mir folgendes erzählt: Als früher die Slaven im Land waren, haben sie eine Holzbrücke über all die kleinen Inseln nach Conow. Dort war irgendeines ihrer Heiligtümer. Als dann ihre Feinde kamen, wichen sie über die Brücke zurück und brannten sie hinter sich ab. Seitdem ist die Brücke nicht mehr aufgebaut worden. Vielleicht wißt ihr es schon. Bis Pfingsten kommt dann keine Wäsche mehr. Vielen Dank für das Päckchen und die Zeitungen. Seit herzlich gegrüßt von eurem

Uli

Carwitz, am 8. Mai 1941
Post Feldberg/Meckl.

Lieber Uli-Bulli,

wir danken Dir schön für Deinen Brief, der ja wieder mal recht dürftig ausfiel. Es wäre wirklich ganz nett, wenn Du Dir etwas mehr Mühe bei den Briefen an uns geben würdest, wir würden wirklich gerne etwas mehr von Dir und Deinem Ergehen hören. Gib Dir doch mal ein bisschen Mühe! Hoffentlich geht es in der Schule gut, es ist ja garnicht schön, dass Du das mit soviel Mühe gelernte schon wieder vergessen hast.

Ich kann seit gestern nur auf einem Auge kieken, die Bienen haben mich ins Lid vom andern Auge gestochen und es ist nun ganz zugeschwollen. Achim und der Mummi geht's gut, nun kann Achim schon mindestens eine Minute lang auf seinen Wackelbeinen stehen, er wird wohl schon ein wenig laufen (und viel fallen), wenn Du zu Pfingsten kommst!

Herzliche Grüsse von uns allen
Dein

Carwitz, am 14. Mai 1941
Post Feldberg/Meckl.

Lieber Uli,

schönen Dank für Deinen längeren Brief, der uns etwas verspätet mit dem Wäschekoffer erreichte. Gewaschen ist schon alles, aber noch nicht fertig, so will ich Dir diesen Brief voraussenden, damit Du am Sonntag nicht ohne Nachricht bist.

Von der Brücke über den Carwitzer See habe ich auch schon gehört. Hier wurde mir aber erzählt, dass die Brücke nicht zur Wendenzeit, sondern zum Dreissigjährigen Kriege – manche sagen auch zur Franzosenzeit, also 1806 – gebaut sei, und dass die Carwitzer auf ihr ins Conower Werder geflüchtet seien, um sich vor den Plünderern zu verstecken. Was richtig ist, weiss ich nicht.

Heute früh war ich mit Mücke im Walde, und wir haben Lorcheln gesucht. Sechs Stunden sind wir ohne eine Pause gelaufen, von morgens 6 bis mittags 12, und meist doch sehr unbequem quer durch den Wald, ich habe Mücke bewundert, sie hat nicht einmal gemeckert. Ich war hinterher ziemlich erschlagen, Mücke ist aber nach dem Essen gleich wieder losgezogen zu Brunhilde Pagel, die heute Geburtstag hat. Schule hat sie noch immer nicht wieder, Schwochs sind nach ihrer Pilzvergiftung noch immer nicht wieder in Ordnung.

Lass es Dir recht gut ergehen, alter Junge. Wir grüssen Dich alle sehr und freuen uns auf Pfingsten, das ja schon am 1. 6. ist. Hier ist das Wetter noch immer weniger als mittel, mal ein besserer Tag, aber meistens mit eiskaltem Wind. Noch einmal alles Gute

Dein

Lieber Papa, liebe Mummi

Hier ist es herrliches Wetter. Der Direktor hat schon erlaubt, Barfuß zu gehen. Ich muß 9.35 von hier spätestens abfahren. Der Koffer ist heute angekommen. Vielen Dank für die Keks, Bonbons und Schokolade. Ich war mit Wäsche sehr knapp. Heute gehen wir ins Kino. Der Film heißt: Kopf hoch, Johannes! Gestern hatte ich die neuen Schuhe an. Sie sind schön. Wir rudern jetzt öfters. Mein Hamburger Freund kommt sicherlich mit. Sonnabend ist D. J. Reichssportwettkampf. Sonst ist hier nichts passiert. Nun viele Grüße von

Uli

Carwitz, am 5. Juni 1941
Post Feldberg/Meckl.

Lieber Uli,

heute gibt's nur einen kurzen Gruss. Wir sind etwas betrübt: gestern ist unsere gute Kuh krank geworden, irgend ein Futterfehler, denke ich, und eben habe ich den Fleischer Godenschweger angerufen, dass er sie holt und schlachtet, sie ist nicht durchzukriegen. Das ist sehr bitter für uns, ein grosser Verlust. Und ein auch nur annähernd so guter Ersatz wird kaum zu bekommen sein! Nun werden wir uns sehr, sehr mit dem Fett einrichten müssen. Bitter – – – bitter – – –

Aber das Wetter ist noch immer herrlich, ich glaube, wenn es nur noch ein paar Tage so warm bleibt, kann man wirklich bald mit dem Baden anfangen. Schreibe uns doch, wann Ihr dort die Badesaison eröffnet. Zum Rudern sind wir noch nicht wieder gekommen, und die Tür zum Bootsschuppen ist auch noch nicht wieder eingehängt. Zu viel zu tun

[Schlußformel fehlt]

Lieber Uli-Bulli,

Mummi lässt schön für Deinen Brief danken, und ich danke Dir auch gut dafür. Wir haben hier auch das schönste Wetter, was meiner Heuernte gut zu statten gekommen ist. Die reichliche Hälfte haben wir schon drin, und die andere folgt in den nächsten Tagen, nun haben wir gutes Heu und keine Kuh. Das heisst, Godenschweger hat mir erst einmal eine Kuh geliehen, das ist ein Tier zum Gottserbarmen, sage ich Dir! Dürr wie ein Kleiderständer, dusselig aussehend mit einer halb weissen, halb schwarzen Schnauze ächzt und krächzt sie zum Nichtanhören, hustet wie eine alte Frau und gibt Milch wie ne bessere Ziege! Nur ihr Hunger ist ganz tüchtig! Hoffentlich bekomme ich bald was Vernünftiges, dies Tier macht mich wild!

Mücke und ich, wir haben gestern auf Deinen Brief hin auch hier die Badesaison eröffnet. Es war noch ziemlich kalt, das heisst, ich fand das, Mücke fand das Wasser herrlich und fror auch nicht. Ich wundere mich aber doch, dass Du Deine Schwimmkünste so rasch vergessen hast, das muss daran liegen, das Du nie ganz richtig geschwommen hast. Mücke ist ins Wasser gegangen und konnte sofort wieder richtig schwimmen, genau so sicher und ausdauernd wie im vorigen Jahre, hat auch gleich mit Ball und Ring im Wasser gespielt. Nun, hoffentlich lernst Du in Templin jetzt richtig schwimmen! – Ja, so ein klares Wasser wie in Carwitz wirst Du selten finden, das ist hier ein grosser Vorzug!

Mach's gut, lieber Uli, grüsse Deinen Freund Wolli, danke ihm für seinen Gruss und bringe ein schönes Zeugnis heim!

Immer Deine

Templin, den 19. Juni 1941

Lieber Papa.

Hoffentlich geht es euch gut. Mir geht es gut. Vielen Dank für das Päckchen und das gut gelungene Bild von Achim. Schließlich ist hier doch gutes Wetter. Jetzt baden wir doch schließlich wieder. In der letzten Zeit nach Pfingsten haben wir nie Fliegeralarm gehabt. Der Jungvolkdienst hat jetzt etwas Abwechslung. Wir spielen immer allerlei Spiele. Bald müssen bei euch wohl auch die Reifen abgegeben werden. Der Alumnatsinspektor hat schon alle aufgeschrieben, die ein Rad haben. Wir müssen hier immer Heilkräuter mitbringen. Nachmittags sind freiwillige (bzw. unfreiwillige) Sammlungen. An einer solchen mußte ich heute teilnehmen.

Das wäre alles von
Uli

Carwitz, am 28. Juni 1941
Post Feldberg/Meckl.

Lieber Uli-Bulli-Butterstulli,

über Deinen Brief haben wir uns sehr gefreut, vielen schönen Dank! Wir freuen uns mächtig, dass Du Dich freigeschwommen hast – Du musst viel besser jetzt schwimmen als im vorigen Jahr. Und sogar Springer bist Du geworden, vom 3 Meter-Brett, da muss Dir unser niedriges Brettchen ja ganz lächerlich vorkommen.

Denke Dir, wir haben in zwei Bruten 18 Entchen ausgebrütet, und beide Bruten sind gleich in der ersten Nacht von einem Räuber aus dem Stall geholt worden! Wir fanden am nächsten Morgen nur ein paar Federchen und Blut. Wir haben hin und her geraten, wer das wohl getan haben könnte, aber ich glaube nun, ich habe mit meiner Vermutung recht, dass es die Ringelnattern waren. Wir haben ziemlich viele, sie wohnen im Komposthaufen, und ich mag ihnen nichts tun, weil sie so gute Mäusejäger sind. Aber das ist doch eine Gemeinheit – Hertha hat geweint, und uns andern war auch nicht fröhlich zu mute.

Übrigens ist die Mummi sehr vergnügt und ganz unbeschädigt aus Hamburg zurückgekommen. Sie hatten nur zweimal Fliegeralarm, und beide Male garnicht schlimm. Das eine Mal wurden überhaupt keine Bomben abgeworfen. – Hier ist wie immer alles still – Gottlob! – Mücke hatte viel mit der Eisen-, Knochen- usw. Sammlung zu tun, aber das ist jetzt auch ausgestanden. – Achim ist ein bisschen meckrig wieder, nachdem er sehr gute Tage hatte, wohl wieder die Zähne und eine tüchtige Erkältung! Hoffentlich ist er ganz wieder in Ordnung, wenn Du da bist. – Plischi ist grade ausgerissen, hoffentlich findet er sich wieder ein. Er hat sich das Stromern sehr angewöhnt.

Herzliche Grüsse von

Templin, den 22. 8. 41

Lieber Papa!

Ich bin hier gut angekommen [aus den Sommerferien]. Es geht mir gut! Hoffentlich dir auch? Ich habe eine Bitte an Dich. Bewahre mir bitte alle Zeitungen von heute an gut auf. Frl. Krohn bestellt sie nicht mehr. Herzliche Grüße von

Deinem Uli

[Postkarte mit Stempel vom 25. 8. 41]

Lieber Papa.

Hier ist großer Lärm um meine Reiselebensmittelabmeldung, die ihr zugeschickt bekommen haben sollt. Schickt diese bitte sofort ans Büro. Mir geht's gut.

Uli

[Vermerk der Mutter: erl. 26. 8.]

Carwitz, am 30. August 1941
Post Feldberg/Meckl.

Lieber Uli,

ehe ich nun nach Berlin starte, will ich Dir – auch für die Mummi – schön für Deinen ausführlichen Brief danken, der hier heute eintraf. Wir freuen uns, dass Du Dich schon gut eingelebt hast, die Anwesenheit von soviel Neuen, die keine Ahnung vom richtigen Betrieb haben, wird Dein Selbstgefühl gewaltig stärken. Hoffentlich geht es nun recht gut auch mit den Leistungen. Über Latein hüllst Du Dich in Schweigen, ich hoffe aber, auch da kannst Du noch Günstiges vermelden.

Während ich dies tippe, wackelt Achim bei mir im Zimmer herum und sagt ununterbrochen »Da! Daa!« Krabbeln hat er nun schon ganz aufgegeben. Überhaupt ist er jetzt meist sehr vergnügt, isst auch gut. Zu den Herbstferien wirst Du einen grossen Bruder finden, vielleicht hat er dann auch schon angefangen, richtig zu sprechen. – Mückchen hat's weiter gut oder vielmehr schlecht mit der Schule, denn sie lernt nichts: nach zwei Schultagen ist Herr Schwoch erst mal wieder krank geworden und die Schule fiel aus. Heute war sie mal wieder, wer weiss, wie lange es nun gehen wird. – Übrigens, Deine richtige Lebensmittel-abmeldung hatte Herr Schwoch natürlich ›verlegt‹, d. h. verloren, wir haben nun eine andere gesandt, der Fall ist also auch in Ordnung.

In Berlin werde ich in irgend einem Hotel absteigen, ich weiss noch nicht, wo, besser, Du richtest Deine Briefe weiter nach Carwitz, Mummi wird sich auch freuen, wenn Du ihr mal direkt schreibst.

Sonst geht alles gut. Das Trockengerüst für den Mais ist fertig geworden, es sieht genau wie ein Galgen aus, etwa 4 Meter hoch, auch kann man in ihm schwatzhafte Carwitzer – kein Mangel daran! – wie in einem Pranger ausstellen. Sonst weiss ich nichts, nun bist Du wieder dran!

Herzliche Grüsse von Deiner
und Deinem

[Postkarte mit Stempel vom 6. 9. 41]

Liebe Mummi

Am nächsten Sonntag, den 14. September ist Reisetag. Dann komme ich mit dem Rad nach Carwitz. Dürfte ich meinen Freund Owe Sachse mitbringen. Dann komme ich Sonnabend abend und muß Sonntag abend abfahren. Sei herzlich gegrüßt von

Uli

Berlin, am 6. September 1941
Hotel Excelsior – Zimmer 424

Mein lieber Uli,

ich weiss nicht, ob die Mummi noch Zeit gehabt hat, Dich mit ein paar Zeilen davon zu benachrichtigen, dass sie gestern ganz plötzlich fahren musste – nach Hamburg. Denke Dir, unser lieber guter Onkel Peter, der noch vor ein paar Wochen so vergnügt seinen Urlaub bei uns verlebte, ist ganz unerwartet an einem Schlaganfall gestorben, und zwar in Leipzig, wo er grade zur Messe war. Näheres wissen wir noch nicht, wie gesagt, die Mummi ist sofort nach Hamburg gefahren, und auch ich werde wohl schon heute oder morgen zum Begräbnis nach dort fahren. Ich bin aber sofort wieder hier bei meiner Arbeit, die ich nicht länger verlassen kann. Du wirst mit uns traurig sein über diesen schweren Verlust, den unsere Familie erlitten hat. Onkel Peter war ein so guter, hilfsbereiter Mensch, der von uns allen schwer vermisst werden wird. Ohne ihn würdest Du wohl auch kaum schwimmen können. Er hatte viel mehr Geduld als Dein Vater. – Mach's gut, lieber Junge, ich habe heute nicht recht Zeit, Dir länger zu schreiben. Vielleicht wieder in der nächsten Woche, wenn ich aus Hamburg zurück bin. Richte Deine Briefe bitte weiter nach Carwitz!

Herzlichst

Dein

Berlin, am 15. September 1941
Post Feldberg/Meckl.

Lieber Uli,

das ist eine feine Adresse, die da oben steht – genau so durcheinander ist Dein guter Vater. Der ist heute morgen nämlich um ½ 5 Uhr bei Sturm und Regen nach der Bahn in Feldberg gelatscht, durch alle Pfützen, die Gott werden lässt, und durch eine verdammte Dunkelheit, mit einem sehr schweren Koffer – und darum ist der alte Gebieter durcheinander. Das war ein Weg, mein Sohn, das kann ich Dir flüstern! Es hat mir leid getan, dass ich Dich zu meinem Wochenende nicht in Carwitz getroffen habe, aber als ich diesen Weg durch die stürmische Nässe ging, hat es mir nicht mehr leid getan, dass mein Sohn an diesem Tage nicht unterwegs war, sondern fein säuberlich und trocken in Templin seinen Reisetag verbrachte.

Mummi und ich, wir haben uns alle beide sehr über Deine beiden letzten ausführlichen Briefe gefreut, mach weiter so! Übrigens seit Du weg bist, sammelt Mücke weder ordentlich Äpfel, noch macht sie Fingernägel rein, wenigstens nicht gut. Es wird Zeit, dass der grosse Bruder mal wieder kommt!

Herzliche Grüsse

Dein alter

Templin, den 18. IX. 1941

Liebe Mummi

Hier ist kein gutes Wetter. Es wird schon geheizt. Heute Nachmittag um 4½ Uhr haben wir hier einen Marsch gemacht als Vorübung für Morgen. Morgen machen wir nämlich ein Sportfest gegen Lychen. Dabei geht es nach Altersgruppen. In jeder Altersgruppe sind die Sechs besten derselben. Davor machen wir einen Marsch zum städtischen Sportplatz. Dabei singen wir folgende Lieder: Der Gott, der Eisen wachsen ließ; Ein Heller und ein Batzen; Obs stürmt oder schneit (Panzerlied) und Wenn die bunten Fahnen wehen. Wir haben daher morgen nur 2 Stunden.

Vielen Dank für das Päckchen. Was macht denn meine graue Hose? (Die zu der Kletterweste). Kannst du nicht aus der zu kleinen Hose die große flicken. Vor kurzer Zeit habe ich den Wäschekoffer abgeschickt. Auf einmal, als ich den Koffer zuschnüren wollte, war die Strippe zu kurz. Da hat mir Frl. Krohn mit einem ihrer Schlüssel den Koffer zugeschlossen. Das nächste mal schnüre ich ihn mit der Strippe, die du mir mitschicktest und die ich sehr gut gebrauchen kann. Orthopädische Schuhe kann ich leider nicht bekommen, da meine Füße dafür zu gut sind. Ich kann höchstens Einlagen bekommen, die ich in Berlin wohl genau so gut bekommen kann. Ich brauche an Wäsche sehr nötig: Unterhosen und Strümpfe. In Arbeiten habe ich im ganzen: In Latein Übungsarbeiten 2 Vieren, in Deutsch in einer Anfangsbuchstabenarbeit eine Vier, in Mathematik auch eine Vier. In Mathematik rechnen wir Bruchmultiplizieren und = dividieren. Herzliche Grüße von
Uli

Mein Honig ist alle, denn ich musste ihn unfreiwillig dem Alumnat stiften, d. h. Frl. Krohn hat ihn dem Alumnat aufgestrichen.

Carwitz, am 22. September 1941
Post Feldberg/Meckl.

Lieber Uli,

nun bin ich wieder aus Berlin zurück, und ich kann Dir nur sagen, ich bin herzlich froh, wieder in Carwitz zu sitzen. Es war doch nicht sehr schön, dieses ewige Herumlaufen in der Stadt von einer Wirtschaft in die andere, und in keiner wurde man richtig satt. Bei der Mummi ist es eben doch am besten, übrigens nicht nur das Essen – das findest Du doch auch?

Aber meiner Arbeit, denke ich, ist das Dortsein recht gut bekommen. Ich habe drei Wochen im Justizministerium gesessen und habe alte Akten über einen grossen Strafprozess gewälzt. Ich will die Geschichte eines grossen Börsenschiebers schreiben, d. h. also eines Mannes, der nicht mit Waren, sondern mit Geld handelt, so kann man es etwa ausdrücken. Am letzten Tage ergab sich dann noch die Möglichkeit, dass ich vielleicht einen grossen Filmauftrag bekomme, für einen berliner Film. Du kannst mir ruhig ein bisschen die Daumen halten, dass das was wird. Einmal würde die Arbeit mich interessieren, zum andern wäre es unserer Kasse sehr gut – auch Deinem Sparbuch! Also gib Dir Mühe.

So, mein lieber Uli, und nun für heute wieder einmal Schluss. Meine Briefmappe ist mächtig dick, ich habe tüchtig zu tun, bis ich wieder auf dem Laufenden bin.

Die herzlichsten Grüsse von
und

Templin, den 25. IX. 1941

Lieber Papa, liebe Mummi.

Hier ist jetzt gutes Wetter! Bei euch auch? Wie geht es euch? Ich kann in meinen neuen Schuhen jetzt schon gut laufen. Erst konnte ich garnicht darin laufen aber nachdem ich sie eingefettet habe, ging es gut. Meine braunen Schuhe sind endgültig zu klein. Nachdem ich die schwarzen Schuhe seit dem 25. 8. beim Schuster hatte, habe ich sie heute gut besohlt bekommen. Ich muß jetzt in allen Schuhen Einlegesohlen tragen, da die Strümpfe sonst nach zwei Tagen schwarz sind. Heute habe ich mir das Buch »Die Hölle von Gallipoli« von meinem Geld gekauft. Schreibe mir bitte, ob ich mit dem Zug oder mit dem Wagen oder wer weiß wie in die Ferien fahren soll. Heute haben wir Lateinübung 3 geschrieben. Ich habe wahrscheinlich 2 Fehler, Befriedigend. Aber wir haben sie noch nicht zurückbekommen. In den Stunden bei Herrn Krüger und Herrn Klockmann machen wir Quatsch. Wir holen uns Boviste aus dem Wald und puffen dann feste los. Herr Klockmann ist im Arbeitenzurückgeben sehr langweilig.

Sei herzlich gegrüßt von
Uli

Anbei einen Zettel von Herrn Schlicht

Ditzen. Mitteilung auf Anordnung des Alumnatsinspektors
1) Die Alumnen erhalten die neue Kleiderkarte von der Kartenstelle Templin.
2) Letzter Schultag: Freitag, d. 3. 10. 1941. Anreisetag (letzter Ferientag) 16. 10. 41. Erster Schultag: 17. 10. 41. Genauen Zeitpunkt der Ankunft schreibe ich anfangs nächster Woche.
3) In den Klassenarbeiten seit Schulbeginn habe ich folgende Noten bekommen:
   a) Latein (2 Übungsarbeiten): 2mal Ausreichend (4)
   b) Mathematik (2 Arbeiten): 2mal Ausreichend (4)
   c) Deutsch (1 Arbeit): 1mal Ausreichend (4)

Lieber Uli,

gestern abend hat die Mummi hier angerufen und mir gesagt, dass Du gut nach Templin gestartet bist. Nun bist Du
wohl schon wieder in Deiner Arbeit, da möchte ich Dir
doch einen kurzen Sonntagsgruss senden, der aber vielleicht
doch zu spät kommt. In Berlin hast Du wohl noch nette
Stunden bei Burlages mit der Mummi gehabt – ob Du wohl
die Bücher, die Du Dir wünschtest, bekommen hast!?!
Schreib mir einmal davon! Was hast Du denn gekauft?

Mücke ist scheinbar von Deinem Arbeitseifer angesteckt
worden, oder sie will für grosse Weihnachtsgeschenke viel
Geld verdienen: jedenfalls sammelt sie mit Eifer Äpfel und
hat gestern auch beim Futterrübenernten mitgeholfen.

Hier hat sich unterdes viel begeben: die Kuh hat in der
vorletzten Nacht gekalbt, als ich morgens in den Stall kam,
lag das Kalb halbtot vor Nässe und Kälte auf dem Gang, es
war elf Tage zu früh gekommen. Aber wir haben es ganz
schön wieder zurecht gekriegt, heute hat es schon schön
seine Milch ausgetrunken. Mit der Kuh ist es noch nicht
ganz in Ordnung, sie hat Schmerzen im Euter und schlägt
deswegen beim Melken wie ein Pferd. Wir melken sie zu
dreien, d. h. Frau Benzin melkt, ich halte den Eimer, gegen
den sie immer mit den Beinen haut, und Lindenberg hält
den Schwanz und redet ihr gut zu. So wird denn schliesslich doch immer was aus der Melkerei, freilich wollen wir
hoffen, dass dieser Zustand sich noch bessert. – Der eine
kommt, der andere geht: ein Kalb haben wir bekommen,
ein kleines von den grauen Karnickeln im Kückenstall ist
drauf gegangen, warum weiss ich nicht.

Ich sende Dir mit diesem Brief die drei Wehrmachts-
berichte vom 14. bis 16. Oktober – unterdes ist nun auch
Odessa genommen worden, wie gestern abend durch Son-

dermeldung gemeldet wurde, das wird Dich gefreut haben.
– Ich habe nun wieder mit Arbeiten angefangen, an dem
Film für die Wiener, Du hast mich wohl davon erzählen hö-
ren. –

Übrigens am 2. Schultag haben die Kinder hier für Herrn
Schwoch Umschläge kleben müssen, auch 'ne Art Unterricht, was?

Herzliche Grüsse

Dein alter

Carwitz, am 22. Oktober 1941
Post Feldberg/Meckl.

Lieber Uli,

einen schönen Gruss für Deinen Sonntag! Hoffentlich
habt Ihr dann ein wenig besseres Wetter, als es grade jetzt
ist. Es regnet und stürmt, aber am schlimmsten war es am
vergangenen Sonntag, da hat es uns fast 6 Zentner Äpfel
von den Bäumen geschlagen, die ganz kahl geworden sind.
Ein rechter Jammer, denn sie haben natürlich alle Stellen.

Ich bin ziemlich fleissig, habe unterdes den erwarteten
Filmauftrag bekommen. Heute habe ich Euer komisches
Bahnabenteuer mit der Notbremse dafür benutzt, es passte
mir grade gut in den Kram. Siehst Du, man kann alles brau-
chen. Ich musste sehr daran denken, wie spassig Du die
Sache mit dem gerissenen Draht erzählt hast!

Es geht allen gut, Achim ist vergnügt, Mücke pomadig,
Dein Vater schreibfleissig und schweinefütterig, Deine
Mutter sesshaft und näherisch, Hertha dito aber lesewütig,
Frau Brüning schläft wohl schon, und so sagen wir Dir alle
Gute, Gute Nacht. Schlaf schön, alter Sohn, träume gut
und sei vergnügt (und ein wahnsinnig erfolgreicher Schü-
ler!).

Dein alter

Templin, den 23. Oktober 1941

Lieber Papa, liebe Mummi!

Gestern Nachmittag war hier ein Gewitter. Heute haben wir 2 Arbeiten hintereinander geschrieben, Deutsch und Erdkunde. Meine Uhr ist scheinbar weg. Ich habe sie hier nicht gefunden. Schicke mir bitte den Wintermantel, den dicken Pullover und Korken. Hier haben wir Kerzen für den Saalschlang gekauft. Der Reisetag ist am 1. Advent und geht bis Montag. Weihnachtsferien sollen vom 15. Dezember bis zum 2. Januar sein. Im Alumnat sind ganz neue Bestimmungen eingerissen, da jetzt Herr Klockmann hier auch zu befehlen hat. Wir sollen und gehen am Sonnabend um ¾9 Uhr ins Bett. Als ich gestern abend mit Diether Stövesand ein bischen sprach, wurden wir verhauen. 8 Hiebe mit der Klopppeitsche, die nicht weh taten, erhielt jeder. Ich schicke den Bezugsschein für die Schuhe und die Kleiderkarte mit. Am Abend machen, d. h. machten wir früher, ordentlich Lärm, wegen der neuen Bestimmungen. Dazu haben wir einen Verein gegründet, das B. G. Z. Ich bin auch darin. Ein Neuer ist der Führer. Die neue Joppe ist sehr schön, aber wenn sie naß ist, wird sie hier nicht so leicht trocken.

Viele Grüße von

deinem Uli

Carwitz, am 25. Oktober 1941
Post Feldberg/Meckl.

Lieber Uli,

wir haben in dieser einen Woche einmal von Herrn Krüger die Nachricht bekommen, dass Du wegen Lügens mit einem Tadel bestraft worden bist, dann vom Alumnatsinspektor, dass Du zweimal wegen Störung der Nachtruhe mit Prügeln bestraft bist. Lieber Uli, das ist ein bisschen viel für diese kurze Zeit. Es muss Dir klar sein, dass es so

nicht weiter geht, oder es wird sehr unangenehm für Dich
werden, zum Beispiel auch zu Haus, auch zu Weihnachten.
Du musst Dich in die dortige Ordnung fügen. Wenn Du
schreibst, die Lehrer hätten dort Neuerungen eingeführt,
so kann wohl kaum etwas törichter sein. Du bist jetzt erst
ein gutes Jahr dort, und Du willst entscheiden, was neu und
was althergebracht ist? Geh, mein lieber Sohn, das alles
sind doch nur Sprüche, hinter denen nichts steckt. Im Brief
erwähnst Du nur eine Prügelstrafe – auch wirst Du wohl
kaum nur geflüstert haben! Und über das andere gehst Du
vornehm mit Stillschweigen fort – vor allem über den Tadel
wegen Lügen, und das zeigt doch wohl, dass da Dein Gewissen nicht ganz rein ist. Oder ist es auch eine Neuerung,
dass man nicht mehr lügen darf? Vor allem aber wünschen
wir Deinem sogenannten Verein ein baldiges Ende. Bestimmt Ihr, was in der Schule sein darf, oder bestimmen es
nicht vielleicht doch andere? Ach, mein guter Uli, sei doch
nicht dumm, denke erst nach und dann handele! Du scha-
dest Dir doch nur selber! Glaubst Du, Du oder auch Ihr
erreicht was? Ihr erreicht nur, dass Eure Freiheiten noch
weiter beschränkt werden und dass Ihr noch härter bestraft
werdet. Das alles hat doch keinen Zweck. Sei vernünftig,
mein Guter, und erspare Dir und uns solche Benachrichti-
gungen, mit allem, was voraufgeht, und mit allem, was
nachfolgt, zum Beispiel diesen Brief, den wirklich nicht
gern geschrieben hat
    Dein

                            Templin, den 30. Oktober 1941
Lieber Papa, liebe Mummi.
Gestern hat es hier zum ersten Mal geschneit. Heute waren
2 Grad Kälte am Morgen. Am Sonntag waren wir in der Jugendfilmstunde und haben den Film »Ein Volksfeind« ge-

sehen. Mir geht es gut. Viel ist nicht hier passiert. Die Korken habe ich bekommen. Es waren zwei Arten. Heute haben wir eine Mathem.-Übung geschrieben. Ich habe eine 2. Vorigesmal, d. h. vor ein paar Tagen hat das Alumnat + Alumnatsinspektor einen neuen Schüler verkohlt. Es war einer, der leidenschaftlich zum Dienst ging und er wollte gerne ein Führer werden. Da haben ihm die Senioren gesagt, ein Führer sei hier gewesen und habe gesagt: »Er sei ein Jungschaftsführer geworden«. Später erhielt er einen Brief von dem Führer, natürlich gefälscht, in dem stand, er sei Führer geworden und er solle sich am Nachmittag bei ihm melden. Wir besorgten ihm eine Führerschnur und er ging zu dem Führer. Da wurde ihm die Schnur abgenommen und er heulte fast. Mit geht es gut. Dir hoffentlich auch.

Sei herzlich gegrüßt von

Uli

Carwitz, am 6. November 1941
Post Feldberg/Meckl.

Lieber Uli,

das war aber garkeine gute Nachricht, dass Du jetzt mit einem Magenkatarrh und Gelbsucht krank auf der Nase liegst. Hoffentlich wirst Du nicht zu schlapp davon und hoffentlich hast Du keine wesentlichen Schmerzen.

Hier ist langweiliges Wetter. Immerzu nass und grau. Man kommt nicht voran mit der Arbeit, d. h. draussen, drinnen, mit meiner Schreiberei geht es sogar gut voran. Die letzten Äpfel, drei Bäume und eine ganze Reihe Zentner, haben die Frauen und Mädchen bei Schnee und Frost gepflückt, das war schon so eine Sache! Aber sie scheinen nichts abbekommen zu haben, nun sind alle geborgen. – Leider müssen wir nun auch unsere Milch abliefern und kriegen Fett wie alle auf Karten. Da entschwimmen Deine

schönen Puddings, denn mit der Rücklieferung der Mager-
milch wird es auch faul aussehen. – Margarete ist auch hier.
Du erinnerst Dich doch noch an Margarete? Jetzt hat sie
geheiratet und heisst Margarete Norweg, sie sieht aber
noch genau so aus wie früher. Sie zieht nach Berlin, eine
Wohnung haben sie auch, da werden wir sie mal besuchen.
Ihr neuer Mann will am Sonntag herkommen und sich hier
alles ansehen. Dann fährt er mit ihr wieder ab. Kohl nehmen sie dann auch mit, weil es in Berlin keinen gibt. –
Merkst Du, dass Dein Vater heute etwas dämlich ist? Ich
habe nämlich schon den ganzen Tag geschrieben und mir
viel Quatsch ausgedacht, dass ich nur noch quatschen
kann! Quatsche bald zurück, Du armer Kranker! Ich freu
mich, wenn ich wieder was Geschriebenes von Dir sehe,
und die Mummi freut sich auch. D. a. Th. S.!!! Weisst Du,
was das heisst? Du rätst es doch nicht. Es steht verkehrt
unter diesem Brief. Hals- und Beinbruch, Waidmannsheil,
in diesem Sinne, bibabo!
      Dein alter
      [Handschriftliche Anmerkungen sind auf der Durch-
      schrift nicht enthalten.]

                                    Templin, den 13. 11. 41
Lieber Papa.
Jetzt bin ich wieder gesund, d. h., ich befinde mich unter
den Anderen und kriege noch Diät. Vielen Dank für das
Paket, das am 12. d. M. ankam. Die Äpfel schmecken schön
und der Zwieback auch. Den Honig kann ich schon essen,
da ich während der Krankenzeit auch welchen bekam. Hier
ist ein kaltes Sturmwetter. Habt ihr das Paket ohne Schnur
abgeschickt, da es ohne hier stand, als es die Anderen und
ich zuerst gesehen haben? Beantworte mir diese Frage bitte
unbedingt. Vielen Dank für deinen Brief. Er kam heute an.

Weil ich viel in Latein versäumt habe, erhalte ich wahrscheinlich Nachhilfe bei unserem Famulus. Schicke mir bitte unbedingt ein dickwandiges Glas, da mein Becher kaputtgegangen ist. Da ein Lehrer von hier in eine Napola gerufen worden ist, der Alumnatsinspektor war, ist eine allgemeine Stundenplanänderung eingetreten. Herr Schlicht ist nach Al. IV gekommen, Herr Klockmann ist Alumnatsinspektor geworden und wir haben einen Famulus bekommen. Jetzt haben bei der Arbeitsstunde lauter verschiedene Lehrer die Aufsicht, während früher nur zwei die Aufsicht führten. Ich las die Dschungelbücher doch sehr gern, aber ich habe sie schon aus. Was macht denn Brumbusch, von dem du gar nichts schreibst. Grüße Mummi bitte recht herzlich und sei du selber gegrüßt von deinem
Uli

Carwitz, am 15. November 1941
Post Feldberg/Meckl.

Lieber Ulisohn,
herzlichen Dank für Deinen Brief. Mummi und ich, wir freuen uns in steigendem Maasse über Deine Briefe, nun steht schon wirklich etwas drin, wir lesen sie mit Vergnügen. Nur weiter so! Als deutscher Schriftsteller muss ich freilich tadeln, dass die Äpfel ›schön‹ schmeckten, sicher haben sie gut geschmeckt und hoffentlich auch schön ausgesehen! Natürlich war um das Paket eine Strippe herum, aber sie war nur aus Papier, sehr möglich also, dass sie gerissen ist. Es scheint ja auch alles richtig dringewesen zu sein: Zwiebäcke, Honig, Äpfel, hoffentlich auch die zwei Nachthemden, die Mummi obenaufgelegt hatte? Sag uns das bitte in Deinem nächsten Brief! Am Montag wird die Mummi ein dickwandiges Glas an Dich in einem Brief absenden, natürlich nicht in einem Brief, das wäre ja ein komischer Brief,

sondern in einem Päckchen! Dieser Brief geht am Sonntag zur Post, da wird man Päckchen nicht los. Wir haben übrigens jetzt Sonntags auch keine Postzustellung mehr, dieser Brief wird an die Bahn gebracht. Hertha fährt hin, um die neue Haustochter Ingrid Danke abzuholen.

Es gibt ja immerzu Veränderungen bei Euch im Alumnat. Nun, das ist ja überall so, das ist eben auch eine Kriegserscheinung. Bei uns wird ja auch immerzu alles umgekrempelt. Augenblicklich ist die Mummi im Haus beim Grossreinemachen, das ist auch eine tolle Umkrempelei, aber wir ertragen sie alle im Hinblick auf die kommende strahlende Sauberkeit mit Fassung. Im Übrigen bin ich sehr fleissig und habe schon ein ganzes grosses Stück meiner Filmarbeit hinter mir. Manches macht mir viel Spass. – Es hat mich übrigens sehr gefreut, dass Du nun doch die Dschungelbücher gerne gelesen hast. Noch heute sind mir Mowgli und Rikki-Tikki-Tavi unvergessliche Gestalten, auch die weisse Robbe. Und dann all die herrlichen Elefantengeschichten. Später wirst Du noch von Kipling ›Kim‹ kennen lernen, auch einen Roman aus Indien, das ist ja wohl das schönste Buch von Kipling. Fischerjungens von ihm kennst Du wohl schon. Kipling ist zwar ein echter Engländer, und die Deutschen kann er ganz und garnicht ausstehen, aber ein paar sehr schöne Bücher hat er darum doch geschrieben. –

Mach es recht gut, alter Bumbi, alle grüssen Dich, am meisten aber

Deine

Templin, den 20. 11. 41

Lieber Papa!

Mir geht es jetzt vollständig gut! Großmutter hat mir ein Päckchen und einen Brief geschickt. In dem Päckchen war ein Buch und einige Hefte. Sie dachte, ich läge noch im Bett.

Auf dem See ist schon Eis. Er ist ganz zugefroren. Wir müssen jetzt Weihnachtslieder für die Weihnachtsfeier [lernen]. Den letzten Apfel aus dem Paket habe ich gestern aufgegessen. In Latein sind wir bei Stück 8 und lernen in der Grammatik Verben. In Mathematik sind wir bei den Dezimalbrüchen. In Erdkunde nehmen wir Ungarn durch. In Deutsch bei Herrn Klockmann pauken wir in der deutschen Zeichensetzung. An dem vorigen Sonntag war vormittags Kirche in der Aula. Am Nachmittag war »Tag der deutschen Hausmusik«. Die Aula war ganz voll. Am nächsten Sonntag ist die Feier zu Ehren der Gefallenen. Wir haben heute in der Schule die Reihenfolge erfahren. Das Hauptsächlichste ist: Orgelpräludium, Allgem. Gesang: Heilig Vaterland, Gefallenenehrung, Verlesung der Gefallenen durch den Direktor, Weihesprüche, Kranzniederlegung, Deutschlandlied, Nekrolog der Verstorbenen, Choral …! Ist es bei euch auch kalt?

Seid herzlich gegrüßt, vor allem du und Mummi, von deinem

Uli

Carwitz, am 22. November 1941
Post Feldberg/Meckl.

Mein lieber Uli,

wir haben uns wieder sehr über Deinen langen Brief gefreut, auch darüber, dass es Dir nun wieder ganz gut geht. Auch dass Du an die Grossmutter in Celle gedacht hast, war nett. Der Brief scheint sich ja auch gelohnt zu haben. Die Grossmutter hatte uns schon von Deinem Brief geschrieben, sie rühmte, wie nett Du erzählen könntest, fand auch Deine Schrift schön – eine Ansicht, die ich – und Deine Lehrer wohl – nicht teilen.

Ihr scheint wieder tüchtig bei der Arbeit zu sein. Dass weiterer Nachhilfeunterricht nicht für nötig gehalten wurde, scheint mir doch ein gutes Zeichen. Ist Owe Sache weiter Dein besonderer Freund? Kommst Du auch mit den andern gut aus? Wie geht's mit dem neuen Alumnatsinspektor, Herrn Klockmann? Wieder Neuerungen eingeführt, was? Es ist doch unerhört! –

Mit Siebrecht bin ich seitdem überhaupt nicht mehr zusammengekommen. Die Leute bei der Wien-Film hatten es sich anders überlegt und wollten nun keinen Baumenschen, sondern einen vom Transportwesen, erst als Botenjunge mit dem Dreirad, dann mit einem Hottehüwagen, schliesslich mit vielen Lastzügen. Und Dein armer Vater kann sich das dann so abdrucksen! Aber es geht, es geht, danke schön, 400 Seiten habe ich heute schon fertig, es wird freilich ein Buch von 1200 Seiten, aus dem sie drei Filme machen können!

Bei uns ist es auch schweinemässig kalt! Ist es bei Euch im Alumnat auch warm, bei uns in den Stuben ist es warm, wenn Hertha nicht grade die Türen aufgelassen hat. Auch Achim ist ein guter Türöffner.

Es grüsst Dich herzlich

Dein uralter Vater

Templin, den 4. XII. 1941

Lieber Papa, liebe Mummi.

Wie geht es Euch? Mir geht es gut, bis auf ein wenig Halsschmerzen. Deinen Brief, Papa, habe ich am 29. XI., also am Sonnabend vor dem Reisetag erhalten. Dein Datum war am 22. geschrieben, das des Poststempels am 28. Die neuen Schuhe lassen sich gut laufen, auch mit Socken. Am 6. d. M. ist unsere Weihnachtsfeier. Sie wird aber nicht viel werden, da keine Wallnüsse, keine Kerzen und auch kein Spiel vorbereitet ist. Hier friert es jetzt tüchtig. Über die Nacht von Dienstag zu Mittwoch hat es geschneit. Am Tag hats getaut, in der Nacht gefroren und jetzt ist das schönste Glatteis da.

In Latein habe ich eine 4. In Mathematik habe ich in der Arbeit eine 4, in Übungen eine 3 und 4. Als Dienst war, und als wir uns in den Dreck legen sollten, hat es keiner getan. Der Turnunterricht findet jetzt im Kasino, dem ehemaligen Leseraum der Primaner, statt, weil in der großen Turnhalle nicht mehr geheizt werden kann. Das Kasino ist sehr eng und man kann keine Spiele spielen. Hoffentlich geht der Koffer rechtzeitig ab. Jetzt habe ich die Wollkniestrümpfe, die blaue Hose, den dicken Pullover und das rotweiße Hemd an.

Sei herzlich gegrüßt von Deinem Uli

Grüße bitte alle herzlich vom

Uli

Carwitz, am 4. Dezember 1941

Post Feldberg/Meckl.

Mein lieber Uli-Bulli,

heute bekommst Du wieder nur ein Brieflein, es ist einfach zu viel zu tun. Du hast mich ja in der letzten Woche auch ohne Brief gelassen, und Rache schmeckt wie Hammelfett, nämlich süss! Hier geht sonst alles gut, nur eben viel Arbeit. Am Sonntag schlachten wir, da ist viel vorzubereiten. Und dann die ewige Schreiberei. Nun sind es nur noch gut vierzehn Tage, bis Du kommst, ich freu mich schon sehr darauf. Es ist doch immer eine lange Zeit, die wir uns nicht sehen. Herzliche Grüsse, mein Alter,

Dein

Carwitz, am 7. Dezember 1941

Post Feldberg/Meckl.

Mein lieber Uli-Bulli,

schönen Dank für Deinen Brief. Ja, hier geht es allen gut, wir hoffen, auch Deine Halsschmerzen sind wieder vorbei.

Es ist ja ein gräsiges Wetter, heute stürmt und regnet es mal wieder, nur dem Brumbusch gefällt diese Nässe, wenn ich mit ihm spazieren gehe, läuft er noch immer drei- oder viermal ins Wasser. Mir wird immer ganz kalt am Bauch, wenn ich das nur sehe. Ihm aber gefällt es, er spielt richtig mit den Wellen! Er hat übrigens weiter gut zugenommen, er wiegt jetzt 72 Pfund, hat also seit Deinem letzten Hiersein über 20 Pfund zugenommen. Er ist ein sehr strammer Bursche mit einem breiten Rücken.

Augenblicklich hat er gute und auch schlechte Tage. Gute Tage darum, weil er auch mal was anderes als Kartoffeln zu fressen kriegt, wir haben nämlich gestern geschlachtet, und da gibt es doch so mancherlei Abfälle für ihn. Und schlechte Tage, weil er nirgendwo eine bleibende Stätte hat. Weil in der Küche alles voll Fett und Fleisch steht – Du kennst ja diese Schlachtetage! – ist er entweder auf dem Hof oder in meinem Zimmer, aber auch da kann er nicht unbeaufsichtigt sein. Heute hat er sich ein Buch aus dem Regal geholt, und meinen schönen Klopstock – das ist kein Stock, sondern ein deutscher Dichter, den Du noch kennen lernst – durchgekaut. Ihm geht es wie Achim, nirgend soll er sein, nichts darf er anfassen, es ist schon ein Kuddelmuddel. Alles geht durcheinander, wenn Achim doch mal in die Küche gewackelt kommt, gibt es sofort einen Schrei. Heute hat Achim übrigens einen Hundeknochen von Brumbusch erwischt und den noch mal abgekaut. Na ja, es sind schon schlimme Zeiten!

Herzliche Grüsse Deine

Carwitz, am 13. Dezember 1941
Post Feldberg/Meckl.

Lieber Uli-Bulli,

gestern hatte ich mit dem Brumbusch ein schlimmes Abenteuer. Wir gingen unten den schmalen Pfad am Luzin, auf der Hullerbuschseite, nicht auf der Feldbergerseite. Plötzlich schrie Brumbusch auf, und da sass er schon mit seinem einen Fuss in einem Tellereisen fest, das da ein freundlicher Mitmensch mitten auf dem Weg aufgestellt hatte. (Echt Carwitzisch!) Brumbusch schrie wie wahnsinnig, es musste ihm schrecklich weh tun. Als ich nun herzustürzte, um ihn zu befreien, verstand er es falsch: in seinem grossen dummen Hundekopf war wohl der Gedanke aufgetaucht, ich hätte ihm so weh getan, er fiel mich mit wütenden Bissen an und richtete mir meine Hand ganz nett zu. Schliesslich gelang es mir, seine Schnauze mit einem Strick zuzuschnüren, aber das half noch nichts, denn sowie ich an das Eisen kam, fing er wilder an zu toben, riss den Strick ab und fiel mich mit neuen Bissen an. Schliesslich sah ich ein, dass ich allein nicht zurecht kommen würde, zumal das Tellereisen auch so stark war, dass die beiden Bügel garnicht voneinanderzukriegen waren: ich rannte los, um Hilfe zu holen. Auf dem Hinweg hatte ich Jochen Utnehmer so ziemlich am Zanssen beim Pflügen gesehen, das war ein weiter Weg, ach! Was rannte Dein dicker alter Papa! Hinter mir hörte ich immer das ganz schreckliche Geheul von Brumbusch. Schliesslich war ich bei Jochen, Gottseidank war auch auf dem Acker eine Art Brecheisen, und er setzte sich auf den einen Gaul, während ich wieder per Beene zurücktrabte. Brumbusch war schon ziemlich erschöpft, als wir zurückkamen, und nun zu zweien, mit einem Brecheisen, ging es ganz schnell. Endlich war er erlöst. Es ist ihm Gottlob garnichts passiert, er war nur mit den Zehen und Ballen im Eisen gewesen, wäre der Fuss tiefer hereingekommen, wäre ihm der Knochen glatt durchgeschlagen, und wir hätten nun einen dreibeinigen Hund! Jetzt hat er es wohl schon wieder fast ganz vergessen, zuerst schonte er das Bein noch sehr, aber als er erst im See gewesen war, lief er fast normal. Dein Vater merkt aber seine Hände noch ziemlich.

So, mein lieber Uli, das wäre das. Sonst kann ich noch melden, dass heute früh der alte Degelow gestorben ist, sonst gibt es nicht viel Neues im Dorf. Jetzt sind nur noch 6 Tage bis zu Deiner Rückkunft, und wenn Du diesen Brief liest wohl nur noch vier.

Herzlichen Gruss

Templin, den 13. 12. 41

Lieber Papa.

Wie geht es euch? Ich fahre am 19. 12. nicht mit dem Zug um 9.41 Uhr. Ich habe den Direktor gefragt, ob ich um 6.39 Uhr fahren kann. Da hat er ja gesagt. Ich komme dann um 10.00 Uhr in Feldberg an. Den Hausaufsatz haben wir gestern abgegeben. Heute haben wir D. J. Dienst. Da wir nur am Bann anzutreten brauchen, kommen wir früh zurück und müssen nicht so früh losgehen. Das Wetter ist mäßig. Am Mittwoch machen wir eine kleine Weihnachtsfeier, weil die anderen Alumnate auch eine machen. Die Weihnachtsfeier der Schule ist Donnerstagnachmittag. Am Montag um 15 Uhr spricht der Ritterkreuzträger Oberstleutnant Berger im Kino zur Templiner Schuljugend. Der See ist jetzt wieder ganz auf. Ein Saalkamerad von mir, der jetzt abgeht und nach Schweden fährt, ist jetzt krank.

Seid alle herzlich gegrüßt von
Uli

1942

[Postkarte mit Stempel 13. 1. 42]
Lieber Papa.
Ich bin hier gut angekommen. Den Koffer mußte ich tragen. Schicke mir bitte Schlittschuhe. Alles Gute.
Uli

Carwitz, am 14. Januar 1942
Post Feldberg/Meckl.

Lieber Uli,
eben kommt Deine Karte. Schön, dass Du von selbst daran gedacht hast, uns Nachricht zu geben. Deine Mutter freute sich auch darüber. Nun geht das neue Schulhalbjahr los, und ich wünsche Dir und mir, dass es recht gut geht. Ich bitte Dich noch einmal, gib Dir rechte Mühe und verliere das Ziel nicht aus dem Auge: nämlich dass Du unbedingt versetzt werden willst. Niemand würde sich mehr darüber freuen, wenn alles gut ginge, als Dein alter Vater.

Mummi ist heute Nachmittag nach Berlin gefahren, um ihre Zähne noch einmal durchsehen zu lassen. Ausserdem kam heute der Einberufungsbefehl für unser Auto, wie ich es erwartete. Am Dienstag, dem 20. 1. , müssen wir es in Neustrelitz stellen. Erst wollte ich es von der Wehrmacht holen lassen, aber Mummi möchte doch gerne noch einmal zum Abschied in ihrem Wagen fahren, und so habe ich denn Vater Licht bestellt, der sehen will, dass er den Wagen fahrbereit kriegt. Hoffentlich klappt es, bei der starken Kälte ist ja jetzt alles besonders schwierig, besonders da wir keinen Kühlzusatz für das Wasser haben. Aber es wird schon irgendwie klappen, geht es garnicht, muss Völkner eben den Wagen nach Neustrelitz abschleppen. Ich berichte Dir noch davon.

Ich bin weiter fleissig, und sehe und höre nicht viel von der Welt. Heute habe ich die 1000. Druckseite dieses Romans geschrieben, nun muss aber bald Schluss werden, sonst druckt und liest kein Mensch diesen Wälzer. Ich denke, mit weiteren 200 Seiten finde ich dann ein Ende.

Und berichte uns darüber, wie der Schulanfang schmeckt

Herzliche Grüsse von Deinen alten

Carwitz, am 22. Januar 1942

Post Feldberg/Meckl.

Lieber Uli-Bulli,

einen schönen Dank für Deinen Brief, der diesmal ja ein bisschen sehr kurz ausfiel. Wie geht es Dir denn wieder dort so, hast Du Dich schon eingelebt? Macht das Schlittschuhlaufen Spass? Mücke hat unterdes durch Mummi neue Schlittschuhe aus Berlin bekommen, grade das letzte Paar, das dort war. Sie sind ungefähr wie Deine alten kaputten, die hier auch richtig angekommen sind. Vorläufig haben wir sie weggelegt, Licht kommt doch nicht zur Reparatur, hat zuviel zu tun, augenblicklich in der Bull'schen Mühle, die ganz still liegt, bis er irgendwas repariert hat. Er sagte mir gestern, dass es dort ganz fürchterlich zu arbeiten wäre, bei dieser Kälte, an alles Eisen, das er anfassen müsste, fröre sofort die Haut an. Wir haben hier auch starke Kälte, letzte Nacht 20 Grad, die Seen halten fest. Gestern bin ich von Carwitz bis zur Schlucht über den Luzin gegangen. Brumbusch macht das Laufen auf dem Eis immer besonders viel Spass. – Vorgestern haben wir nun unser Auto abgeliefert, das war ein Theater! Licht hatte uns natürlich wieder sitzen lassen, jeden Tag wollte er kommen, schliesslich kam sein Lehrling mit Johanna am Ablieferungstag um 11 Uhr und um drei Uhr mussten wir abliefern! Das wurde natürlich nichts. Es wäre zu weitläufig, Dir alles zu erzählen, was wir versuchten, den Wagen in Gang zu kriegen! Es waren grade 13 Grad Kälte, und bis zum Abend fiel das Thermometer noch auf −18 Grad! Das Öl war natürlich ganz dick, wir bekamen den Wagen kaum aus der Garage geschoben. Alle Reifen mussten natürlich erst aufgepumpt werden. Der Akku, den wir Meister Licht in Pflege gegeben hatten, damit ihm nichts passierte, war dort natürlich kaputt gegangen und wertlos. Er brachte aber zwei andere Akkus mit, von denen ein ganz grosser, wie ich aber erst später erfuhr, Völkner gehörte, er stammte aus seinem Lastwagen und war nagelneu. Der Lehrling brachte es natürlich fertig, auch diesen Akku kaputt zu machen − ich muss heute mal zu Völkner und ihn irgendwie für diese Düsigkeit entschädigen. Kurz und gut, sie brachten den Wagen nicht in Gang. Da holte ich Völkner und die Pferde von Utnehmer. Da haben wir dann den Wagen angeschleppt, und nun sprang er endlich an, konnte aber nicht von allein starten, da die Batterie sich durch irgendeinen Kurzschluss immer wieder sofort entlud. Endlich fuhr dann Mummi gegen 4 Uhr mit mir und Mücke los. Johanna kam mit einem kleinen Wagen mit, damit sie uns und den Akku wieder zurückbrachte. Mummi fuhr wieder ganz grossartig, erst vorsichtig, nur mit 20 bis 30 Kilometern, bald war sie wieder auf 70. Schliesslich blieb der Wagen in Zinow, 9 Kilometer vor Neustrelitz, stehen: das Benzin war alle, sie hatten uns sehr knapp geschickt, und wir hatten zuviel bei all den Startversuchen verbraucht. Ich musste mit der Wehrmacht telefonieren, damit sie uns Benzin sandten. Um diese Zeit waren wir alle schon ziemlich erfroren, Du kannst Dir denken, wir waren seit elf Stunden draussen. Na, schliesslich kam einer von der Wehrmacht angeschleppt mit Benzin, mit einem Opel Olympia. Da der Wagen nicht von allein ansprang, musst er uns auch gleich anschleppen. Aber er kam nicht wieder in Gang, ein paar Mal machte er einen Versuch anzuspringen, aber es wurde nichts mehr. Schliesslich wurden wir ganz nach Neustrelitz geschleppt, dabei wurde das Schleppseil immer kürzer, ein paar Mal fuhren wir es kaputt, da der schwere Wagen zu sehr rollte, und wenn Mummi dann bremste, um dem kleinen Schlepper nicht hintenhereinzufahren, riss das Seil. Na, in Neustrelitz waren die natürlich schon alle fort, der Wagen wurde nur in eine wundervolle puttenwarme Garage gestellt, und wir werden nun erst hören, was wir für unsern schönen Wagen bekommen. Weg ist er jedenfalls. Die Rückfahrt war noch ganz grausig, in Johanna Lichts Wagen, dass heisst sie hatte ihn von Köhn geliehen, weil ihrer ganz kaputt war. Ein kleiner D. K. W., der die Eigenschaft hatte, sich nicht anhalten zu lassen, sie musste immer erst das Kabel vom Akku losreissen, ehe der Motor stand. Um 10 Uhr nachts waren wir erst wieder zu Haus, so erfroren, wie Du es Dir gar nicht denken kannst! –

So, mein Sohn, das ist ein langer Brief geworden, ich weiss, irgendwas habe ich noch vergessen, ah, jetzt fällt es mir ein. Du hast auf Deinen beiden Sparbüchern zusammen 167,83 Mark Zinsen im Jahre 1941 eingenommen, das ist doch schon ganz schön, was?

Herzlichst Dein alter

Templin, den 22. Jan. 42

Lieber Papa, liebe Mummi!

Mir geht es gut! Euch hoffentlich auch? Der See ist für uns zum Schlittschuhlaufen freigegeben. Die Schlittschuhe und das Paket habe ich erhalten.

In der letzten Zeit ist hier sehr viel geschehen. Vor einiger Zeit hielt in der Aula Ritterkreuzträger Blasig einen Vortrag über seine Erlebnisse in Finnland. Er ist Stukaflieger und hat gesagt, daß in Finnland nur eine Stukagruppe sei und die müsse immer von oben nach unten und wieder zurück fliegen, weil die Engländer sich öfters zeigten. Heute hielt unser früherer Alumnatsleiter Drygalski, den ich nicht mehr erlebte, einen Vortrag über seine Erlebnisse in Karelien. Sie mußten hart kämpfen und stehen jetzt an dem Swir. Al. 2 führte am Sonntag das Lustspiel »Meister Gert Westphalen« auf. Es war ein Mißerfolg. Am Montag führte Al. 1 das Lustspiel »Der Geizhals« auf. Danach noch »Zeus und Hera« mit Weihnachtsgedichten. Man mußte immer tüchtig lachen. Dieses war das beste von allen. Heute haben wir einen neuen Stundenplan bekommen.

Schicke mir bitte sofort Zahnpasta. Meine ist vollständig eingetrocknet. Könnte ich auch bitte ein bischen Schmalz und Marmelade bekommen. Hier haben einige Schmalz und wenn ich das dann rieche, läuft mir das Mund im Wasser zusammen.

Sei herzlich gegrüßt von
Deinem Uli

Carwitz, am 25. Januar 1942
Post Feldberg/Meckl.

Lieber Uli,

schönen Dank für Deinen langen Brief. Ihr habt ja eine mächtig belebte Woche hinter Euch: 2 Vorträge, drei Theateraufführungen und dann noch eine Jugendfilmstunde! Da ist es wohl kaum langweilig gewesen. Ich habe früher eine wahre Leidenschaft für solche Theateraufführungen gehabt, habe freilich nur einmal mitspielen dürfen, in den Mennoniten von Wildenbruch – und das war auch ein Misserfolg! Vielleicht grade durch mich, viel Talent zum Schauspieler hatte ich bestimmt nicht! Aber meine Liebe dafür war darum nicht weniger gross!

Wir erwarten also Deinen Wäschekoffer mit einer Bücherfuhre. Und Mummi soll Dir schicken: Schmalz, Marmelade, Zahnpasta und einen Korken für Deine Tinte. Wollen mal sehen, was sie hat. Wenn Dir, wie Du schreibst, beim Geruch von Schmalz »Das Mund im Wasser« zusammenläuft, so muss dem natürlich abgeholfen werden, sonst heisst es auf der ganzen Penne: Der Ditzen von der Quinta sabbert!

Alles Gute, mein Sohn, ich schreibe nun erst am nächsten Sonntag wieder.

Herzlichst

Dein alter

Templin, den 19. Februar 1942

Liebe Mummi – lieber Papa.

Mir geht es gut. Ich habe in Lateinübungen zwei 3 und in einer Mathematikarbeit eine 2. Wie ihr wohl auch wißt, war Dienstag Fastnacht. Da ist hier nun alles umgekehrt. Der Jüngste im Alumnat ist der Famulus. Der in Haus 2 war ich. Da mußten die, die sonst immer befehlen, alles tun, was der Jüngste sagte. Am Abend kamen dann lauter Zettel herum, auf denen alles mögliche stand. Einer hieß z. B.: »Alle Nichtschwimmer haben sich bis morgen betreffs Schwimmkursus im Sommer zu melden. Gez. R Wilcke.« Der Witz hierbei ist, daß er selber noch nicht schwimmen kann. Wir mußten statt 8.20 Uhr 9.15 Uhr ins Bett.

In der Schule geht alles gut. In Geschichte, Deutsch und Erdkunde haben wir Herrn Klockmann, in Mathemathik und Biologie haben wir Herrn Krüger. Wie ich wohl schon geschrieben habe, war Herr Krüger krank und lag im Kreiskrankenhaus. Dort habe ich ihn einmal besucht. Turnen und Latein haben wir bei Herrn Wittmer. Hier gab es öfters Süßigkeiten. Zusammen haben wir bekommen: 3 Rollen Drops, 2 Riegel Schokolade, 12 Pralines und 3 Lakritzkugeln.

Viele herzliche Grüße von
Uli

Carwitz, am 23. Februar 1942
Post Feldberg/Meckl.

Mein lieber Uli-Bulli,

es ist morgens kurz nach vier Uhr, alles schläft natürlich noch, auch meine Klapperschlange, das Fräulein Klapper nämlich, das für mich auf der Maschine tippt. Eben habe ich den Ofen geheizt, Du weißt vielleicht, dass ich der grösseren Ruhe wegen jetzt in Onkel Räders Zimmer drüben im Scheunenbau hause. Also nun will ich Dir ein paar Zeilen tippen. Nun neigt sich meine Arbeit auch dem Ende zu, diese Woche noch, dann bin ich wieder zu neuen Taten frei. Ich werde aber erst einmal Anfang März nach Berlin fahren, nur für ein paar Tage freilich, ich muss doch sehen, dass ich für meine beiden Geburtstagskinder, die Mummi und den Uli, wenigstens etwas auftreibe. Für die Mummi habe ich überhaupt noch nichts, und was den Uli angeht, so sieht es auch oberfaul aus. Ich habe den Versuch gemacht, den gewünschten Thompson-Seton durch meinen Verlag direkt von Franckh zu erhalten, aber auch das ist misslungen: Autoren der feindlichen Länder dürfen während der Kriegsdauer überhaupt nicht ausgeliefert werden. Das wird also nichts, mein lieber Uli.

Wir haben uns sehr über Deinen langen Brief gefreut. Auch dass jetzt die Zensuren Deiner Arbeiten besser waren. Mach nur so weiter und Du sollst zum Osterfest auch angenehm überrascht werden, auch zu der Versetzung, Du hast dann einen wirklich grossen Wunsch bei uns frei!

Mach's gut, mein Alter, in einer Woche auf Wiederlesen! Herzliche Grüsse von

Deinen

Carwitz, am 28. Februar 1942
Post Feldberg/Meckl.

Lieber Uli,

hier kommt der im Eildienst fertiggestellte Koffer mit Wäsche wieder an Dich zurück. Er enthält, wie Du zu Deiner Freude merken wirst, nicht nur Wäsche, sondern auch einiges angenehme Fresserische. Lass es Dir gut schmecken, mein Sohn!

Meine grosse Arbeit ist nun abgeschlossen, heute fährt das Frl. Klapper wieder fort. Mir ist ein Stein vom Herzen! Leider hat sich in diesen Wochen der Überarbeit niemand so recht um unsern jüngsten Sohn Brumbusch kümmern können, und so ist der schwarze Knabe auf schlechte Gedanken gekommen. Vor ein paar Tagen erwischte ich ihn, wie er eine unserer beiden kostbaren Puten, die nun mit dem Eierlegen anfangen sollen, zwischen seinen Vorderpfoten hielt und sie langsam abpflückte. Immer wenn das unselige Tier sich wieder aufraffte und fliehen wollte, schnappte er wieder zu und ein Büschel Federn blieb in seinem Maul. Sie war fast ganz nackt, als ich sie befreite. Mummi konnte sie grade noch abstechen, sie war schon halb hinüber. Für Brumbusch hat es saftige Senge gegeben, die er hoffentlich nicht so bald wieder vergessen wird, und für uns gibt es nun morgen einen Putenbraten, den wir nicht gewollt haben.

Und nun alles Gute, mein Sohn, dies ist nur ein eiliger Zwischenbrief.

Dein

Unser lieber Uli,

am Sonnabend feiert nun unser ältester Sohn seinen Geburtstag und wird zwölf Jahre alt. Ein rundes Dutzend Jahre weilst Du nun schon auf dieser schönen Welt, und wenn auch nicht alles immer ganz so war, wie Du es Dir manchmal vielleicht gewünscht hast, wir denken doch, im Ganzen hat es Dir auf ihr und bei Ditzen's gefallen, nicht wahr? Aber auch wir haben sehr viel Freude an Dir gehabt, wir sind stolz auf unsern Ältesten und hoffen nur, dass die günstige Entwicklung der letzten Zeit bei Dir anhält, Dir und uns zur Freude. Lernen müssen wir alle was, arbeiten müssen wir alle, und das ganze Leben machte ja auch keinen Spass ohne Arbeit und Vorwärtskommen und Etwas-Rechtes-Werden! Dazu möchten wir Dir helfen, denn nur, wenn Du später etwas Rechtes wirst, wird Dich Dein Leben freuen. Und zu diesem Werden legst Du heute, legst Du jeden Tag in Templin die Grundlage. Auch die langweiligste Arbeit hat da ihren Sinn, auch später wird Dich das Leben nicht mit aller möglichen Langweilerei verschonen – lerne schon heute, sie in guter Fassung zu ertragen!

Und nun, nach diesem offiziellen Teil meines Briefes, feiere los, packe aus, was Deine Mutter Dir eingepackt hat, und freue Dich an allem. Ich denke, trotz der knappen Zeit wirst Du zufrieden sein. Deine Mutter hat gebacken und konditort, auf Deubel komm raus. Und Dein alter gebrechlicher Vater ist in Berlin herumgelaufen, und ich glaube wahrhaftig, das letzte Federspiel unserer Reichshauptstadt habe ich noch für Dich erwischt!

Wir haben hier sehr belebte Tage hinter uns: wir haben nun doch die Erlaubnis erhalten, noch ein Schwein zu schlachten, das ich von Godenschweger kaufen durfte – meine eigenen waren noch zu lütt. Es war ein ganz hübsches Fleischschweinchen von 2¼ Ztr. – an die Bomben, die wir früher geschlachtet haben, darf man dabei natürlich nicht denken. Am Sonnabend stieg der feierliche Akt – heute ist schon alles verarbeitet und vergessen. Allerdings ist die Mummi nun auch schachmatt, zumal gestern noch der Kuchenbacktag für Dich war; als ich sie eben weckte, sagte sie, nun möchte ich noch ein paar Stunden weiterschlafen! Ich habe sie dann aber doch noch wachgekitzelt.

Der Achim ist jetzt meist wieder sehr vergnügt, er ist ein Gewaltsmensch, gewaltig in Leid wie in Freude und mit einem noch viel dickeren Kopp als Du und die Mücke! Er macht uns viel Freude, der Knabe! Jetzt hat er schon viele neue Laute, die er auch gerne anwendet. – Brumbusch ist in letzter Zeit ganz traurig, weil niemand recht Zeit für ihn hatte. Aber nun ist es wieder besser, ich gehe alle Tage mit ihm spazieren. Das Schönste ist aber für ihn, wenn er auf den Wegen nach Feldberg hin und zurück hinter dem Schlitten hergaloppieren darf, das schafft er mühelos, bellt die Gäule aufmunternd an, wenn sie ihm nach seinem Geschmack zu langsam gehen – am nächsten Tag hat er allerdings dann steife Knochen.

So, mein alter Zwölfjähriger, wir feiern noch ein bisschen nach, wenn Du erst bei uns bist, aber Deine Geschenke hast Du weg, das ist Dir doch klar!?! Mach's weiter recht gut, dann freuen sich Deine

Dir Glück wünschenden

Templin, den 20. III. 1942

Liebe Mummi

Recht vielen Dank für die schönen und vielen Geschenke. Das Paket kam einen Tag vorher an. Ich habe es am 14. morgens geöffnet. Außerdem hatte ich noch ein Paket von der Großmutter und von Tante Tilly. Das Buch »Von Chicago nach Chunking« gefällt mir recht gut. Den Silbernen Fürsten habe ich schon durch. Aber am meisten gefällt mir doch das Federspiel und der Zirkelkasten.

Es wir hier allerhand über eine Umsiedlung der Klassen 4 und 6 nach Kosten bei Posen gesprochen, weil dort auch ein Gymnasium sein soll. Auch Herr Thiede spricht mit davon als sehr wahrscheinlich. – Ferien gibt's am Mittwoch.

Viele herzliche Grüße

von Uli

[Postkarte mit Stempel 9. 4. 42]

Lieber Papa!

Ich bin hier gut angekommen. Den Karton hat Herr Pieper hierhergefahren. Morgen weiteres.

Dein Uli

Carwitz, am 10. April 1942
Post Feldberg/Meckl.

Unser lieber Uli,

hier sollst Du doch noch einen kurzen Sonntagsgruss haben – mit ein wenig Briefpapier, damit Du uns nicht ganz ohne Nachrichten lässt. Ich bin gut nach Haus gekommen, der Zug war sehr voll. Hier geht alles seinen alten Weg. Heute soll nun der erste Mist kommen. Die Zicken sind munter, die Kuh frisst ganz gut. Die Milch nimmt wieder zu. – Nun sitzt Du wieder in der gewohnten Arbeit, hoffentlich schmeckt sie Dir. Gib Dir recht Mühe, damit wir schöne grosse Ferien mit einem Quartaner haben. Es würde Deine Eltern sehr froh machen!

Herzlichst Dein

Templin, den 17. Apr. 1942

Lieber Papa, liebe Mummi!

Euer Päckchen habe ich gestern erhalten. Recht vielen Dank dafür. Die Schokolade habe ich am gleichen Tage mit Wolli aufgegessen. Ich darf ihn doch zu Pfingsten wieder mitnehmen? Diese Woche ist die des deutschen Jungvolks. Wir müssen die ganze Woche Uniform anhaben. Am Montag, Dienstag und Mittwoch hatten wir Dienst, und am Sonntag haben wir wieder Dienst.

Es wird hier schon schön warm. Morgens um ¾7 Uhr waren heute 5°. Der See ist völlig auf. Die meisten Kähne liegen im Wasser. Es gibt hier nirgends die passenden Schrauben für mein Rad.

Herzliche Grüße für alle,
aber besonders für Euch,
von Uli

L.: Das Karnickelbein hat herrlich geschmeckt.

Carwitz, am 20. April 1942
Post Feldberg/Meckl.

Unser lieber Uli,

wir danken Dir schön für Deinen Brief. Auch hier ist das Wetter jetzt herrlich, wir brauchen nur für Garten und Feld etwas Regen. Aber hinterher soll es gleich wieder schön sein. Auch von unsern Seen ist das Eis verschwunden, das Gras im Garten wird langsam grün, und meine Bienchen fliegen schon eifrig, heute habe ich die ersten sechs Völker durchgesehen, sie sind glänzend durch den Winter gekommen, haben noch genug Futter und schon viel Brut. Auch eine Königin habe ich heute rot gezeichnet, meine erste selbst gezeichnete Königin – sie war Herrn Müller im vorigen Herbst ausgerückt. – Deine Tante Ibeth in Celle hat mich nun von dem Raten erlöst, aus welchem Gedicht die Zeilen sind: die einen, sie weinen … Es ist nicht von Eichendorff, sondern von einem Manne, der Lebrecht Drewes heisst (1816–1870), und lautet: Auf den Bergen die Burgen, im Tale die Saale, im Städtchen die Mädchen – einst alles wie heut! Ihr werten Gefährten, wo seid ihr zur Zeit mir, ihr Lieben, geblieben? Ach, alle zerstreut! – Die einen, sie weinen, die andern, sie wandern, die Dritten noch mitten im Wechsel der Zeit. Auch viele am Ziele, zu den Toten entboten, verdorben, gestorben, in Lust und in Leid. Ich alleine, der eine, schau wieder hernieder zur Saale im Tale, doch traurig und stumm. Eine Linde im Winde, sie wiegt sich und biegt sich, rauscht schaurig und traurig, ich weiss wohl, warum!

Gefällt Dir das Gedicht? Deiner Mutter und mir sehr gut!

Die schönsten Grüsse und Wünsche von Deinen

Templin, den 24. IV. 42

Lieber Papa, liebe Mummi!

Vielen Dank für euren Brief vom 20. IV. Hier ist das Wetter recht gut und schöner Wind. Heute haben zwei Senioren mit mir gesegelt. Es war schöner starker Wind. Durch den Winddruck hat der Kahn Wasser übergeholt. Es war eine schöne Fahrt. Brauchst Du viereckige Batterien? Runde wird es auch wieder geben. Ich kann sie ja zu Pfingsten mitbringen, wenn du welche brauchst.

Es ist jetzt offiziell bekanntgegeben worden, daß die Quarta und Untertertia nach Kosten kommen. Das Gedicht von Lebrecht Drewes gefällt mir recht gut.

Herzliche Grüße

von Uli

Lieber Uli,

einen schönen Dank für Deinen Brief. Wir können sowohl viereckige wie runde Batterien gebrauchen, nimm, was Du kriegen kannst, sagen wir zwei von jeder Sorte, und bringe sie uns zu Pfingsten mit. – Schön, dass Du noch nicht in der Quarta bist, es wäre doch sehr schwer geworden Dich nach Kosten zu geben. Wie ist das nun? Kommt im nächsten Jahre wieder die Quarta hin, dann wärest Du ja dran. Oder bleibt die übergesiedelte Quarta für immer in Kosten? Ich verstehe das noch nicht ganz. – Wir haben einen neuen Verkehr bekommen: Frenz, der das Gut Hullerbusch gekauft hat. Wir waren am Sonntag bei ihnen, zu Kaffee und Abendbrot, alle, Mummi, ich, Mücke und Brumbusch. Es war sehr nett. Leider sind sie nur selten in Carwitz, meist ist er unterwegs, auf Bauten. Er baut grade in Russland eine Eisenbahn von Kiew aus. Hat ungefähr 500 Arbeiter. Seine Frau wohnt mit dem sechsjährigen Sohn meist in Berlin. Auf dem Hullerbusch sind sie nur selten. Was sagst Du nur zu Rostock? Von der Stadt wird nicht mehr viel stehen. Sogar die Feldberger Feuerwehr hat dorthin kommen müssen, es hat wohl alles gebrannt. Sie ist zweimal hingerufen. Hoffentlich bekommen die armen Rostokker jetzt Ruhe. Wir denken auch sehr an Warnemünde, wo ja Dein Vetter Adolf Jensen mit Frau und Kind wohnt, er ist Ingenieur bei den Flugzeugwerken von Heinkel. Warnemünde ist gewissermassen ein Vorort von Rostock, und es ist nicht zu glauben, dass die Engländer die grossen Flugzeugwerke ausgelassen haben. Wir haben noch keine Nachricht. – Diese Woche schickt die Mummi Dir noch ein Putenbein. Wir haben auch den zweiten Puter schlachten müssen. Er hatte einen wahren Hass auf Achim und verfolgte ihn immerzu, kullernd und Rad schlagend, bis in die

Scheune, bis in den Küchenvorraum. Achim hatte schon richtig Angst vor ihm.

Mach es recht gut, herzliche Grüsse von

Templin, den 1. Mai 1942

Lieber Papa, liebe Mummi!

Ich danke Euch recht herzlich für den schönen langen Brief und für das Päckchen mit dem Putenbein, das heute ankam. Ich habe heute einen guten Kauf gemacht: 3 breite und eine runde Batterien. Die breiten müßt ihr bald gebrauchen, da es Luftsauerstoffbatterien sind. Außerdem habe ich noch 2 kleine Tuben Klebstoff bekommen. Sperrholz habe ich nicht bekommen. Macht bitte auch Ihr Jagd danach. Außerdem habe ich noch ein Paar Holzschuhe gekauft, die wir für den Arbeitsdienst in der Schlackenbahn haben müssen. Sie sind innen mit Filz gefüttert und haben Holzsohlen.

Habt recht vielen Dank für die Fotos, die recht schön geworden sind. Überhaupt das von Dir, Papa, in Neustrelitz gemachte gefällt mir recht gut. Leider ist meine Aufnahme von Brumbusch etwas verschleiert. Aber dafür ist deine recht schön. Auch die Holzaufnahmen mit Brumbusch, Achim und mir sind recht schön geworden. –

Mit Kosten ist es so: jetzt kommt die Quarta und Untertertia hin. Die beiden Klassen müssen nun so lange dort bleiben – eine neue Klasse kommt nicht hin – bis der Betrieb dort in Ordnung ist. So ungefähr ein halbes bis ein Jahr müssen sie dort bleiben, dann kommen sie wieder zurück. –

Da der Feiertag des 1. Mais auf den 2. verlegt ist, haben wir nun morgen keine Schule. Was ich machen will, weiß ich noch nicht.

Am Sonntag sahen wir in einer Jugendfilmstunde den Film »Über alles in der Welt«. Er handelte von den Fluchten deutscher Kriegsgefangenen und war recht mäßig.

Bestellt herzliche Grüße an alle von

Uli

Carwitz, am 3. Mai 1942
Post Feldberg/Meckl.

Tausend Dank, mein lieber Kronensohn, für Deinen lieben langen Brief. Ja, nun kann keiner mehr sagen, dass Du nur kurze Briefe schreibst. Dieser Lindwurm von einem Brief kam grade bei uns an, als Evchen und Jan zum Wochenende hier waren. Evchen bewunderte den Brief uneingeschränkt, und Du wurdest dem Jan als Muster vorgehalten! So weit hast Du es also schon gebracht. Jan aber sagte nur: »Och!« – Dank für Deine Aufklärung wegen Kosten! Ich bin froh, dass keine Aussicht besteht, dass Du so weit wegkommst. Es ist doch ein angenehmes Gefühl, Dich so nahe zu wissen! – Dein Bruder Achim ist jetzt ein sehr tätiger Knabe. Heute früh hat er zuerst meinen Bohnenkaffee aus der Kanne in die Mokkatasse und, als die voll war, den Rest ins Gelände gegossen. Dann hat er eine halbe Rolle Calcipot aufgefressen, und als seine Mutter die andere Hälfte versteckte, hat er die doch gefunden und auch noch vertilgt. Dann hat er sich auf die Scheune begeben. Auf dem Wege dorthin entdeckte er die Regenwassergrube an der Hausecke mit dem kleinen Holzdeckel darüber. Er hielt sie für geeignet zur Aufbewahrung, tat zwei Gummibälle hinein, dann einen silbernen Esslöffel. Im Stall zog er die Vorstecker bei den Kaninchenställen heraus, wir fanden nachher all unsere Lieben frei und los. So ist er immer festeweg tätig, zur Freude der Bevölkerung. Man kann kein Auge von ihm

wenden, so hat er schon was angerichtet! – Und nun mein lieber Sohn, lebe wieder für eine Woche lebewohl. Lass es Dir gut gehen. Schreibe wieder vergnügt und munter
Deinen

Templin, d. [?] V. 42
Lieber Papa, liebe Mummi!
Habt recht vielen Dank für Euren letzten langen Brief, der mir sehr nett gefiel. Hier ist das Wetter ganz verschieden. Mal ist herrlichster Sonnenschein, mal nieselt es und mal ist der Himmel völlig bedeckt. Als ich am Montag Arbeitsdienst hatte und ich walzen mußte, da konnte ich bald nicht mehr. Um den großen Sportplatz im Wald läßt der Direktor ohne jegliche Hilfskräfte, außer uns, eine Schlakkenbahn bauen. Da muß man nun jede Woche einmal Arbeitsdienst machen. Heute in der Freizeit mußten sämtliche Alumnen Wildgemüse sammeln, daß es bald geben wird. Wir Frösche fuhren mit Frl. Nebe ungefähr 5 km weit weg und sammelten tüchtig. Ich werde einen nicht allzu alten Speisezettel mitschicken, damit ihr seht, was es in einer Woche hier so gibt. Ich habe ihn durch unvermeidliches Kartoffelschälen, als das neue Hausmädchen noch nicht da war, von Frl. Nebe erworben.

Zu der Wildgemüsesammlung: Eben hielt uns Herr Thiede eine Ansprache, weil wir zu wenig gesammelt hätten, daß viel Dreck und Wurzeln drin wären und daß die, die Dienst haben, einen Extraarbeitsdienst machen müssen und die andern sammeln müssen. Die Frösche sind ausgeschlossen, weil sie unter der Führung von Frl. Nebe gesammelt haben.

Zum Dienst: Früher war der H.-J. Dienst immer besser als der D.-J. Dienst. Jetzt hat sich das geändert. Am Sonnabend hat die H.-J. vormilitärische Ausbildung, daß heißt, sie werden von Unteroffizieren der Mineralölkompanie wie

die Hühner herumgescheucht. Außerdem hat sie noch 4x
Dienst. Wir können wahrscheinlich am Sonnabend fahren
(nach der Schule) und müssen am Montag wieder zurück.
    Nach langem Brief grüßt alle, besonders Euch und Mücke
Uli

Vielen Dank für die Brotkarte!

[Anlage: Speisezettel vom 8. bis 14. März 1942]

Carwitz, am 18. Mai 1942
Post Feldberg/Meckl.

Lieber Uli,
das war diesmal aber wirklich ein ganz grossartiger langer
Brief, den Du uns geschrieben hast, wir danken Dir vielmals
dafür! Über alles hast Du schön anschaulich berichtet, und
sogar einen Küchenzettel mitgeschickt – ausgezeichnet!
Der Küchenzettel sieht recht erfreulich aus, ich fürchte nur,
manches isst sich nicht ganz so erfreulich, wie es klingt.
Und Kartoffelschälen kannst Du auch? Na warte nur, die
Augen Deiner Mutter leuchteten gradezu teuflisch auf, als
sie das las, ich rate Dir, überlege Dir gut, ob Du wirklich zu
Pfingsten zu uns kommst, ich nehme an, unsere Gute geht
mit dem Plan um, Dich ganz mit Kartoffelschälen zu beschäftigen. – Von allen Seiten höre ich von dem schönen
Wildgemüse, ich finde es auch schön, wenn es andere essen,
ich bin weniger dafür. – Ja, Uli, mit den Ventilen und Schrauben kann ich Dir so schnell nicht helfen, da müsste ich erst
nach Feldberg und das wird so schnell nichts. Ich bin nämlich mit dem Rade am Luzin gestürzt und habe mir wahrscheinlich den Fuss gebrochen. Heute habe ich den ganzen
Tag rumtelefoniert, um ein Auto zu bekommen, das mich

auf Hotops Anweisung nach Neustrelitz zum Röntgen fährt, damit festgestellt wird, was gebrochen ist, aber sie wollen mir dafür kein Benzin bewilligen, ich soll mit der Bahn fahren! Das geht natürlich nicht. (Das sind die nun schon längst bekannten Freundlichkeiten, die Dein Vater längst gewöhnt ist.) Während ich dies schrieb, habe ich mir den Fall noch einmal überlegt. Ich brauche ja vorläufig mein Rad nicht, und ich werde darum morgen der Mummi, die nach Feldberg fährt, die Ventile von meinem Rad mitgeben. Sie wird versuchen, ebensolche Ventile zu bekommen, gelingt es ihr nicht, schickt sie Dir meine, sonst die neuen. Noch eine Überlegung: Du kannst ja die Ventile aus dem Dienstrad haben, also irgendwelche Ventile bekommst Du mit diesem Brief. – Und nun, mein lieber Uli, für heute Schluss, wir sehen uns ja am Sonnabend.

Dein arg beschädigter

Carwitz, am 25. Mai 1942
Post Feldberg/Meckl.

Pfingstfest ohne unsern Uli, nicht einmal ein Brief von Dir, alter Kronensohn – ich kann Dir nur sagen, Du hast Deiner Mutter und mir recht gefehlt. Hoffentlich wird nun etwas daraus, dass Du an einem der nächsten Sonntage doch noch kommen kannst. Aber komme nur, wenn Du auch am Montag bleiben darfst, für nur einen Tag ist es entschieden zu anstrengend für Dich. Wir hoffen nun nur, dass Du selbst gute Pfingsttage gehabt hast, Deine Ruderpartie war hoffentlich hübsch. Das Wetter war ja garnicht erstklassig, gestern Sturm und Regen – aber viel zu wenig! – und heute eine Kühle, dass es einen in der Stube schuddert! – Mit meinem Flunk ist es noch immer nicht besser, ich habe viele Schmerzen. Wahrscheinlich komme ich nun aber am Dienstag zum

Röntgen, zwar ist mir noch immer kein Auto bewilligt, aber Herr Frenz vom Hullerbusch, der uns heute besucht, wird mich wohl auf einer Fahrt, die er sowieso machen will, mitnehmen. Dann haben wir wenigstens Klarheit, was mit dem Fuss eigentlich los ist. – Jetzt fangen schon die Vorbereitungen für Mückes Abtransport nach Hermannswerder bei Potsdam an, es wird noch schwerer sein als bei Dir, alles, was nötig ist, zusammenzubekommen. Auch ärztlich muss sie erst untersucht werden. Wie mich das an die Zeit erinnert, ehe Du von uns fortkamst.

Aber es gefällt mir garnicht! Alle meine Kinder bald aus dem Haus! Wie lange, dann ist der Achim ein grosser Junge und fliegt auch in die Welt! Er redet jetzt schon ziemlich viel, immer in seiner Kindersprache, aber doch für uns ganz verständlich. Jetzt sagt er seit gestern auch schon ganz richtig ›Mummi‹, bisher sagte er nur ›Muma‹. – Nun alles Gute. Mein Lieber, lass es Dir gut gehen und schreibe wieder einen netten Brief als Entschädigung

Deinem

Templin, den 29. V. 42

Lieber Papa, liebe Mummi!

Es ist ja schade, daß ich zu Pfingsten nicht kommen konnte, aber in Gesellschaft ist es immer schöner. Ich habe das Pfingstfest hier recht nett verlebt. Ich bin mit Herrn Thiede und noch fünf anderen Jungen auf Pfingstfahrt gewesen. Es hat allen recht gut gefallen und viel Spaß gemacht. – Erst sind wir zum Labuskesee gefahren. Als wir dort unser Zelt aufgeschlagen hatten und das Lagerfeuer angemacht hatten, kamen auf einmal zwei Förster, hoch zu Stahlroß, mit geschulterten Flinten an. Da erfuhren wir, daß dieses Gebiet Naturschutzgebiet war. Anfangs sollten wir sofort von hier weg. Aber da es schon ½ 10 Uhr abends war, konnten wir nicht mehr weg, was die Herren auch einsahen. Aber das schöne Feuer mußten wir ausmachen. Dann wurde Nachtwache gestanden. Von 10–12 Uhr hatten Menne, Ehrlich und ich Nachtwache. Wir standen morgens schon früh auf, packten die Decken, Lebensmittel, Karten, Kochgeschirre und Spaten wieder ein und ruderten dann wieder von hier ab. Wir mußten nun wieder zurückrudern, da dieser See am Ende der Seenplatte liegt. So ruderten wir in den Fährsee zurück und zelteten dort. Ich machte gleich ein lustiges Feuerchen und wir schlugen 7 Eier in die Pfanne. Da sie aber alle durcheinander liefen, wurde beschlossen, Rührei zu machen. Es schmeckte auch recht gut. Dabei machte Ehrlich solchen dämlichen Quatsch, daß wir beschlossen, ihn zu fesseln. Als wir mit dem Essen fertig waren und er einen Negertanz vorführte, sprangen wir auf ihn, fesselten ihn und pflockten ihn mit Heringen an den Boden. Dabei badeten wir auch tüchtig. Nachmittags überraschte uns der Regen, als wir zum Holzholen im Walde waren. Wir ließen das Holz liegen, sprangen zurück und gingen unters Zelt. Es pladderte ungefähr 2 Stunden lang. Allmählich wurden die Zeltbahnen durchlässig. Als es aufgehört hatte, kochten wir ein bißchen Tee, aber mit Esbit.

Herzliche Grüße
Uli

Rudolf Ditzen

Carwitz, am 2. Juni 1942
Post Feldberg/Meckl.

Lieber Uli,
schönen Dank für Deinen Brief mit seiner anschaulichen Schilderung Deines Pfingstausfluges. Wir haben uns darüber gefreut, dass Du gute Tage gehabt hast, wenn wir Dich

auch hier sehr vermissten. Wir verstehen es aber, dass es Dir nicht angenehm war, allein hierher zu radeln, was wir nicht verstehen, ist, dass Du uns in zwei Wochen nur einen Brief gesandt hast. Das ist nicht richtig, mein Sohn! Wir hoffen, so etwas wiederholt sich nicht, sonst muss ich hier auch einmal eine Briefsperre einrichten, und zwar werde ich es grade dann tun, wenn Du einen dringenden Wunsch, sagen wir nach einer Kuchenkarte, äusserst! Ein kurzes Telefongespräch, bei dem Du kaum Pips oder Paps sagst, ist kein Ersatz für einen Brief!

Hier haben wir nun endlich Regen gehabt, und all die liegengebliebene Saat fängt an aufzugehen. Der Ertrag an Spargeln ist noch spärlich, die Nächte sind zu kalt. Zwei Karnickelhäsinnen haben wieder geworfen, die eine leider nur ein Junges, die andere acht. Wir haben der mit dem einen Jungen zwei von den andern gegeben, hoffentlich nimmt sie die an. – Mein Fuss ist unterdes geröntgt worden, Herr Frenz vom Hullerbusch nahm mich nach Neustrelitz im Auto mit. Ich habe nicht weniger als drei Knochen gebrochen und werde lange Herr Humpelmeier bleiben. Es ist schon eine Plage! Hoffentlich kann ich mit krankem Flunk wenigstens schwimmen. Hier hat sich noch keiner ans Freibaden getraut. Das Wasser ist noch immer sehr kalt.

Gestern kam die neue Haustochter, auch eine Herta, aber eine ganz andere. Es ist eine 18jährige Mecklenburgerin, die schon etwas kann. Gretel mit ihren 14 Jahren ist ein richtiges unerfahrenes Kücken, eben ist sie mit dem Brumbusch zum Bäcker gegangen, ich hoffe, der Hund bringt sie nicht um. Sie hat eine Riesenangst vor ihm.

Meine neue Arbeit ist fertig, und ich denke, ich werde jetzt mal eine kleine Pause einlegen. Es ist wieder ein Erinnerungsbuch mit dem Titel »Heute bei uns zuhaus«. Du kommst auch darin vor, aber es wird wohl noch ein paar Jährchen dauern, bis ich Dir das Buch zu lesen gebe.

Sonst gibt es nichts Neues in Carwitz und in den umliegenden grossen Städten. Lass es Dir gut gehen und mach Deine Briefsünden gut! Wann willst Du denn nun kommen? Ich denke, Du kommst noch einmal.

Herzliche Grüsse

Deine

Templin, den 4. VI. 42

Lieber Papa!

Ich werde jetzt diesen Sonntag kommen. Aber allein. Owe Sachse kann nicht kommen, da ihm wegen einem Tadel der Reisetag gestrichen worden ist. Wolli hat auch keinen Reisetag mehr. Bewahre diese Karte bitte auf.

Herzliche Grüße

Uli

Carwitz, am 11. Juni 1942

Lieber Uli,

als Anlage zu dem Päckchen Mummis wollen wir Dir doch noch diesen kurzen Sonntagsgruss senden und Dir sagen, wie sehr wir uns über Deinen fröhlichen, netten Besuch gefreut haben. Es ist schön, dass Du gut und rechtzeitig wieder nach Templin gekommen bist! Nun kommen nur noch die paar kurzen Wochen bis zu den Grossen Ferien, und dann ist unser ältester Sohn – das wollen wir doch hoffen – schon ein Quartaner! Hier hat sich garnichts Neues begeben. Die jungen Mädchen baden noch alltäglich mit Mückchen, schuddern regelmässig hinterher und schwören, am nächsten Tag nicht zu baden, ein Schwur, den sie ebenso regelmässig brechen. – Sonst weiss ich heute wirklich nichts – also einen schönen Gruss, unser Uli, und halte Dich senkrecht!

Dein alter

Templin, den 12. VI. 42

Lieber Papa, liebe Mummi!

Mit diesem Brief schicke ich die Seifenkarte mit. Der Direktor Hertzberg hat uns über Kosten folgendes mitgeteilt: In Kosten soll das Gebäude von außen recht nett aussehen. Aber innen ist es völlig verbaut. Die Arbeiten am Mauereinreißen sind noch im Betrieb. Ein See soll 10–12 km entfernt liegen. Alle Klassen werden voraussichtlich nach Kosten kommen. Immer 2 Klassen sollen dort zusammen sein. – Also werde auch ich dorthin kommen. Heute habe ich noch ein gutes Paar, wenigstens für jetzige Verhältnisse, Turnschuhe gekriegt. Preis: 2,20 RM.

Herzliche Grüße

von Uli

Carwitz, am 17. Juni 1942
Post Feldberg/Meckl.

Lieber Uli,

schönen Dank für Deinen Brief, der diesmal einen Tag später als gewohnt kam. Wir freuen uns, dass Du Dich dort wieder eingelebt hast, aber weniger freuen wir uns, dass Aussicht besteht, dass Du auch nach Kosten kommst. Du wirst dann eine gewaltige Ecke von uns fort sein und mit kurzen Besuchen per Rad und Abholen ist es dann nichts mehr. Auch dass das Wasser so weit von Euch fort ist, ist nicht schön. Aber das alles hilft nichts, wenn es angeordnet wird, müssen wir uns alle darein finden und haben dann einen grossen Sohn in der Fremde! Wann soll denn die Übersiedlung steigen, oder ist darüber noch keine Andeutung gefallen!?!

Einen schönen neuen Karnickelstall mit 6 grossen Boxen haben wir jetzt auch gekriegt. Augenblicklich besitzen wir 26 Stück, das meiste allerdings kleines Kroppzeug. – Mummi will am nächsten Montag für 4 oder 5 Tage nach Berlin fahren, um Mückes neue Heimat zu besichtigen und ihre Ausrüstung einzukaufen. Hoffentlich bekommt sie was! Sie wird wohl wieder bei Burlages wohnen und auch Rowohlt sehen, der grade auf Urlaub aus Athen da ist. Ich kann natürlich nicht fahren, ich bin noch immer sehr Humpelchen.

Nun alles Gute, mein lieber Junge, mach es gut! Herzliche Grüsse

Dein

Templin, den 19. VI. 1942

Lieber Papa, liebe Mummi!

Euer Päckchen habe ich erhalten. Habt recht vielen Dank dafür. Die Schnürsenkel passen leider nicht ganz. Das Wetter ist hier schlecht. Nur ab und zu kommt einmal die Sonne durch. Im Augenblick lese ich von Max Eyth: Der Schneider von Ulm. Bei Euch habe ich ihn ja schon angefangen. Davor habe ich von Cronin »Die Sterne blicken herab« gelesen. Das hat mir sehr gut gefallen. Augenblicklich hält hier ein Circus. Viel wird nicht mit los sein. Am Sonntag ist Bannsportfest. Es wird wohl recht nett werden. Hoffentlich ist gutes Wetter. Baden tut hier keiner mehr. Sonst ist hier nicht viel geschehen.

Herzliche Grüße

von Euerem Uli

Carwitz, am 23. Juni 1942
Post Feldberg/Meckl.

Lieber Uli-Bulli,

einsam sitz ich hier und ganz alleine, sintemalen unsere gute Mummi gestern mit dem Onkel Rowohlt nach Berlin gefahren ist. Sie wird wohl die ganze Woche dort bleiben, hat mit Mückchens Ausstattung, dem Zahnarzt und Einkäufen genug zu tun. Achim sehnt sich sehr nach der Mummi, immerzu fragt er nach ihr, ist ganz still und blass. Schläft auch schlecht. Wir werden hier alle froh sein, wenn sie wieder hier ist.

Onkel Rowohlt, der jetzt Hauptmann geworden ist, war ein paar Tage hier zu Besuch. Er liegt jetzt nicht mehr in Athen, sondern in Kap Sunion, dem südlichsten Vorgebirge von Attika, bei einer Fliegertruppe. Er fliegt oft nach Kreta hinüber. Auf Sunion haben sie mittags jetzt 40 Grad Wärme, und Rowohlt badet jeden Tag drei Mal. Aber auch hier, wo es doch so viel kälter ist, springt er gleich in den See, schon morgens um 7 Uhr, wenn die Luft nur 5 Grad Wärme hat. Ich habe gebibbert! Und das alles bei 55 Jahren – heute wird er nämlich 55 Jahre. Mummi wird mit ihm bei Burlages feiern.

Mit meinem Fuss ist es jetzt etwas besser, vom Grundstück kann ich aber noch immer nicht. – Brumbusch hat heute nacht mal wieder die ganze Küche voll gemacht, aber wie! Jetzt liegt er an der Kette, wenn ich vorübergehe, beschimpfe ich ihn, und dann sieht er mich ganz traurig an.

Warst Du im Zirkus? – Dass die Schnürsenkel nicht ganz passen, ist bedauerlich, aber nicht zu ändern, wir kriegen keine mehr und sind froh, wenn wir noch was haben.

Die schönsten Grüsse von Deinem

Templin, den 3. 7. 1942

Lieber Papa, liebe Mummi!

Mir geht es, wie es besser gar nicht sein kann. Das Wetter ist auch gut. In einem benachbarten Wäldchen haben wir, Resimius, Ehrlich, Menne und ich, uns ein kleines Häuschen gebaut. Dazu haben wir uns noch Pfeil und Bogen gemacht. Jetzt führen wir immer Krieg gegen die der zweiten Klasse aus Alumnat 5 und 1.

Alumnat 1 und 2 (Kl. 1 + 2) müssen immer abwechselnd Maulbeerblätter für Seidenraupen sammeln. Unser Gymnasium läßt sich immer 10 g Eier schicken. Das gibt dann 10 000 Raupen. Davon fallen immer einige 100 ab, die zu spät ausgekrochen sind.

Das Essen wird immer besser. Viele sagen, darunter auch ich, daß das Essen ab Weihnachten immer besser geworden ist. Dienstag gab es sehr schöne Schollen, für jeden soviel, wie er essen wollte. Heute Mittag gab es Kartoffelpudding. Heute abend gibt es ein Spiegelei. Na, wenn das nichts ist.

Gestern war das Sportfest vom J. G. Es war das beste Wetter, das man sich nur wünschen konnte. Ich bin auf 60 m 10,6 Sek. gelaufen, mit dem Schlagball 25 m geworfen und 3,05 m gesprungen. Morgen werden wir eine Mathematik-Arbeit zurückbekommen. Ich werde eine 2 haben.

Herzliche Grüße
Euer Uli

[Postkarte mit Stempel 9. 7. 42]

Lieber Papa.
Ich bekomme Montag ungefähr um 14.30 Uhr Ferien. Den ganzen Sonntag bin ich nicht hier. Ich bin auf einer D.-J. Fahrt. Den Wäschekoffer und die Strümpfe habe ich erhalten. Das andere habe ich ja schon geschrieben.

Herzliche Grüße
Uli

Templin, den 20. Aug.

Lieber Papa und liebe Mummi – mir geht es gut. Ich habe mich wieder erstaunlich schnell eingelebt. Jetzt, nachdem das Wetter in den Ferien so schlecht war, ist es hier herrlich.

Ich war heute zum Zahnarzt. Bisher hat er mir eine Einlage gemacht. Das Brot schmeckt furchtbar, noch schlimmer als bei euch.

Schickt mir bitte unbedingt einen Kamm, meinetwegen solls auch der kaputte sein, aber nur einen Kamm. So, nun alles Gute wünscht Euch

Euer Uli

Carwitz, am 24. August 1942
Post Feldberg/Meckl.

Mein lieber Uli-Bulli,

schönen Dank für Deinen ersten Brief nach den Grossen Ferien! Wir freuen uns sehr, dass Du Dich wieder so rasch und gut eingelebt hast, Deiner Schwester Mücke geht es da nicht so gut. Sie leidet wohl sehr unter Heimweh und ausserdem darunter, dass sie ganz in einen geschlossenen Kreis gekommen ist und noch keine Freundin finden kann. Die andern sind ja alle schon zwei Jahre dort, wenigstens die auf ihrem Zimmer. Sie hat aber doch schon ein paar Mal baden können und sich auch schon freischwimmen können. Nun also los mit Dir auf das Fahrtenschwimmen, sonst bleibt Ihr beide im Gleichstand! – Das Wetter, das seit Deiner Abreise sich garnicht mehr gut benommen hat, ist jetzt ganz schlecht geworden, seit gestern haben wir viel Regen gehabt. Es ist schade um die Ernte, die sonst wirklich noch ganz erträglich würde, besonders der Roggen soll zwar knapp sein, doch ein wunderbares festes Korn haben. Das hiesse, dass wir endlich wieder besseres Brot kriegten! Dass Eures auch so scheusslich schmeckt, sogar noch scheusslicher als das in Carwitz, ist sehr bedauerlich. Es wechselt aber damit immer so hin und her. Viel Mehlvorrat haben die Bäcker jetzt nicht, und das Brot aus der nächsten Mehllieferung kann schon wieder anders schmecken.

Ein Teil Deiner Wünsche aus diesem Brief ist schon erfüllt, alles andere folgt anbei. Zu allem andern legt die Mummi Dir auch noch ein halbes Brathähnchen bei. Am Sonntag haben wir die ersten gegessen, die andere Hälfte von dem Deinen geht nach Hermannswerder zur Mücke. Wir bleiben hier immerzu im Päckchenmachen – irgendjemand muss immer was geschickt bekommen, das reisst nicht ab! Mach es weiter gut, mein Sohn, die herzlichsten Grüsse

von Deinen

Carwitz, am 7. 9. 1942
Post Feldberg/Meckl.

Lieber Uli!

In der vorvorigen Woche habe ich Wache gehabt, wieder einmal, ich habe mich hauptsächlich damit beschäftigt, auf einen Dachs anzusitzen, der meinen Mais attackiert; er kam aber natürlich grade in dieser Nacht nicht. Ansonsten schiesse ich viel auf Spatzen, die ich nun ziemlich vom Hof verjagt habe. Der Jagdaufseher Friesicke hat mir Kugeln besorgt, die aber auch schon wieder auf die Neige gehen. Nun, hoffen wir, dass bis dahin der Mais reif und das Erbsgemenge eingefahren ist. – Übrigens: Dein ehemaliger guter Freund Debbi war bei der Musterung noch ein Jahr zurückgestellt. Er hat sich dann heimlich, ohne seinen Eltern was davon zu sagen, bei der SS gemeldet, ist genommen, und soll nun schon am 1. 11. einrücken. Das ist sehr früh, Frau Rohde ist auch sehr betrübt. Er muss nun in diesem Monat schon sein Gesellenexamen machen, wenn er es nicht besteht, kann er noch nicht zu den Soldaten! – Nun noch herzliche Grüsse von allen, auch von Deinem wieder etwas meckrigen Bruder Achim, besonders aber von

Lieber Papa – liebe Mummi!

Jetzt geht es mir wieder wie immer. Aber das Krankenzimmer ist immer noch mit 3 Betten belegt, trotzdem schon wieder drei herausgekommen sind. Euch geht es hoffentlich auch gut. Mückchen habe ich auch geschrieben. Geantwortet hat sie noch nicht. Habt herzlichsten Dank für das Paket, besonders für Kuchen und Obst. – Morgens ist es jetzt schon immer empfindlich kalt, wenn wir den Morgenlauf machen. Heute war es wieder herrliches Wetter. – Die Badehose zu schicken, lohnt sich wohl nicht mehr, denn bei dieser Kälte zu baden, daran denkt keiner. – Vor einer Woche, um 2.05 Uhr, ist Dieter E. von hier abgegangen worden, wegen Obststehlens. 3 andere, darunter einer aus unserem Alumnat, haben die Androhung auf die Verweisung gekriegt.

In der Schule geht alles gut. In Mathematik habe ich eine 2 geschrieben. Eine Deutsch-Arbeit habe ich versäumt. Griechisch ist augenblicklich noch nicht allzu schön. – Am 26. des Monats ist die Jubiläumsfeier des Gymnasiums. Als Höhepunkt spielen die Lehrer gegen die Schüler Faustball. Das muß herrlich werden. – Die Schularbeiten sind jetzt schlimm, wir müssen immerzu arbeiten. In Griechisch haben wir jetzt all das neue Zeugs.

Nun herzlichste Grüße an alle,
besonders aber an Euch,
von Uli

Carwitz, am 15. September 1942
Post Feldberg/Meckl.

Unser lieber Uli,
einen recht schönen Dank für Deinen langen Brief. Gut, dass Du nun wieder gesund bist – der Jammer wäre nicht

auszudenken gewesen, wenn Du grade zu den Herbstferien krank gewesen wärest! – Weniger erfreulich ist ja die Entlassung von Dieter E. wegen Obstdiebstahls. Er muss ja sehr viel oder sehr bösartig geklaut haben, dass ein so strenger Beschluss gefasst wurde. Pass Du nur recht gut auf, damit Dir um des Himmels willen nicht so etwas passiert! – Dass Dir das Griechische noch nicht sehr schmeckt, will ich Dir wohl glauben. Grammatik ist nie übermässig interessant, aber der Kopf lernt beim Lernen das Lernen, und je mehr er dabei geübt wird, um so leichter lernt er später. Ja, glaube mir, auch das Lernen will gelernt sein. Und überhaupt die Schularbeiten! Du rückst ja nun allmählich zu den grösseren Schülern auf, ein ganz kleines Kind bist Du nicht mehr. Und so bleibt es nicht aus, dass Du allmählich richtig arbeiten lernst. Auch das muss erst gelernt werden. Zu Anfang ist es nicht so angenehm, dass die Zeit zum Spielen knapp wird, aber man gewöhnt sich auch daran, und geniesst seine freie Zeit dann doppelt! – Hier geht alles so ziemlich seinen alten Gang. Wir sind jetzt beim Maisernten, nachdem wir in der vorigen Woche das Erbsgemenge eingebracht haben. – Achim ist sehr vergnügt und munter, heute ist er besonders stark in Gang, weil der Pötter – endlich, endlich! – alle Öfen nachsieht. Da muss er natürlich ›helfen‹! Wir grüssen Dich alle sehr

Deine

[Postkarte mit Stempel 15. 10. 42]

Lieber Papa
Gut angekommen
Uli

Carwitz, am 22. Oktober 1942
Post Feldberg/Meckl.

Lieber Uli,

schönen Dank für Karte und Brief. Diesmal bist Du ja wirklich in Rekordzeit in Templin angekommen, und der Wettergott war Dir auch günstig! Zu Weihnachten wird es nun wohl nichts mit dem Radeln werden – oder doch? – Der Vierer in Deutsch ist weniger erfreulich, einmal bist Du ein so grosser Bücherleser, zum anderen aber der Sohn eines deutschen Schriftstellers, was doch irgendwie auf Dich abgefärbt haben müsste – da wären bessere Leistungen zu erwarten! – Ich hause aber meist in meiner Höhle drüben und schanze für den Film! Das Wetter ist jetzt wieder zum Gotterbarmen, Gottlob sind sowohl Kartoffeln wie Futterrüben heraus. Marcelin Rizzo ist eine grosse Hülfe, um das Füttern brauche ich mich garnicht mehr zu kümmern, er macht alles tadellos. –

Nun noch ein paar Worte über ›Teddy‹, eine junge Hundedame, die ich aus Neustrelitz geholt habe. Sie ist entschieden ein Gewinn, ein sehr lebhafter, temperamentvoller Hund, braun und schwarz, mit guten Manieren, gibt die Pfote und macht hübsch, dabei ganz stubenrein. Gegen Brumbusch kommt einem dies Mädchen natürlich etwas zwergenhaft vor, aber dafür steckt sie voller Leben. Am Rübenbuddeln hat sich Teddy mit grossem Eifer beteiligt, sie jagt dann über den Acker, buddelt nach Mäusen, holt Steinchen usw. Sie wird Dir gefallen. Herzliche Grüsse

von Deinen

Templin, den 30. Oktober 1942

Lieber Papa – liebe Mummi

Mir geht es recht gut. Habt herzlichsten Dank für den letzten Brief. Ein Paket von Euch ist auch angekommen. Die

Äpfel und Birnen haben mich sehr gefreut. Am letzten Sonnabend war das Jungvolk in einer Jugendfilmstunde. Es gab den Film »... reitet für Deutschland«. Er war recht schön. Ein Lehrer wird jetzt wieder zum Militär eingezogen.

Jeder vom Gymnasium kann sich durch Schipp- und Karrarbeit entweder einen Reisetag oder einen zusätzlichen Tag zum normalen Reisetag verdienen, was ich wohl tun werde. Den Reisetag muß ich wohl so früh wie möglich nehmen, da es sonst schon zu kalt werden kann. Aber um mir den Tag zu verdienen, brauche ich mindestens 2 Sonntage. Also kann es frühestens am 15. November etwas werden. Ihr seid doch einverstanden, daß ich einen Reisetag mache, nicht wahr? Soll ich nun einen Tag an den normalen Reisetag anhängen oder soll ich einen extra nehmen? Schreibt es mir bitte im nächsten Brief. Nun herzlichste Grüße an Alle,

aber besonders an Euch,
von Uli

Brauchst du, Papa, Gummilösung? Hier gibt es welche. Schreibe es bitte im nächsten Brief.

Carwitz, am 3. November 1942
Post Feldberg/Meckl.

Lieber Uli,

wir haben uns sehr über Deinen letzten Brief gefreut: ausführlich, vergnügt und in der Schrift weit über Deinem sonstigen Niveau. Alles, was Du berichtest, klingt doch sehr erfreulich. Der zusätzliche Reisetag, durch Schipp- und Karrarbeit errungen, ist natürlich sehr verlockend. Ihr habt ja dieses Mal angenehm früh beginnende und recht lange Weihnachtsferien – Glückauf! Das wird wohl auch das einzig angenehme an diesem Weihnachtsfest, mit Geschenken sieht es essigsauer aus! Nun, aber einen Tannenbaum werden wir wohl doch noch kriegen. Und im übrigen – im übrigen liegt nun der grosse Entenmord hinter uns, zehne wurden geschlachtet, eine gleich vertilgt, die andern neun eingeweckt, für Zeiten, da die beiden Grossen zu Hause sind. Und drei Töpfe Entenschmalz hat es gegeben, zwei grössere und einen kleinen, auch zurückgestellt für unsere drei Lütten. Also, Ihr werdet essen können. – Die Teddy macht uns weiter viel Spass. Sie ist ein rührender Hund, ohne Bosheit, immer vergnügt, leidenschaftliche Spielerin, Stöckchensucherin, Steinsammlerin. Leider mit einer gewissen Vorliebe für Schiet, in dem sie sich zu wälzen scheint. Nun, das werden wir ihr wohl noch austreiben. Die herzlichsten Grüsse

Deiner

Templin, den 6. Nov. 42

Lieber Papa!

Mir geht es gut. Aber leider hat sich das Essen nach den Herbstferien recht wesentlich verschlechtert. Es gab seit langem einmal wieder Quark als Hauptgericht. Das Fleisch ist auch längst nicht mehr so gut wie früher. – Hab herzlichsten Dank für Deinen Brief. Es ist ja recht erfreulich, daß es mit Geschenken so zuckersüß aussieht. Über die Weihnachtsferien sind alle recht erfreut. Die Länge kommt höchstwahrscheinlich von Kohlenknappheit her. Aber das kann uns ja nur freuen. Nach allem muß Teddy ein recht netter Hund sein. Und was macht der Franzose. Herzlichste Grüße an alle, aber besonders an dich und Mummi,
    von Eurem Uli aus Templin

Carwitz, am 8. November 1942
Post Feldberg/Meckl.

Lieber Uli,

schönen Dank für Deine Karte, die diesmal zwei Tage früher kam als sonst die Post von Dir. Es ist ja hochbetrüblich, dass sich das Essen bei Euch so verschlechtert hat! Quark als Hauptgericht würde ich ja auch nicht als ganz begeisternd ansehen, aber immerhin ist Dein Vater ein verfressener Mann, womit ich Dir kein Geheimnis verrate. Hoffentlich bessert es sich noch wieder, es geht wohl immer hin und her. Im allgemeinen ist man aber doch der Ansicht, dass mit der Zeit die Besetzung der fruchtbarsten russischen Gebiete eine erhebliche Verbesserung der Ernährung bringen wird – ja, es wird schon von völliger Abschaffung der Brot- und vielleicht auch Fleischkarte im nächsten Jahr gesprochen. Unterdes wollen wir an Deinem Reisetag für die Auffüllung Deiner Honig-, Schmalz- und Marmeladenreserven sorgen. Wenn irgend möglich, bringe doch die Gläser wieder mit. So, mein Sohn, dafür, dass wir uns schon am nächsten Sonnabend sehen, habe ich Dir einen langen Brief geschrieben! Mach's gut, mein Ältester,

Dein oller

Carwitz, am 14. November 1942
Post Feldberg/Meckl.

Unser lieber Uli,

mit grosser Betrübnis haben wir gehört, dass Du solch eine böse Angina mit hohem Fieber hast! Statt eines vergnügten Reisetages bei uns musst Du nun im Bett liegen, und sicher ist Dir garnicht sehr gut. Dabei hatte ich speziell von Deinem und Wollis Besuch so viel erwartet: die Spatzen sind ganz frech geworden und setzen meinem Mais so sehr zu. Kugeln sind genug da, ich dachte, Ihr würdet es auf eine schöne grosse Spatzenstrecke bringen. Aber das ist nun nichts! Zu ärgerlich für Dich und uns. Gestern war Freitag, der 13. November (überhaupt ein elender Monat, so grau, trübe, nasskalt!), und das hat man gemerkt. Erst einmal die schlechte Nachricht von Dir. Und dann haben Mummi und ich einen richtigen Unfall gehabt, der schlimm hätte ablaufen können. Ich hatte Mummi vom letzten Zug abgeholt, und wir fuhren durch die Nacht mit Utnehmers Wagen in schlankem Zuckeltrab, denn alle hatten es eilig nach Haus und in die Wärme zu kommen. Plötzlich brach der Sitz ab, auf dem Mummi und ich sassen, und wir beide stürzten hinterrücks auf die Strasse – Jochen war schon dreissig Meter weiter, ehe er überhaupt merkte, dass er seine Fahrgäste verloren hatte. Mummi war auf den Rücken gefallen und hatte sehr starke Schmerzen im Kreuz und Nacken. Ich hatte mich mit aller Gewalt auf mein Achtergestell gesetzt, erst schien es mir ganz erträglich. Aber jetzt habe ich doch starke Schmerzen, ich habe eine tüchtige Prellung. Jochen hat uns dann wieder aufgesammelt, Mummi sass neben ihm, ich hinten im Wagenkasten. Er ist noch nie so schnell mit uns nach Hause gefahren und so eilig verschwunden, ohne ein Wort zu sagen. Halb muss man über diesen Unfall lachen, halb ihn doch recht ärgerlich finden. Ich bin mal wieder eine lahme Krähe. – Übrigens habe ich auch eine neue Kuh gekauft, die jeden Tag ein Kälbchen kriegen soll, jede Nacht muss ich drei-, viermal nach ihr sehen, in der letzten Nacht mit dem lahmen Flunk nicht sehr angenehm.

So, mein lieber ältester Sohn, wir wünschen Dir eine recht baldige und gute Besserung und nicht zu schlimme Fiebertage. Hast Du noch irgendeinen erfüllbaren Wunsch, so sage ihn uns durch Fräulein Nebe, die Du schön von uns grüssen musst: wir werden in nächster Zeit doch öfter mal anrufen.

Herzlichst
Deine

Lieber Papa, liebe Mummi!
Jetzt geht es mir wieder ziemlich gut, bis auf Schluckschmerzen. Na, das geht auch noch vorbei. Schade ist nur,
daß ich so um meinen Reisetag gekommen bin. Später wird
es leider schon kalt sein. Habt herzlichsten Dank für das
Paket, das mich sehr gefreut hat. Schickt mir doch bitte
Äpfel, ich würde mich sehr über sie freuen. Denkt Euch
mal, das Alumnat hat von Reemtsmas 4 Kisten Äpfel geschenkt bekommen. Ist das nicht schön?
    Herzlichste Grüße
    von Uli

                Carwitz, am 20. Novemb. 1942
                    Post Feldberg/Meckl.
Lieber Uli,
schönen Dank für Deine Karte. Es freut uns sehr, dass es
Dir nun wieder besser geht. Die Schluckschmerzen werden
nun wohl auch vorüber sein, werden Dich auch kaum an
der Vertilgung von Schmalz- und Honigbroten hindern.
Hier kommen nun die erbetenen Äpfel; ich wollte, ich
könnte dem Alumnat auch 4 Kisten wie Reemtsma spen-
dieren, leider war die Apfelernte ja nur mässig, und so sind
wir froh, wenn wir Haus, Kinder und Verwandtschaft versorgen können. – Wenn wir denken, was bis zum Fest noch
alles erledigt werden muss, stehen uns die Haare zu Berge!
Heute wollen wir erst einmal alle alten Waben einschmel-
zen und dann morgen Kerzen giessen – für den Weih-
nachtsbaum, den es dieses Jahr wohl nur in Gestalt eines
schönen Besenstiels geben wird. (Es kommt eben nur ein
Kriegsersatz-Weihnachtsmann!) – Die neue Kuh von Godenschweger ist ein Reinfall, gekalbt hat sie nun endlich

und sie hat auch ein sehr munteres und vergnügtes Kälbchen bekommen, aber Milch hat sie nicht, oder so gut wie
keine, nämlich nur drei Liter, so holt sie heute unter Seufzen und Klagen der Godenschweger wieder, und wir bekommen unsere alte zurück! Ärgerlich, aber was willst Du
dabei machen?! – Dein Bruder Achim hat heute früh den
Bock, aber einen komischen. Er will durchaus nicht essen.
Nun sitzt er da im Sessel, vor seinem Kaffeebecherchen
und einer Stulle mit Pflaumenmus, isst nichts, und wenn
ich mich nach ihm umdrehe, senkt er den Kopf und sieht
mich finster durch seine Strohhaare an. Eben hat er aus-
reissen wollen, noch finsterer ist er zu seinem Groll- und
Schmollsitz zurückgekehrt.

Laufen kann ich noch immer nicht recht wieder, im Ge-
genteil, die Schmerzen im Bein sind stärker geworden.
Mummi ist so ziemlich wieder in Ordnung.

Nun noch herzliche Grüsse und weiter recht gute Besserung
    Deine

Carwitz, am 23. November 1942
Post Feldberg/Meckl.

Lieber Uli,
einen schönen Dank für Deine Karte. Nun wandelst Du
also wieder unter den Aufrechten und freust Dich sicher,
dass Du bald ganz der Krankenstube entronnen bist. Weihnachten rückt immer näher, jetzt empfehlen sich Krankhei-
ten weniger. – Wenn nur das Wetter etwas besser wäre.
Grade, da ich dies schreibe, tobt der Sturm um's Haus, wie
wohl auch bei Euch in Templin, er jagt den Schnee und es
ist wieder einmal gut, dass die Häuser so hohl sind, dass die
Menschen drin wohnen können, wie einmal ein Chef von
mir auf Rügen sagte. Als ich nachmittags um vier aus mei-

ner Heia nach draussen kam, stürmte es ganz wild und trieb Schnee. Ich holte mir Marcelin und dreiviertel Stunden haben wir vereint gebraucht, um das ganze schneeblinde Geflügel aus allen Ecken zusammenzusuchen und in den Stall zu bringen. Zum Schluss fehlte noch der Gockel, den fand dann schliesslich die Mummi. Die hatte ihren Kummer mit der Wäsche, die draussen hing. Statt getrocknet zu sein, war sie ganz dick eingeschneit. Bescheidene Zeiten, kann ich nur sagen.

Auf Wiedersehen, mein lieber Sohn, erhole Dich weiter gut und sieh, dass Du das Versäumte einigermassen nachholst. Ein gutes, ja nur ein mittelmässiges Weihnachtszeugnis würde die Festfreude erhöhen!

Herzlichst

Deine

[Postkarte mit Stempel 28. 11. 1942]

Lieber Papa, liebe Mummi

Habt herzlichsten Dank für das Apfelpaket und für Euren Brief. Die Äpfel sind jetzt fast alle. Die Fotos sind auch sehr nett geworden. Die Angina ist jetzt fast vorbei, aber das Fieber ist noch da. Heute morgen hatte ich noch 37,5. Aber das hängt wohl auch mit der Impfung zusammen, die gestern war. Die Großmutter und Adelheid haben mir auch eine Karte geschrieben. Nun wünscht Euch

Uli

nach zwei Wochen seiner Krankheit alles Gute

Lieber Uli,

hier kommt nun Dein Wäschekoffer, d. h. weiss es der
Himmel, wann wir ihn absenden können. Der dicke Post-
bote macht mal wieder die Carwitzer Tour, und der stöhnt
ja über jedes Paket, das er mitnehmen soll, so, dass ich ihm
lieber erst gar keine gebe. Aber in den nächsten Tagen wird
sich schon irgendeine Gelegenheit finden, dass Du wieder
sauber durch's Dasein wandelst! Ich freue mich aufrichtig,
dass Du nun wieder so weit bist, in die Schule zu gehen.
Wie die Schule nun schmecken wird? Viel hast Du versäumt, setze Dich nur ordentlich auf die Hosen, mein lieber Sohn, auf dass Du nicht zu sehr nachhinkst. Nach der
Stille der Krankenstube wird Dir der Verkehr mit den anderen Jungens wieder recht gut gefallen! – Hier hat sich
schmerzlicherweise ereignet, dass sie mir – ach so, das habe
ich Dir ja schon geschrieben. Also, Marcelin ist heute früh
entschwunden, er war noch trauriger über diese Trennung
als ich. Alle meine Bemühungen, ihn zu behalten, waren
umsonst: allein aus dem Kreise Stargard sollen 1100 Franzosen aus der Landwirtschaft gezogen und in die Fabriken
gesteckt werden. Im Winter wäre ja doch keine Arbeit für
sie da. Vermutlich füttert sich das Vieh im Winter alleine.

Heute früh haben wir schönen Neuschnee, Achim freut
sich schon darauf, gleich mit dem Schlitten loszuziehen. Ich
werde ihn ebenfalls, aber mit dem grösseren Schlitten der
Frau Rohde, begleiten, denn seit gestern haben wir einen
neuen Badeofen, in Berlin gekauft, und der gute Friesicke,
der uns so schön mit Munition versorgt, hat ihn mit seinem
Lastwagen aus Berlin mitgebracht. Der alte war so defekt,
dass wir ihn in der letzten Zeit garnicht mehr gebrauchen
konnten. Hoffentlich passt er nun auch zu unseren Rohren.

Mach es gut, mein lieber Junge, immer Dein alter

Templin, den 11. Dezember 42

Lieber Papa und liebe Mummi!
Habe herzlichsten Dank, Papa, für die Hose und für die Äpfel. Beides kam gestern an. Übrigens kann dieses Zeugnis, wie ich wohl schon geschrieben habe, mein bestes Zeugnis meiner hiesigen Zeit werden. In Latein bekomme ich vielleicht meine erste drei. Aber bald werden wir es ja wohl sehen, nicht wahr? Nun rate mal, wie oft ich Weihnachten feiere! Im ganzen 4x! Einmal beim Jungvolk, einmal im Alumnat, einmal in der Schule und einmal bei Euch. Das ist eine ganz stattliche Zahl, nicht wahr? Nun grüßt bitte alle herzlichst von Uli, von dem Ihr aber ganz besonders gegrüßt sein sollt

Carwitz, am 12. Dezember 1942
Post Feldberg/Meckl.

Mein lieber Uli-Bulli,
heute bekommst Du nur ein paar Zeilen. Nun sind Deine Ferien schon ganz nahe gerückt, was sollen wir uns das lange erzählen, mündlich geht das alles viel besser! Also, alter Junge, Du wirst am Dienstag mit dem Morgenzug fahren. Dann bist Du um ½11 Uhr in Feldberg. Wenn Du Dein Rad mitnimmst, kommst Du eben ohne weiteres zu uns. Bist Du aber ohne Rad, aber mit Köfferchen, so gibst Du den Koffer bei Adam ab und wanderst zu Fuss zu uns. Du wirst Mummi wie mich hier vorfinden, Mücke wird von Herta aus Potsdam geholt. Mein lieber alter Junge, wir wollen nicht mehr lange Geschichten schreiben, wir sehen uns ja schon in ein paar Tagen!
Die besten Grüsse Deines

1943

Lieber Papa. Ich bin hier gut um 7.10 Uhr eingetroffen. Mit dem Schneeverhältnis ist es hier genauso wie in Carwitz. Und Dir, liebe Mummi, möchte ich miteilen, daß zwei Eier heilgeblieben sind.
Uli

Carwitz, am 19. Januar 1943
Post Feldberg/Meckl.
Lieber Uli,
schönen Dank für Deine Karte. Ich war unterdes ein paar Tage in Berlin, E. O. Plauen, den Du vielleicht als politischen Karikaturisten aus dem Reich kennst, hat für den Buchdeckel meines neuen Buches ein paar reizende Karikaturen von mir gemacht: Dein Vater sieht darauf wie ein richtiger Clown aus! Aber es gefällt ihm wie Deiner Mutter gut. Auch sonst waren diese berliner Tage ertragreich für mich: ich habe einen Abschluss mit der ›Woche‹ auf einen Roman gemacht, an dessen Niederschrift ich heute gehen will, sobald dieser Brief fertig und meine Bude oben einigermassen warm ist. Sonst hat sich nichts Neues ereignet: nur, die Gänse von Frentzens beschnattern jetzt unsern Hof und erregen wieder einmal den Neid von ganz Carwitz. Deiner Mutter wie dem Bruder Achim geht es gut.
Herzliche Grüsse Deines

Templin, den 21. Jan. 1943

Lieber Papa, liebe Mummi!

Habt herzlichsten Dank für Euren Brief vom 19. I. In der Schule geht alles gut. Wir haben einen neuen Lateinlehrer. Ich bin von ihm mehr erbaut als von dem früheren, denn man lernt bei ihm genauer und besser. In Deutsch habe ich eine zwei geschrieben. In einer Griechisch-Arbeit werde ich eine fünf geschrieben haben.

Gestern abend machten viele der Schule eine Demonstration gegen einen Lehrer. Wir hatten die Absicht, ihn auf der Rückkehr vom Kino mit Schneebällen zu überfallen und Schwarzpulver über ihm in die Luft zu jagen. Da er jedoch zu früh kam, wurden Sprechchöre vor dem Alumnat gemacht, bis er hinauskam und einen faßte, der jedoch so um sich hieb, daß er unerkannt wegkonnte. Als wir schon im Bett waren, wurde ein Pfund Schwarzpulver in die Luft gejagt (zu Knallzwecken), das jedoch nur ein Feuerwerk gab, da die Kartusche nicht fest genug geschlossen war. Das Feuerwerk war aber um so schöner.

Herzlichste Grüße von

Eurem Uli

Carwitz, am 25. Januar 1943
Post Feldberg/Meckl.

Lieber Uli,

schönen Dank für Deinen Brief. Ich war eben im Dorf bei Völkner (wegen Holzhauens, es ist frühe Nacht), da sah ich über Berlin ganze Bündel von Scheinwerfern gegen den Himmel strahlen, aber der Deutschlandsender geht noch, da wird es wohl keinen Einflug geben. Heute bekam ich direkt vom Joachimsthal'schen Gymnasium ein Exemplar der Geschichte Deines Gymnasiums zugesandt. Ich habe schon darin geblättert, vieles ist doch sehr interessant. Namentlich was ich über die Zerstörung und Plünderung des Gymnasiums im Dreissigjährigen Kriege las, über die Flucht der Schüler und Lehrer, fast ohne Kleidung, im tiefen Winter, bei Eis und Schnee klingt sehr kümmerlich. –

Fünf Hefte lege ich Dir erst einmal hier bei, Mücke hat auch fünf Stück bekommen. Ich habe auch unliniierte, aber die kannst Du wohl nicht gebrauchen? Auch die Wehrmachtberichte der letzten Woche füge ich bei, sie klingen ja nicht sehr gut, hoffentlich bringt das Frühjahr eine Wendung zum Besseren. (Du musst mir schreiben, ob es noch einen Sinn hat, dass ich Dir Berl. Illus. und Koralle per Post sende. Wenn Du sie schon durch Reemtsma bekommst, kann ich mir die Arbeit und das Geld sparen. –

Am Sonnabend hat der Fuchs eines unserer Hühner tot gebissen, Gottlob konnte es Stalin wenigstens tot noch retten, wir haben es gestern vertilgt. Es hat uns ausgezeichnet geschmeckt, aber wir bedauern natürlich die fehlende fleissige Eierlegerin. – Von der Demonstration in der Schule habe ich mit väterlich gemischten Gefühlen gelesen. Sicher ist so etwas sehr amüsant und abenteuerlich-aufregend, aber ich sähe meinen eigenen Sohn nicht gerne daran beteiligt. Gottlob hüllst Du diesen Teil der Sache auch in sanfte Schleier. Ich könnte mir vorstellen, dass ein Erwischter die Schule verlassen müsste, was bitter für ihn wäre, nicht wahr? – Achim ist recht fidel, die Sache mit dem Fuchs und dem Huhn hat ihm einen grossen Eindruck gemacht. Er hatte zwei Wünsche, entweder solltest Du kommen und den ollen bösen Fuchs mit dem Gewehr totschiessen, oder Mummi sollte den Fuchs mit dem Schwanz an den Tisch binden. Eine Verbindung beider Verfahren wäre vielleicht zweckmässig. – Ich selbst sitze fleissig an meinem neuen Roman für die Woche und habe schon ein ganzes Stückchen geschafft. Und nun herzliche Grüsse von uns allen.

Deine

Templin, den 11. Febr. 1943
Lieber Papa!
Es ist ja nicht gerade schön, daß du wieder einmal krank
bist. Aber das geht wohl auch wieder vorüber. Habe herz-
lichsten Dank für deinen Brief, der Mittwoch hier ankam.
Mir geht hier alles gut. Die Griechischarbeit haben wir zu-
rückbekommen. Ich habe darin eine vier geschrieben. Am
nächsten Montag führt Alumnat IV. den »zerbrochenen
Krug« auf. Darüber werde ich auch noch schreiben. Bis auf
einige Ausnahmen werden Klassen 6 und 7 nach irgendwo-
hin als Luftwaffenhelfer verschickt.
Nun, für heute werde ich schließen.
Mit herzlichsten Grüßen
Dein Uli

Carwitz, am 16. Februar 1943
Post Feldberg/Meckl.
Lieber Uli,
aus der Maschinenschrift siehst Du es schon: ich bin wieder zu Hause angelangt. Zwar noch ein wenig klapprig und
arg in mein Bett verliebt, aber wenigstens doch dem trost-
losen Berlin, dem noch trostloseren Sanatorium und dem
allertrostlosesten Frass entronnen. Nun bin ich wieder unter der Obhut der Mummi, die mich schon wieder zurecht-
füttern wird. Ich habe an Wünschen, was die Mummi Dir
in der nächsten Zeit senden soll, noch notiert:
  1. Geburtstagskuchen für 4 Mann
  2. Eier und Butter für Spiegelei
  3. Gorch Focks Werke
  4. Die beiden Lexika von Knaur
  5. Die neuen Schuhe
All das wird bei nächster Gelegenheit bzw. zum Geburtstag gesandt werden, der Posten unter 2.) möglichst bald,

damit Deine Gelüste nicht garzu wild werden. – Schade, dass Ihr nun wieder zwei Klassen für die Luftwaffenhilfe verliert, es wird wohl sehr viel stiller bei Euch werden, und die ›Grossen‹, so unangenehm sie Euch auch manchmal gewesen sein mögen, geben doch auch viele Anregungen. Aber ich fürchte, der Krieg wird noch manche einschneidende Veränderung bringen, auch ich muss ja damit rechnen, dass ich entweder zum Zivil oder zum Militär eingezogen werde. Wie lange man mich noch meiner Bücherschreiberei wird nachgehen lassen, ahne ich nicht. Immerhin habe ich jetzt wieder einen Roman für die ›Woche‹, die ja als ›kriegswichtig‹ gilt, in Arbeit, auch haben schon wieder zwei Filmgesellschaften bei mir angefragt, wann ich zur Arbeit frei bin: auch Filmarbeit ist kriegswichtig. – Ich könnte mir denken, dass Dir der zerbrochene Krug von Kleist sehr viel mehr Spass macht als die Kostbaren, die ja wohl ›Les Précieuses Ridicules‹ sind. Erzähle mir einmal davon, wie der Dorfrichter Adam Dir zugesagt hat. Ich sah ihn zuletzt im Film, mit Emil Jannings besetzt, etwas ganz Wunderbares, Urwüchsiges in der Leistung!

Von hier ist kaum etwas Neues zu melden. Das Leben geht still seinen Gang. Heute hat die Mummi Waschtag. Die Leute (Lindenberg und Matjä-Stalin) haben ganz nett Holz gehauen, aber wenn ich alles in allem rechne, kommt höchstens die Hälfte vom vorjährigen Holz heraus. Wir müssen uns immer mehr einrichten, immer enger zusammenkrauchen. Aber das ist ja in allem so, die Ansprüche müssen ständig herunter.

Und nun, mein lieber Sohn, mache ich Schluss. Mach es weiter gut, es grüssen Dich herzlich
Deine

Freitag, den 16. [richtig: 26.] Februar 1943

Lieber Papa – liebe Mummi
Wie ich euch schon geschrieben habe, bin ich hier um
5.20 Uhr angekommen. Es war eine schöne Fahrt, trotzdem es bedeckt war. Auf der Fahrt über den Ackerrain sah
ich drei Rehe in den Wald laufen. Es ist auf der Fahrt nichts
entzweigegangen. Da wir jetzt nur noch 17 Mann im Alumnat sind, werden 4 Stuben zugemacht, darunter auch meine
ehemalige. Aber ich freue mich nur darüber, denn jetzt bin
ich mit Eberhard Menne zusammen, der mir jetzt schön bei
den Schularbeiten helfen kann. Also, nun grüßt alle bitte
herzlich von
Eurem Uli

[Zettel nach Diktat des Heimleiters:]

Fernsprechverbindung

Telefonisch unter Templin 335 zu erreichen sind während
der Dienststunden (an allen Wochentagen von 8–13 Uhr
und Montags bis Freitags von 14½ bis 17½ Uhr) Büro und
Kasse. Beide Dienststellen verbinden auf Wunsch mit dem
Direktor und den Alumnatsinspektoren. Außerhalb der
Dienststunden stellt der Hausmeister die Verbindung her,
sofern er sich in seiner Wohnung aufhält. Ist er dienstlich
außerhalb derselben in Anspruch genommen oder dienstfrei, so kann auf Herstellung einer Verbindung nicht gerechnet werden. Für jede Vermittlung hat er 0,10 RM zu
beanspruchen.

Andere als die genannten Personen haben keinen Anschluss. *Es wird dringend gebeten, von Anrufen an die Alumnen abzusehen.* Sollten ihnen dringliche Mitteilungen von
besonderer Wichtigkeit zu machen sein, so übernimmt der
Alumnatsinspektor die Vermittlung und lässt gegebenen-

falls die Jungen rufen. Das kann jedoch während der Unterrichtszeit sowie in der Arbeitsstunde und dem Schlafengehen nicht geschehen.

Herr Direktor läßt bitten, daß Ihr Euch das zu Herzen nehmt und Euch danach richtet.

Schickt mir bitte meine neue Kleiderkarte, damit ich mich beim Schuster eintragen lassen kann.

In einer Krankenkasse bin ich doch nicht? Wenn doch, schreibt mir bitte Anschrift und Nummer derselben.

Uli

Templin, den 5. März 1943

Lieber Papa! Liebe Mummi!

Habt herzlichsten Dank für Euern letzten Brief. Von Morcheln wie von Morchelsuchern habe ich keine Spur gesehen. Hier geht das Leben seinen alten Lauf. In Latein habe ich meine 2. drei bekommen. Nachdem ich heute eine sechs in Griechisch bekommen habe, habe ich mich entschlossen, Nachhilfe zu nehmen, womit Du Dich doch einverstanden zeigst? Wir haben einige Nachrichten aus Pölitz, wohin die 6. und 7. Klasse gekommen sind. Sie leben dort in drei Baracken. In ihnen sind immer drei Betten übereinander gebaut. Sie machen jetzt den Dienst an der Flak ganz alleine bis auf einen, der die Granaten heranschleppt. Sie kriegen dort volle Frontverpflegung, darunter 750 Gramm Fleisch. Grüßt bitte alle recht herzlich von

Eurem Uli

Carwitz, am 9. März 1943
Post Feldberg/Meckl.

Unser lieber Uli,

nun ist es mal wieder so weit, dass ich Dir unsere besten Wünsche zum Geburtstag sende! Ich habe einen grossen Bogen in die Maschine gespannt, aber wenn ich Dir all das sagen wollte, was wir Dir und uns für das nächste Lebensjahr wünschen, wäre der Bogen noch lange nicht gross genug. So begnüge ich mich denn auch damit, dass ich Dir weiter Gesundheit wünsche, ein fröhliches Herz und das Streben, weiter zu kommen und etwas recht Tüchtiges zu werden. Nur dann hast Du Freude von Deinem Leben. Es ist wirklich ein lobenswertes Zeichen, dass Du in Deinem letzten Brief – für den wir Dir schön danken – berichtest, dass Du von Dir aus das Bedürfnis nach Nachhilfeunterricht im Griechischen empfindest und dass Du bereits das Nötige selbst in die Wege geleitet hast. Das war ganz richtig, im ersten Jahr kann man alles noch ganz leicht nachholen, später wird die Lücke immer grösser, Du verlierst den Mut, und damit ist alles verloren.

In dem beifolgenden Paket, das ich höchstpersönlich nach Feldberg bringe, dass Du es auch rechtzeitig hast, findest Du, was wir in dieser schweren Zeit für Dich noch haben auftreiben können. Die Knickerbockerhose probiere bitte gleich (und vorsichtig) an, passt sie nicht, kann sie getauscht werden, in diesem Falle schicke sie bitte gleich, gut verpackt, zurück. Mummi fährt nämlich am 20. nach Berlin, um Mückchen für 2 Tage nach Carwitz zu holen. Die Engländer haben nämlich Zettel über Potsdam abgeworfen, dass sie am 20. kommen wollen, da wird die ganze Hoffbauer-Stiftung leer gemacht, und Mückchen bekommt auf diese Weise einen Reisetag.

Ich bin heute besonders vergnügter Stimmung, einmal weil die Mummi wieder hier ist, denn das ganze Haus taugt nicht viel ohne sie, zum andern, weil ich heute Mittag mit meinem Roman fertig geworden bin. Das ist immer ein höchst angenehmes Gefühl. Ende dieser Woche kommt nun Frau Bakonyi zum Tippen, und dann mag er in die Welt hinausgehen und macht hoffentlich recht vielen Leuten Spass. Mir hat er wenigstens beim Schreiben viel Freude gemacht. – Auf dem Hof ist alles in Ordnung. Teddy nimmt sich schon mal ein paar Stunden frei von ihren beiden Kindern, die Gänse legen weiter Eier, aber nur langsam, zum Brüten ist es noch nicht gekommen, im Dorf wird weiter gestänkert – alles das alte gewohnte Lied.

Und nun noch einmal, unser lieber ältester Sohn, feiere einen recht schönen Geburtstag. Er fällt ja grade auf einen Sonntag, da kannst Du ihn so recht geniessen. Mach es weiter gut, zur eigenen und zur Freude

Deiner

Templin, den 12. März 1943

Lieber Papa, liebe Mummi.

Vor kurzer Zeit haben wir einen Klassenaufsatz mit dem Thema »Radpanne« geschrieben. Donnerstag haben wir ihn zurückbekommen. Es war eine 5 und sechs 2en dabei. Ich habe eine von diesen zweien.

Wir alle im Alumnat, sogar in der Schule, freuen uns sehr darüber, daß Herr Thiede zu den Luftwaffenhelfern in Pölitz bei Stettin kommt. E. Menne und ich haben sogar Gutes davon, denn wir müssen ihm Koffer wegbringen und wurden dafür von ihm zum Kaffee eingeladen. Außerdem fällt morgen für uns die zweite sowie dritte Stunde aus, da wir in dieser Zeit wieder Pakete zur Bahn bringen müssen. Jetzt wird Herr Schlicht (bei dem sich die Sache mit dem Schwarzpulver ereignete) unser Alumnatsinspektor. Da er ziemlich bescheiden (und schlicht) ist, haben wir nicht viel von ihm zu spüren. Also nun herzlichste Grüße von Uli

Carwitz, am 16. März 1943

Lieber Uli,

heute kann ich Dir nur ganz kurz schreiben, ich diktiere grade der Frau Bakonyi meinen neuen Roman und habe sehr sehr wenig Zeit. Hier geht alles seinen alten Gang – mit sehr viel Arbeit. Bei dem schönen Wetter ist die Mummi jeden Augenblick im Garten und macht Beete und sät. Ich diktiere immerzu. – Ende Mai werde ich übrigens auf Einladung des Arbeitsdienstführers für 2 bis 3 Wochen nach Frankreich fahren, um mir einmal die Arbeit des Arbeitsdienstes anzusehen. Ich soll dann was darüber schreiben! – Deinen Geburtstag hast Du hoffentlich recht vergnügt verlebt, wir sind alle sehr froh, dass das Paket so rechtzeitig eingetroffen ist. Die Kleiderkarte wirst Du in ihm gefunden haben. Alles andere mündlich, mein Lieber,

Deine

Templin, den 2. April 1943

Lieber Papa – liebe Mummi!

Habt herzlichsten Dank für Euren Brief, der Mittwoch hier ankam. Daß gerade an diesem Mittwoch ein großer Tag war, daran habt ihr wohl nicht gerade gedacht? Am Mittwoch gab es nämlich Zeugnisse. Über mein Zeugnis werdet ihr wohl nicht gerade erfreut sein, denn ich bin ziemlich abgesunken. Ich werde nicht weiter über es sprechen, denn ihr werdet ja alles selbst sehen. Unser Lehrer hat jedenfalls noch gesagt, daß er die Zensuren mit Willen strenger gegeben, als sie eigentlich sein müßten; dadurch wird er (und will er auch) uns alle zu stärkerer Mitarbeit aufreizen.

Unser Alumnat hat jetzt eine Besatzung von 18 Mann. Vor kurzer Zeit wurde von unserem Alumnat wieder einer zum Luftwaffenhilfsdienst eingezogen. Bevor er abfuhr, konnte er noch drei Tage zuhause in Berlin sein. Er hat über die Luftangriffe der letzten Zeit erzählt, daß die Flieger nicht direkt nach Berlin hineingekommen seien, aber die Vororte hätten etwas abbekommen. Es soll auch ein auf der Durchfahrt befindlicher Urlauberzug von einem Volltreffer getroffen sein. Dabei sind 80 Personen um's Leben gekommen.

Wie Mücke mir geschrieben hat, haben auch sie dort Alarm gehabt. Wir hatten Sonnabend eine halbe Stunde ungefähr Alarm. Vor diesem Alarm konnte man die Flieger ganz deutlich summen hören. In den Nächten darauf sahen andere auch Flieger und Flakwölkchen. In der letzten Zeit war nichts mehr los. –

Vor kurzer Zeit ist hier wieder ein Lehrer weggekommen. Er gab turnen und zeichnen. Da jetzt nur noch ein Lehrer turnen geben kann, haben wir nur noch drei Turnstunden. Wir haben aber immer noch zwei Zeichenstunden, die jetzt eine Hausdame gibt. Es kann jetzt auch jeden Tag ein weiterer Lehrer eingezogen werden, der bei uns Griechisch, Geschichte, Erdkunde gibt. Wenn er eingezogen ist, bekommen wir Geschichte auch bei der Hausdame, die uns schon zeichnen gibt.

In der letzten Zeit waren hier drei Konzerte, von denen ich in einem war, das allerdings das kleinste war. Morgen ist auch eins, in das ich vielleicht noch komme.

Für heute werde ich es genug sein lassen. Herzlichste Grüße an alle, aber besonders an Euch,

von Eurem Uli

Carwitz, am 5. April 1943
Post Feldberg/Meckl.

Lieber Uli,
schönen Dank für Deinen langen Brief. Das Zeugnis ist ja wirklich nicht sehr erfreulich, aber ich nehme Deinen Vor-

schlag an: wir wollen nicht weiter darüber reden, bis zu den Grossen Ferien nimmst Du Dich noch recht zusammen, nicht wahr? Da Du jetzt regelmässig Nachhilfe im Griechischen bekommst, wird das ja auch bald besser klappen, wie? Schluss mit dem Zeugnis, das unterschrieben wieder beiliegt.

Potsdam hat beim letzten Fliegerangriff einiges abbekommen, das Stadthaus ist ausgebrannt und der Bahnhof soll schwer beschädigt sein. Ich denke doch, dass die Kinder richtige Luftschutzräume haben, Mücke hat nicht weiter davon geschrieben.

Mit Euern Lehrern wird es ja immer kümmerlicher, wie gefällt Dir denn der weibliche Unterricht? Habt Ihr viel Dienst in der H. J.? Mach es gut, mein lieber Sohn, herzliche Grüsse von

Deinen

Templin, den 7. Mai 1943

Lieber Papa, liebe Mummi!

Ich bin diesmal in Rekordzeit nach Templin gekommen, für die ganze Strecke habe ich einschließlich Rastpause knapp zwei Stunden gebraucht. Vom Gegenwind, den ich ursprünglich hatte, habe ich nicht viel gemerkt. Mir geht alles gut! Euch hoffentlich auch?

Grüß bitte alle herzlichst, aber am meisten seid ihr gegrüßt von Uli

Carwitz, am 11. Mai 1943
Post Feldberg/Meckl.

Lieber Uli,

herzlichen Dank für Deinen Brief! Das ist ja wirklich ein Rekord, Deine letzte Fahrt nach Templin, Du wirst wohl doch Rückenwind gehabt haben, ohne ihn zu spüren. Mit der Zeit bringst Du es dann so weit, dass Du früher in Carwitz bist, als Du in Templin abfährst! – Dass es mit Deinem Einleben so glatt geht, freut uns von Herzen. Das Alumnat mit all Deinen Freunden ist eben doch eine zweite Art von Heimat für Dich geworden. Du musst uns im nächsten Brief schreiben, wie es nun mit dem Griechischen steht, Du darfst deswegen nicht kleben bleiben. Wir werden eben noch einmal an den Direktor schreiben, wenn es not tut. Das wird dann schon Mummi sein, die das tut, denn dann bin ich schon in Frankreich, oder wenigstens auf der Reise dorthin, denn dies ist der letzte Brief vorher, den ich Dir schreibe. Ich habe noch irrsinnig viel zu tun, ehe ich fahren kann, darum schreibe ich diesen Brief ziemlich gehetzt. Gut, dass der Koffer noch rechtzeitig angekommen ist, oder doch angekommen ist, er ist doch unersetzlich. Nun wirst Du Dich an seinen Vorräten ergötzen. Spar ein wenig damit, mein Sohn, der Nachschub wird immer schwieriger!

Alles Gute, Ältester, halt die Ohren steif!

Deine

Templin, den 21. Mai 1943

Liebe Mummi!

Habe herzlichsten Dank für die nette Karte, die auch zur Zeit hier ankam. Du meinst, daß es mit der Badeaussicht nichts wäre? Am nächsten Tag wurde das Baden erlaubt, am Montag war ich kurz im Wasser, heute habe ich richtig gebadet. Hat Papa schon etwas von sich hören lassen? Fährt er denn nun nach Bordeaux oder soll es, wie du in deiner Karte schreibst, immer hin und her gehen? Das würde mich alles ziemlich interessieren. Im Alumnat gab es zum Mittagessen einmal Schollen, einmal Spargel und einmal Hefepudding. Am letzten Sonntag war ich mit Wolfgang Elfeldt in einer kleinen Gastwirtschaft, wo wir für je 15 g Fettmarken jeder eine schöne Portion Bratkartoffeln bekamen. Dazu bekam jeder noch ein schönes Spiegelei. Das war ein wirklich schönes Essen!

Liebe Mummi, sei herzlichst gegrüßt von

Deinem Uli

Weil ich mit noch einem auf dem Rad fuhr, mußte ich gestern auf der Polizei 1 RM hinterlegen. Uli

Kann ich bitte Briefpapier nebst Umschlägen bekommen!? Wenn Du mir irgendetwas Eßbares schickst, verstecke es bitte möglichst.

[Anna Ditzen]

Carwitz, d. 24. Mai 1943

Mein lieber Uli,

eigentlich solltet Ihr, Du und die Mücke gestern abend nach Papas alter Gewohnheit schon Post haben, aber es kam so vielerlei dazwischen, dass es beim Vorhaben geblieben ist. Zuerst habe ich nach dem Abendessen das Kleinvieh besorgt, was auch schon eine ganze Menge Zeit kostet, dann habe ich noch Tomaten gepflanzt, dann wollte ich die grossen Gänse in den Stall bringen, und da war die kleine Gans weg. Ich habe wohl fast eine Stunde gesucht, vergeblich und ich dachte schon, sie wäre wohl endgültig weg, weil auch der Ganter und die beiden grossen Gänse sie jetzt immer so schlecht behandelt haben, dass sie immer aus Angst vor ihnen nicht mit in den Stall hinein wollte. Und heute morgen kam sie denn auch ganz ruhig aus der Waschküche heraus. Trotzdem ich da gestern abend drin nachgesehen hatte, habe ich sie nicht entdeckt. Na, ich war jedenfalls froh, dass sie wieder da war. Zu Deinen drei Dreien gratuliere ich Dir. Von Papa hatte ich gestern den ersten Brief. Er schreibt ganz begeistert von all den Eindrücken, die er dort hat. Seine Adresse ist: Kriegsberichter R. Ditzen, Feldpost Nr. 02073. Sicher freut er sich, wenn er mal Post von Euch bekommt. Er schreibt, dass er erst mal 5–6 Tage bei Paris sein wird, von dort nach Bordeaux, dann in die Pyrenäen bis Spanien, nach weiteren Stationen nach Marseille, wieder zurück nach Paris, vielleicht noch nach Belgien und dann über Stuttgart zurück. Eine grosse Reise, nicht wahr? Beneidenswert! Dein Päckchen mit den Büchern ist angekommen. Den Karton hast Du gleich heute zurückbekommen mit Deiner restlichen Wäsche und sonst noch etwas. Aber warum soll ich denn Esswaren möglichst verstecken? Ich hab es getan, so gut es ging, aber gerade gut verstecken kann man ja in solchem Paket nicht. Also nun für heute Schluss, mein lieber Uli. Sei recht herzlich gegrüsst

von Deiner

Templin, den 28. Mai 1943

Lieber Papa!

Nun bist Du ja doch noch nach Frankreich gekommen, und sogar die Reichsschrifttumskammer scheint ihre Erlaubnis gegeben zu haben. Deinen Schilderungen nach scheint Dir ja dort bei Paris alles gut zu gehen, und leben tust du ja wohl auch ganz gut. Der Brief, der am 24. abgestempelt war, war am 27. hier in Templin. Und etwas, was dich wohl freuen wird: Ich habe in drei Arbeiten drei dreien geschrieben. Mathematik, Deutsch, Latein. Morgen sind hier nun die Reichsjugendwettkämpfe. Deswegen haben wir auch schulfrei. Heute habe ich noch allerhand zu tun, aber Sonntag oder Montag werde ich Dir ausführlicher schreiben.

Sei herzlich gegrüßt, lieber Papa, von

Uli

Templin, den 11. Juni 1943

Lieber Papa!

Heute werde ich Dir etwas ausführlicher schreiben. Deine letzte Karte kam am Mittwoch. Hab herzlichen Dank für sie. Schreib mir doch bitte mal, wie es beim Stierkampf zuging. Das würde mich ziemlich interessieren. Warst Du in der Burg, von der Du mir eine Karte schicktest, oder war der Zugang verboten? Wo fährst du jetzt hin? Immer noch weiter zum Mittelmeer. Hier geht alles seinen alten Lauf. Unsere Klasse hat einen Neuen gekriegt und ist kleiner geworden. Einer macht einen dreimonatigen Erholungsurlaub, und der andere ist, nachdem er schwer wegen allerhand Sachen bestraft worden ist, geflohen und abgemeldet. Er schien einen geistigen Klaps zu haben. Die Wälder müssen hier von entflohenen Kriegsgefangenen wimmeln, neulich sind auf einmal 150 polnische Offiziere bei Prenzlau ausgebrochen.

Gestern habe ich bei Kortes, unserer Buchhandlung, 9.50 RM ausgegeben für Bücher. Eins davon ist ein Fliegerbuch, wo Flieger drin sind, die wir noch nicht kannten. Unter anderen ist da auch ein 6motoriges Flugboot, die BV 222. Das ist ein Riesending. Dann ist da noch ein Kampfflugzeug, das bis Amerika und zurück fliegen soll.

Herzlichste Grüße, lieber Papa, von

Deinem Uli

Carwitz, am 25. Juni 1943
Post Feldberg/Meckl.

Lieber Uli.

Nun bin ich wieder zu Haus. Und das ist auch der Grund, dass Du diesen Brief verspätet bekommst. Du kannst Dir denken, wie hier erst alles Kopf stand, als der alte Papa wieder eintraf – nach seiner grossen Weltreise. Er brachte schöne volle Koffer mit, auch Du wirst Dich an meinem Geburtstag zu freuen haben, ich habe ganz schön für Euch alle gesorgt. – So mein Sohn, und nun kommt noch eine grosse Neuigkeit für Dich: meine Tätigkeit als Sonderführer ist noch nicht beendet, am 5. 8. etwa werde ich noch einmal ausrücken, um die Rekrutenausbildung kennen zu lernen. Aber da dann Grosse Ferien sind, und ich doch auch etwas von meinen Kindern haben möchte, hat der General Euch alle eingeladen mitzukommen: Suse und Dich und Mücke und ev. auch den Achim, den wir aber doch vielleicht besser unter Tante Tillys Obhut in Carwitz lassen. Diesmal geht die Reise nach Niemes im Sudetengebirge, einem sehr schön in den Waldbergen und auch an einem See gelegenen Städtchen. Wir werden irgendwo in der Stadt wohnen, aber von der Wehrmacht verpflegt, und das nicht schlecht. Ich nehme an, auch Dich wird ein solcher Betrieb in einem RAD-Lager interessieren. Es ist natürlich eine Auszeichnung für Euch, das weißt Du ja. Ich nehme an, dies freut Dich, erst hast Du 14 Tage Carwitz, dann 4 Wochen Niemes. – Über den Stierkampf reden wir noch, er war recht langweilig. In der Cité von Carcassonne, einer wunderbaren Burg, bin ich auch gewesen, ich durfte überall hin, auf jeden Flugplatz usw. Aber [Rest fehlt im Durchschlag.]

Carwitz, am 29. Juni 1943
Post Feldberg/Meckl.

Lieber Uli,

nun wirst Du schon meinen ersten Brief aus der Heimat erhalten haben, und ich nehme fast an, einer von Dir an uns ist schon wieder unterwegs. Aber den will ich doch nicht abwarten, Du sollst zum Sonntag Deinen Gruss bekommen, wie gewohnt. – Ich bin sehr neugierig, was Du wohl zu unserem Reisevorhaben sagen wirst, ich freue mich darauf, aufrichtig. Ich glaube, es wird sehr nett werden. Und ein See zum Baden und Rudern ist auch da. – Mit meinen Bienen ist mir ein schreckliches Unglück passiert: ich habe ein Volk durch Unachtsamkeit ganz eingesperrt, alle Luken und Klappen geschlossen, es ist völlig erstickt, zehntausende von Bienen, eine Hitze muss entstanden sein, dass alles Wachs und der Honig aus den Waben geschmolzen waren. Das erste Mal, dass mir so etwas in den vier Jahren meiner Imkerei passiert, und wie ich stark hoffe, auch das letzte Mal! – Übermorgen gehen nun die grossen Gänse mit dem Ganter Emil wieder an die Frentzens zurück. Sie wollten sie gerne nach Falkensee auf ihren Lagerplatz haben, und ich bin ganz froh, sie los zu sein aus dem Futter. Aber das Ergebnis, elf durch 2 zu teilende Gössel aus 80 Eiern ist doch recht kläglich. Mummi hat wenig Lohn für all ihre Mühe. – So, mein lieber Ältester, der Achim ist vergnügt und allen andern geht es auch gut. Herzliche Grüsse von Deinen

Templin, den 3. Juli 1943

Lieber Papa, liebe Mummi!

Habt herzlichsten Dank für Eure beiden Briefe, die ich leider erst jetzt beantworten kann. Denn wir sind jetzt gerade mitten in der D.-J. Leistungswoche. Gestern, an meinem normalen Schreibetag, konnte ich leider nicht schreiben, denn wir kamen gerade zum Abendessen zurecht. An dem Tag haben wir für Verwundete Blaubeeren gesucht. Aber allzu viel haben wir nicht gesammelt (100 Mann 3½ Eimer). Und heute haben wir Sport für das D.-J. Leistungsabzeichen gemacht. Ich habe alles geschafft. Da kamen wir auch erst um ½7 Uhr zurück, so wird das wohl die ganze Woche weitergehen. – Stellt Euch vor: in Griechisch habe ich eine 2– geschrieben. Und der Lehrer, Herr Lehmann, hat gesagt, ich könnte auf eine gute 4 rechnen. Ich könnte mich noch auf eine 3 verbessern, aber das schaffe ich wohl nicht.

Für heute genug von

Eurem Uli

Carwitz, am 7. Juli 1943
Post Feldberg/Meckl.

Lieber Uli,

herzlichen Dank für Deinen Brief! Das sind ja erstaunliche Nachrichten: in Griechisch einen Zweier – ich glaube, mein Sohn, Du machst Dich! Nichts würde uns mehr freuen, als wenn Du jetzt gut versetzt werden würdest und das letzte schwache Zeugnis wieder aufholtest. Das würde unserer Ferienfreude einen rechten Schwung geben. – Gestern, an einem strahlenden Sommertag waren alle mit Utnehmers Wagen in den Blaubeeren. Ich muss sagen, meine fünf Weibsen waren fleissiger als 100 Templiner Gymnasiasten: sie haben in einem guten halben Tag 3 Wassereimer geschafft = 58½ Pfund netto. Achim hat es sehr gut im ›schönen Wald‹ gefallen, er hat sich wunderbar mit Blaubeeren eingeschmiert. Ich war unterdes in den Thomsdorfer Kiefern nach Pfifferlingen, die Ausbeute war aber noch recht spärlich, es ist zu trocken im Walde. Heute Nacht hat es aber ein Gewitter mit etwas Regen gegeben, hoffentlich wächst nun mehr.

Herzliche Grüsse, bald auf Wiedersehen!

Deine

Templin, den 9. Juli 1943

Lieber Papa – liebe Mummi!

Habt herzlichsten Dank für Euren Brief vom 7. d. M. Augenblicklich regnet es gerade in Strömen. Aber das gibt sich ja wohl noch.

Gestern war das Schwimmsportfest des Gymnasiums. Bei einer Staffel gegen die Untertertia gewannen wir. Zu Anfang des Schwimmsportfestes mußten alle 50 m nach der Stoppuhr schwimmen. Dann kam das freiwillige Kunstspringen. Der größte Teil machte alle Sprünge gut durch. Aber einige machten nichts richtiges, wobei man nicht einsieht, warum sie sich gemeldet haben. Danach fuhr ich mit dem Rad zur Stadt. Kurz vor der eigentlichen Stadt warf ein Städter den Tennisball nach mir, aber er traf nicht. Der Ball kullerte auf der anderen Straßenseite weiter, wo ich hinfuhr und ihn mitnahm. Es ist ein sehr schöner Ball. –

Für heute genug. Grüßt bitte alle herzlich von mir. Seid herzlichst gegrüßt von

Eurem Uli

Carwitz, am 12. Juli 1943
Post Feldberg/Meckl.

Lieber Uli,

schönen Dank für Deinen Brief. Du hast Dich auf das Bälleklauen gelegt? Dir ist klar, dass dies juristisch sicher nicht einwandfrei ist, gebe es der Himmel, dass Du keine Schwierigkeiten bekommst deswegen! Immerhin kann ich Dich verstehen. – Hier hat es unterdes für alle, uns eingeschlossen, eine grosse Veränderung des Lebens gegeben. Nach Feldberg und in die umliegenden Dörfer sind 2 Züge mit Evakuierten aus dem Rheinland gekommen, Frauen und Kinder. Nach Feldberg mit seinen 1400 Einwohnern sind 1000 Leute gekommen, Du kannst Dir denken, wie es da aussieht, jedes Bett, jedes Sofa ist beschlagnahmt, niemand darf mehr Gäste haben. Nach Carwitz sollten 100 kommen, es sind Gottlob nur einige 60 geworden, von denen wir vier abbekommen haben, 2 junge Frauen mit 2 Kleinkindern, sie hausen, da sie Schwestern sind, zusammen im Gärtnerzimmer. Leider müssen wir sie auch ganz mit verpflegen, das ist im Hinblick auf die geringen Vorräte und die grosse Mehrarbeit ziemlich bitter. Hoffentlich geht alles gut, man muss sich erst aufeinander einleben, wahrscheinlich werden sie ja die ganze Kriegsdauer bei uns bleiben. Das Haus ist ganz schön voll, Mummi hat nicht mehr genug Betten für alle. Na, Du wirst dann auf Stroh schlafen, mein Sohn, nicht wahr?

Genug, genug, ich muss noch anderes tun. Mach es gut, mein Sohn, ich freue mich auf das Wiedersehen!

Herzlichst Deine

Templin, den 3. VIII. [richtig: September] 43

Liebe Mummi!

Ich möchte Dir für Deine Karte aus Niemes recht danken. Die Sache, mit der Du mit Papa gesprochen hast, muß ja ziemlich wichtig sein, denn sonst wärest Du wohl nicht noch einmal nach Niemes gefahren. Ich schicke Dir Geflügel- und Gemüsepreise aus der Zeitung mit, denn Du kannst sie vielleicht gebrauchen. Hier in unserem Alumnat ist jetzt allerhand passiert. Reemtsma ist auf einmal krank geworden, und zwar konnte er den Kopf nicht nach vorn bewegen. Der Arzt wußte nicht, was es war. Er wurde am nächsten Tag mit dem Krankenauto abgeholt. Davor habe ich mich noch mit ihm unterhalten und ihm Aufwiedersehen gesagt. Am nächsten Tag stellte sich heraus, daß er spinelle Kinderlähmung hat. Augenblicklich kann er gerade den Kopf bewegen. Da die Krankheit ansteckend ist, müßte doch eigentlich das Zimmer, in dem er krank gelegen hat, desinfiziert werden, aber nichts dergleichen ist geschehen, jetzt liegen dort schon wieder Kranke. Hier geht alles seinen alten Lauf weiter. Es können schon viele aus dem

Alumnat angesteckt sein, aber wir wollen nichts hoffen. Hast Du meine Karte erhalten. Schicke mir bitte die Sachen sofort. Der Koffer ist abgeschickt. Da ich mich sehr müde fühle, werde ich für heute aufhören.

Herzlichst

Dein Uli

RAD-Sonderführer Ditzen

Am 3. September 1943

Feldpostnummer 28 515

Lieber Uli und liebe Mücke,

ich schreibe diesen Brief an Euch beide gemeinsam und werde das wohl auch in Zukunft so halten, denn ich habe ein bisschen viel zu tun und kann Euch doch beiden immer nur das gleiche berichten. Ich wohne und lebe nun ganz auf der Abteilung, ganz selten einmal komme ich in das Städtel hinunter. Der alte mürrische Ober, der so streng mit uns war, begrüsst mich dann immer wie einen alten Freund und meint, so nette Gäste wie wir hätte er seitdem nicht wieder gehabt. Ich denke aber, er meint, so gute Trinkgelder gebende. Auf der Abteilung ist so einiges seitdem passiert. Zuerst hatten wir den Marschbefehl erhalten und warten nun nur darauf, dass die Waggons gestellt werden, dann geht die Reise in den Süden los. Von dort werdet Ihr wohl meinen nächsten Brief erhalten. – Ihr wart erst ein paar Stunden fort, da kam der General und war so nett und liebenswürdig und sprach auf der Baustelle so gut mit den Männern, dass ich es gern gesehen hätte, wenn Ihr dabei gewesen wäret. Die Baustelle ist aber jener Platz mit den drei fast fertigen Siedlungshäusern. Die Mannschaften haben da einen 300 m langen und 1,80 m tiefen Graben für die Wasserleitung ausgehoben, das war schwere Arbeit für die Jungens. – In den letzten Tagen ist nun schon fleissig für den Ernstfall geübt worden: Handgranatenwerfen, Scharfschiessen der Mannschaften mit dem Karabiner und der Führer mit Kleinkaliberbüchse und Pistole. Da habe ich auch mitgeschossen und habe garnicht so schlecht abgeschnitten. Es gab noch sehr viel schlechtere Schützen als mich. Auch hat Euer Vater einen vierstündigen Übungsmarsch mitgemacht, bei dem Fliegeralarm und Gasalarm und Zeltebauen geübt wurde, das ging auch schon alles recht gut. – Gestern waren die Mannschaften nun auch im Gasraum, der mit Tränengas gefüllt war. Da wurde ausprobiert, ob die Gasmasken auch passten. Ihr hättet mal sehen sollen, wie die Jungen, deren Gasmasken nicht ganz dicht sassen, mit schreckerfüllten Gesichtern wieder herausstürzten und geweint haben, nicht zu sagen. Zum Schluss, wie dann alles in Ordnung war, mussten alle noch einmal ohne Maske ganz schnell durch den Gasraum laufen, damit sie sahen, wie schlimm solch Gas ist ohne Schutz und wie gut solche Gasmaske, und dass sie sie darum gut behandeln müssen. Da haben sie aber Gesichter geschnitten und geschimpft und wieder geweint. (Das Tränengas wirkt nur auf die Augen und macht sie furchtbar weinen, das tut dann auch weh.) – So, ich glaube, ich habe Euch alles erzählt. Dass die Mummi unterdes noch einmal hier bei mir war, werdet Ihr wohl gehört haben. Ich war nicht ganz wohl, aber Mummi hätte garnicht reisen müssen, der Arzt war ein bisschen sehr ängstlich gewesen. Als die Mummi hier war, war ich schon wieder ganz in Ordnung. [Rest fehlt im Durchschlag.]

Jahrzehnte später erfuhr der Sohn von einer sudetendeutschen Autorin, daß sie als ganz junges Mädchen nach einem Sportunfall während einer Rehabilitation in der Sportklinik Hohenlychen Kontakt zu dem von ihr als Autor sehr bewunderten

Vater aufgenommen hatte und daß diese Kontakte während des Niemes-Aufenthaltes fortgeführt worden waren. Bei ihr deponierte der Vater auch seinen RAD-Reisebericht Frankreich, der bei der späteren Vertreibung der sudetendeutschen Bevölkerung zurückblieb; dieser Bericht ist verloren.

Templin, 5. Sept. 43

Lieber Papa.

Traurige Nachricht: Aus unserm Alumnat ist am 3. d. M. Reemtsma nach 3½ Tagen Kampf um 7.15 im hiesigen Krankenhaus gestorben. Er hatte spinale Kinderlähmung aus Hamburg mit eingeschleppt. Vorläufig ging es ihm gut, bis er am 30. über Kopfschmerzen klagte. Als er ins Krankenzimmer kam, bekam er heftiges Fieber. Am nächsten Tage wurde er ins Krankenhaus gebracht. Sein Vater kam und brachte zwei Fachärzte mit, von denen einer Serum mithatte. Aber es half alles nichts mehr, er war nicht mehr zu retten. Mir geht es auch nicht ganz gut, habe Kopf- und Halsschmerzen. Warte jedoch noch, bis ich zur Hausdame gehe.

Herzlichst

Dein Uli

RAD-Sonderführer Ditzen

Am 7. September 1943

Feldpostnummer 28 515

Lieber Uli, liebe Mücke,

am Sonntag war es nun so weit: plötzlich hatten wir Befehl zur Abreise bekommen. In Eile wurde eingeladen, zehn Waggons standen für uns auf dem Güterbahnhof, ein Personenwagen für die Führer, acht gedeckte Wagen für Mannschaften und Gepäck, Ihr kennt sie ja, die roten Güterwagen,

und schliesslich ein grosser offener Wagen für die Gulasch-
kanone, die uns während der Fahrt versorgen sollte. Auch
die beiden Hottehühs wurden eilig eingeladen. Alles freute
sich mächtig auf die Fahrt nach Frankreich. Aber eine halbe
Stunde, ehe wir mit den Mannschaften abrückten, kam Ge-
genbefehl: nicht abfahren, die Waggons bleiben zur Verfügung. Die Enttäuschung war allgemein, keiner hatte mehr
Neigung für Niemes, auch Euer Vater nicht, aber garnicht:
In den folgenden zwei Tagen war dann unsere Hoffnung,
dass wir die Güterwagen nicht entladen mussten, also ging es
doch bald weg, es waren wohl Transportschwierigkeiten (die
Bahnen sind ja so überlastet), die uns noch festhielten. Aber
nun ist eben doch der Befehl gekommen, dass wir ausladen
müssen – da kann man nichts fragen, Befehl ist eben Befehl.
Spass macht es hier nun nicht mehr viel, die Warterei macht
alle nervös. Aber was will man machen? Ich würde jetzt ganz
gerne nach Carwitz zurückfahren, aber vielleicht geht es
heute abend schon los? – Und was macht Ihr beide nun?
Mückchen, hast Du oft Fliegeralarm oder lebt Ihr ganz ruhig
weiter? Wie schmeckt die Schule, Uli und Mücke? Und wie
ist das Essen? Viele Grüsse
        Euer alter

                            Templin, im Krankenzimmer, 10. 9. 43
Lieber Papa!
Ich danke Dir herzlichst für Deine beiden letzten Briefe.
Einer kam am 6. , der andere kam heute an und war am
10. abgestempelt. Augenblicklich liege ich im Krankenzimmer an irgendeiner dummen Halsgeschichte, die längst
vorbei ist und ich werde hier festgehalten weil ich Fieber
haben soll (!) Gestern war ich beim Doktor, der verschreibt
mir da irgendwelche Pillen gegen Fieber und horcht mein
Herz ab. Und da sagt dieser gute Mann, dem doch keiner

mehr was ernstes zutraut, weil er im Ernstfall nichts zu tun weiß, ich hätte was mit dem Herz. Na ich weiß ja was damit los ist. (Nämlich gar nichts.) Meinen Brief mit der Nachricht vom Tode Reemtsmas wirst Du wohl erhalten haben. Heute stand im VB die Todesanzeige. Seine Eltern sind auch zu bedauern. Kurz davor ist ihr ältester Sohn gefallen, jetzt haben sie noch einen.

In unserm Kino läuft jetzt der Film: Himmel, wir erben ein Schloß. Unser Essen ist jetzt wieder etwas besser geworden, aber nicht viel. Die Schule schmeckt gut, kann ich nur sagen. Und was sagst Du zu Italiens Verrat. Wir dachten uns so was schon vorher.

Herzlichste Grüße von Uli

Templin, den 21. Sept. 1943

Liebe Mummi!

Du wirst Dich wohl wundern, daß ich Dir jetzt schon schreibe, aber das hat seinen Grund; denn morgen geht es auf Hackfruchternte mit unserer und einer anderen Klasse. Jede Klasse sammelt immer drei Tage hintereinander hinterm »Deubel« Kartoffeln. Da werden wir nun morgen früh abgeholt mit einem Trecker. Dann wird wohl bis 6 Uhr gearbeitet. Mittagessen und Kaffee bekommen wir vom Gut. In der Zeit fällt dann Schule, Dienst und Arbeitskommando aus. Nur wird es morgens jetzt schon ein bissel kühl werden. Ernteurlaub nach Hause wird es voraussichtlich vom 1.–11. 9. geben. (Allzulange ist es nicht.) Fliegeralarm war in der letzten Zeit garnicht mehr. Das ist doch noch besser als wenn eine Schulstunde ausfällt.

Sei herzlichst gegrüßt von
Deinem Uli

RAD-Sonderführer Ditzen

Am 27. 9. 1943

Feldpostnummer 28 515

Mein lieber Uli,

heute brachte mir die Feldpost zwei Briefe von Dir. Den einen vom 10. 9., noch aus der Krankenstube, den andern vom 22. 9., also beinahe frisch. Mein alter Junge, ich werde Dir das nicht vergessen, dass Du so häufig und so ausführlich mir geschrieben hast. Ich sehne mich sehr nach Euch allen, und jeder Brief, den ich bekomme, verbindet mich stärker mit Euch! Ich habe Deine beiden Briefe also mit grosser Freude gelesen. Ein wenig macht es mich besorgt, dass Du so rebellisch gesinnt bist, aber ich sehe ja, mein ältester Sohn, dass Du Dich ständig entwickelst, dass Du wächst, und da musst Du eben sehen, allein durchzukommen, ich kann Dir nur wenig raten, aber Du wirst wissen, dass Deine Eltern alle beide, die Mummi wie ich, Dich sehr lieb haben und dass wir Dir immer helfen werden, wenn das möglich ist. Sieh nur zu, dass Du nie in eine Situation kommst, wo wir nicht mehr helfen können. Es ist nicht wichtig, mein lieber Junge, dass Du ein bisschen mehr oder weniger zu essen bekommst, das ist nun einmal der Krieg, wichtig ist allein, dass Du nun auf diesem Wege, auf einer Schule bleibst, dass Du vorankommst, dass Du ein Kerl, ein wirklicher Deutscher wirst. Jeder von uns, auch Du, wir haben grosse Aufgaben zu erledigen, wir werden eines Tages die Herren Europas sein, vielleicht auch die der ganzen Welt, da ist es wichtig, dass man ein ganzer Kerl ist. Lass Dich nicht irritieren durch das Geschwätz von Leuten, die nichts wissen. Der Verrat Italiens ist kein Verlust, ein feiger Freund ist schlimmer als ein offener Feind. Diese Herren werden schon lernen, was es heisst, mit uns angebunden zu haben. Und wenn wir jetzt im Osten zurückgehen, so hat das alles seine tiefen Gründe. Glaube es mir: wir gehen nicht aus Schwäche zurück. In zwei oder drei Monaten beginnt ein ganz anderer Krieg, wir müssen nur Zeit gewinnen. Dann wird England am Boden liegen, und sogar Amerika werden wir mit unsern neuen Waffen erreichen und zerschmettern! Ich laufe jetzt so viel in französischen Städten und sie hassen uns und spucken aus hinter uns und nennen uns ›sales Boches‹, aber wir werden sie schon kriegen.

Ich selbst werde am 1. 10. hier abfahren und hoffe, dass ich spätestens am 7. 10. zu Haus sein werde, vielleicht schon am 6. 10. Da finde ich Dich dann wohl, fleissig Kartoffeln buddelnd. Dass Du Deinen Freund mitbringst, das ist mir natürlich vollkommen recht. Hoffentlich kann die Mummi Euch beide noch unterbringen! Das ist meine einzige Sorge!

Mach es gut, mein alter Junge, ich bin immer
Dein Dich sehr liebender

[Postkarte mit Stempel 13. 10. 43]

Lieber Papa, liebe Mummi.
Ich bin gut hier angekommen. Pilze konnte ich leider nicht bekommen, sie wollten alle selber behalten. Nach Sonnenuntergang, 5.45 h, bin ich hier angekommen. Grüßt bitte alle schön von mir, seid herzlichst gegrüßt von Eurem
Uli

Carwitz, am 19. 10. 1943
Post Feldberg/Meckl.

Lieber Uli,
schönen Dank für Deinen Brief vom 15. d. M. Das Kartoffelbuddeln scheint Dir ja trotz der Külle, die doch morgens schon herrschen muss, viel Spass zu machen, hoffentlich

geht es gut trotz des Impfens ab. Die Schule plagt Euch also wenig. Nun, das werdet Ihr noch wieder nachholen. – Die Mummi läuft eigentlich nur Trab. Immerzu ist was Besonderes, mal mit dem Geflügel, mal mit der Einmacherei, mal mit dem Umräumen, und dann mit Dingen, auf die man gar nicht vorbereitet ist. Gestern hatte ich z. B. durch zwei Herren vom Finanzamt Bücherrevision, die erste seit 10 Jahren, es ging aber alles glatt und gut, meine Buchführung wurde mustergültig genannt. Sowas freut Deinen alten Vater noch. Diese Herren untersuchen nämlich, ob man nicht doch etwas falsch angeschrieben hat und dadurch den Staat um Steuern betrügt.

Lieber Sohn, für heute atjüs, ich habe noch viel vor, was bis Abend getan sein will. Herzliche Grüsse

Deine

Templin, den 22. X. 1943

Lieber Papa – liebe Mummi!

Ich danke Euch herzlichst für den letzten Brief. Mit dem Kartoffelsammeln ging es tüchtig vorwärts. Jetzt ist gerade eine andere Klasse dabei. Ich habe bisher 95 Kartoffelkiepen geschafft, einen Teil davon alleine, d. h. daß ich da ganz alleine gesammelt habe, während wir sonst meistens zu zweien arbeiten und dann die Marken teilen. Die Lehrer, d. h. einzelne, haben sich über uns beschwert, daß wir zuviel Lärm machten, da hat ein Lehrer gesagt, »wir kriegten eine tüchtige Schreibarbeit und eine salzige Arbeit«. Unser Al. und Al. IV. hat daran nicht teilgenommen, weil sich fast die beiden ganzen Alumnate den Magen verdorben haben. Da lagen wir nun heute bis zur Arbeitsstunde im Bett bis auf einen und kriegten Mittag ans Bett serviert. Grüßt bitte alle schön, seid aber herzlichst gegrüßt von

Eurem Uli

Carwitz, am 26. Oktober 1943

Lieber Uli,

schönen Dank für Deinen Brief. Wovon habt Ihr alle Euch denn so gründlich überfressen, dass Ihr allesamt feiern musstet? Und nun herrscht wieder der gestrenge Unterricht oder kommt wieder Buddeln an die Reihe, ev. von Rüben? – Vielleicht kann ich von Frentz für ›unser‹ Zimmer nette Möbel kriegen, er hat ganz wider Erwarten seine Wohnungseinrichtung aus dem geräumten Kiew gesandt bekommen und gibt mir vielleicht etwas davon ab. Lieber wäre es ihm freilich gewesen, wenn seine 60 Waggon Maschinen und Arbeitsgerät gekommen wären, aber die scheinen an irgend eine neue Baustelle geschickt. Er ist übrigens wieder mit sehr schwerem Herzen nach Russland gefahren, um zu sehen, was da eigentlich los ist. Alles, was er in 2 Jahren unter grossen Schwierigkeiten und auch Menschenopfern bei Kiew gebaut hat, ist ja nun in die Luft gejagt worden. Es ist schon ein schweres Leben! Mich hat es auch ziemlich hart getroffen: der Rowohlt-Verlag, dem ich in diesem Jahr 25 Jahre als Autor angehöre, ist stillgelegt worden, wie eben heute so viele Geschäfte still gelegt worden sind. Ich bin also vorläufig ohne Verleger und Einnahmen. In den nächsten Tagen erwarte ich Herrn Ledig, den bisherigen Leiter des Verlages, der mit mir die neue Situation besprechen will. Es wird für mich – und uns alle – in der nächsten Zeit nicht ganz leicht werden. Immerhin erhoffe ich mir aber doch einiges von meinem RAD-Tagebuch, das, wenn es der Zensur gefällt, doch einige Aussichten haben wird. Nur muss ich erst an die Arbeit gehen. –

Im Hause ist wie immer viel zu tun. Wir ernten die letzten Äpfel, hatten eine Flut, haben jetzt aber den Verkauf ganz eingestellt. Am Sonntag morgen habe ich 7 Zentner hintereinander weg verkauft. Jetzt bekommen nur noch ein paar gute Freunde was.– Achim hatte Dir einen Brief geschrieben, an dem er mit Krickelkrakel und die Grossmutter, Tante Dola und Adelheid mit künstlerischen Zeichnungen beteiligt waren, aber nun findet er ihn so schön, dass er ihn nicht einmal für seinen lieben Uli herausgeben will. Vielleicht kann ich ihn noch klauen!

Herzliche Grüsse Deiner

Templin, den 5. XI. 1943

Lieber Papa – liebe Mummi!

Hoffentlich geht es Dir, lieber Papa, jetzt wieder besser. Es ist ja gar nicht schön, daß Du jetzt, wo Du mit Arbeiten anfangen willst, krank wirst. – Unsere ganze Klasse ist jetzt wieder in einer Krise, die weit um sich greift. Wenn wir jetzt auch mit der Erntehilfe fertig sind, so sind wir doch immer noch tüchtig müde. Wenn wir jetzt immer in die Schule kommen, so wird von uns das Doppelte verlangt, weil wir von jeder Woche die Hälfte gefehlt haben. Aber wir sind müde und wollen nicht einmal das normale Tagespensum schaffen, geschweige denn das Doppelte. Das zweite ist die Affäre Meißen. 40 bis 50 Mann sollen nach Meißen, um dort, wie in Kosten damals, eine neue Heimschule aufzurichten. Wer dafür vorgesehen ist, muß hin oder (wie Thiede sagt) muß von der Schule. Das ist, ehrlich gesagt, eine große Schweinerei. Wenn Ihr, was ich aber nicht glaube, einen Brief bekommt, ob Ihr Eure Zustimmung gebt, daß ich nach Meißen komme, so schreibt bitte so, daß ich hierbleiben kann. Ich habe mich hier so schön eingelebt und bin hier so schön nahe bei Carwitz, daß das nichts ist.

Mit herzlichstem Wunsch auf baldige Gesundung, lieber Papa, schließe ich für heute. Bestellt bitte auch den andern schöne Grüße von

Eurem Uli

Unser lieber Uli,

wir haben uns ganz besonders über Deinen langen Brief gefreut. Du hast ja allerlei zu berichten gehabt. Ich möchte die Hoffnung aussprechen, dass Du als Sohn eines deutschen Schriftstellers mit der Zeit wenigstens das in Deutsch erreichst, was Du in Latein fertig bringst. Aber im ganzen habe ich doch den Eindruck, dass Du doch den Arbeiten in der Schule etwas mehr Interesse entgegenbringst als früher, und dass Du auch ehrgeizig wirst. Du kannst es mir wirklich glauben, selbst wenn Du später Flugzeug-Ingenieur wirst, das Latein und Griechisch werden Dir nicht nur nützen in Deinem künftigen Leben, sondern werden Dir auch viel Freude bringen. Die alten Römer und Griechen haben eben doch einiges weggehabt, was seitdem restlos verschwunden ist. – Von hier ist nicht viel Neues zu berichten. Mir geht es noch immer sehr mässig, z. B. diktiere ich diesen Brief Frau Bakonyi in die Maschine. Frau Bakonyi ist nun endgültig, d. h. für die Kriegsdauer nach Carwitz gezogen und wird mit mir zusammen arbeiten. Wir wollen uns besonders auf den Film legen. Das wird auch nötig sein, denn erstens wird nur noch sehr wenig Papier für Romane bewilligt und zweitens hat mein guter alter Rowohlt-Verlag, dessen Autor ich nun seit fünfundzwanzig Jahren bin, seine Tore geschlossen. – Noch zu den Bemerkungen Deines Briefes: Gegen Meissen werde ich natürlich protestieren soweit mir das möglich ist. Sobald Mummi Zeit bekommt, wird sie Dir Deine französischen Schuhe mit Schuhcreme, wenn noch welche da ist, senden. An sich wird dieses Verschicken mit der Post immer kitzliger, denn Du weißt ja, es kommt vieles fort. Schränke also Deine Wünsche in dieser Hinsicht auf das Notwendige ein. Das Fahrradventil, das Dir Deine Mutter schickte, gehörte übrigens Dir und war hier liegen geblieben, nicht immer wird

alles geklaut, was man denkt. Dass Du schon Weihnachts-
vorbereitungen machst und sogar Weihnachtsgeschenke
einkauftest, überrascht mich. Hier denkt noch kein Mensch
an Weihnachten, wenn wir auch schon den ersten Schnee
hatten, der natürlich nicht von Dauer war. Unser Weihnachten wird übrigens wie üblich nur aus einem Besenstiel
mit eingesteckten Ästen bestehen usw. usw. Lass es Dir gut
gehen, mein alter Junge, führe Deine Kriege im Internat
nicht mit zu viel Leidenschaft, und freue Dich Deines hu-
manen Griechisch-Lehrers, wenn er auch ein bisschen viel
aufgibt.

Alles Gute von Deinen

Templin, den 12. XI. 1943

Lieber Papa – liebe Mummi!

Aus Eurem Brief, für den ich Euch herzlichst danke, geht ja
wohl hervor, daß Du, lieber Papa, wieder gesund bist. Ich
sehe jedenfalls nicht, was noch darauf schließen ließe. Du
schreibst, ich hätte mein Ventil in Carwitz liegen lassen. Es
kann ja sein, aber eins glaube ich nicht: daß ich nach den
Herbstferien ohne Luft im Vorderrad nach Templin gefahren bin, denn so müßte es ja sein, wenn ich es in Carwitz
gelassen hätte. Also kann das nicht ganz stimmen. Einverstanden?

Und nun etwas trauriges: Vor kurzem ist mir meine Uhr
stehengeblieben und geht nicht weiter. Hoffentlich läßt sie
sich irgendwie machen. Hier ist kein Uhrmacher für sie zu
finden. Nun herzlichste Grüße an alle, der Aufsatz ruft,
herzlichst

Euer Uli

Mein lieber Uli,

in einem Punkt hast Du natürlich recht: ohne Ventil kannst Du nicht nach Templin gefahren sein, da hast Du Deinen Vater glatt um mehrere Nasenlängen geschlagen. In einem andern Punkt hast Du leider unrecht, aber das kannst Du nicht wissen: ich bin noch immer krank und schwanke gerade, ob ich mich morgen wieder nach Berlin ins Sanatorium begebe, oder weiter in Carwitz das Bett bevölkere. Es ist ein recht jämmerlicher Zustand, der sich nun schon seit Wochen hinzieht, und der mir und allen Hausgenossen wenig Freude macht. Die Verlagsgeschichte, die ich Dir ja schon erwähnte, spielt natürlich ihre Rolle dabei. Aber auch diese Tage werden vorübergehen, und wie immer im Leben werden bessere Tage kommen, wo das Leben besser schmeckt. Heute ist im Hause der vierte Schlachttag. Die Mummi sitzt, während ich dies Frau Bakonyi diktiere, am Ofen, ziemlich müde und abgerackst von Aussehen, und doch unruhig, wieder zu ihrer Grützwurst oder zu ihrer Sülze zu kommen. Es waren schwere Tage. – Allen im Hause geht es gut. Die Teddy atzt sich an den Schlachtabfällen, wird aber nicht fetter, sie wird also kaum Junge bekommen. Ausserdem haben wir eine junge Katze bekommen, die meist in der Scheune residiert und die Achims Begeisterung ist. Woher sie gekommen ist, weiss kein Mensch. Teddy duldet sie, wenn er kräftig ausgeschimpft wird. Sie duldet wieder den Kanaillenvogel, wenn sie Ohrfeigen kriegt. Die Grossmutter steht bei alledem Ängste aus. Wir grüssen Dich alle herzlich

Deine

Lieber Papa – liebe Mummi!

Heute schreibe ich, da ich gerade erst vor kurzem an Euch geschrieben habe, nur eine Karte. Es ist ja traurig, daß es Dir lieber Papa, jetzt so schlecht geht, aber hoffentlich wird es nicht zu schlimm. Jetzt ist hier wieder einmal Paketsperre. Falls bei Euch auch ist, schickt mir den Koffer bitte schnellstens durch Expreß, denn ich brauche das Zeugs nötig. Die Schuhe und Schuhkrem bitte desgleichen. Besonders die Jacke brauche ich nötig, denn jetzt laufe ich in Trainingsbluse rum. Herzlichsten Dank für den letzten Brief.

Herzlichste Grüße und Wünsche auf eine baldige Besserung

Euer Uli

Carwitz, am 23. November 1943
Post Feldberg/Meckl.

Mein lieber Uli,

ich muss Dir doch ein paar Worte schreiben, ich weiss es nicht, wann Dir die Mummi zum letzten Male geschrieben hat. Und ich kann sie leider nicht erreichen. Es waren wieder etwas wirre Tage für unser Haus. Ich lag ja, wie Du wohl weißt, recht krank in einem berliner Krankenhaus. Unterdes erfolgten die schweren Terrorangriffe auf Berlin, wir bekamen auch etwas ab, aber nur wenig, immerhin wurde ich mit einer Schwester evakuiert, d. h. hierher nach Haus geschickt. In einer endlosen Fahrerei und Marschiererei – in Berlin funktionierte keinerlei Bahn mehr, und auch die meisten Fernbahnhöfe, darunter der Stettiner, sind zerstört – kam ich nun gestern mittag hier an. Nur um zu erfahren, dass unsere Mummi, um mich und Mückchen zu holen, mit einem Lastwagen nach Berlin gefahren war. (Telefonische Verständigung mit Berlin ist ja unmöglich, auch verboten.) Nun hoffe ich nur, dass Mummi das Mückchen noch wohlbehalten in Hermannswerder gefunden hat und dass die beiden noch heute abend hier irgendwie ankommen. (Mit dem LKW konnten sie nur hin nach Berlin, nicht zurück.) Du kannst Dir denken, dass ich diesen Brief an Dich in schweren Sorgen schreibe, denn heute Nacht muss wieder ein sehr schwerer Angriff auf Berlin erfolgt sein, über eine Stunde lang hörten wir die feindlichen Flieger über Carwitz wegfliegen, und immer wieder wurde der Himmel über Berlin von Flak und Sprengbomben hell. Hoffentlich haben unsere beiden da sicher in irgend einem Bunker gesessen.

Ich kann diesen Brief mit einer sehr glücklichen Nachricht und sehr viel leichteren Herzens schliessen: eben ruft die Mummi aus Neustrelitz an, dass sie dort mit der Mücke angekommen ist. Sie hat die Nacht in Löwenberg zugebracht, der Zug war ihnen vor den Fliegern ausgerissen. Drei Flugzeuge haben sie abstürzen sehen. Nun, Gott sei dank, in zwei Stunden werden sie hier in Carwitz und in Sicherheit sein – Dich wissen wir ja in Templin einigermassen geborgen. Wir grüssen Dich herzlich und schreiben Dir bald mehr.

Dein

Templin, den 30. November 1943

Lieber Papa – liebe Mummi!
Ich danke Euch herzlichst für Euren letzten Brief. Ich saß in der letzten Zeit schon in Druck, ob etwas passiert wäre. Von Mückchen dachte ich mir, daß nichts passiert wäre, denn wir hatten hier schon aus Potsdam die Nachricht, daß

nicht viel dort passiert ist. Wir saßen jetzt eine ganze Woche lang im Luftschutzkeller, ich konnte jedoch im Liegestuhl auf dem kühlen Gang sein. Wir hörten sie immer brummen. Hier in der Nähe sind auch mehrere Bomben gefallen. In einer Nacht sah unser Famulus Krause, der auch seinen Vater in Berlin verloren hat, Do-Werfer schießen. Das könnte auch die neue Waffe sein, von der sie im Polizeifunk, einem geheimen deutschen Sender, bekanntgegeben haben, sie wäre jetzt eingesetzt worden. Krause hat auch aus Berlin erfahren, daß die ganze Innenstadt kaput ist. Die Gedächtniskirche liegt flach, und der größte Teil der Tiere des Zoos ist ausgebrochen und erschossen. Dann wird Evchens Wohnung wohl auch kaput sein. Sämtliche Bahnhöfe sind zerstört. Im Radio tauchen jetzt alle möglichen Sender auf. Neben dem Polizeifunk gibt es jetzt noch den Sender für die deutschen Soldaten, der bei Berlin hineinquatscht. Es ist ein typisch englischer Sender. Für heute werde ich schließen. Herzlichst Euer Uli. Brauche nötigst Wäsche, habe noch ein Paar Strümpfe – Expreß

Carwitz, am 30. November 1943
Post Feldberg/Meckl.
Unser lieber Uli,
wir danken Dir herzlich für Deinen lieben Brief, der trotz der wirren Zeiten auf den Tag genau hier ankam. Es tut uns sehr leid, dass Du auch noch nicht hier bist, dann wären wir alle beisammen. Aber wir haben doch das Gefühl, dass Du in Templin besser aufgehoben bist, erstens lernst Du was, was Du auf der Dorfschule (weißt Du noch, wie Du sie immer nanntest?) nicht mehr kannst, und zum zweiten wissen wir Dich dort in einiger Sicherheit, soweit man heute von Sicherheit überhaupt reden kann. Wie ist es überhaupt:

müsst Ihr häufig in den Luftschutzkeller? Hört Ihr schiessen? Habt Ihr Flak dort? Wisst Ihr was von Berlin? Dort sieht es einfach grauenhaft aus. Du würdest Dich auch nur schwer orientieren können, viele, viele Strassen sind einfach verschwunden, sind nur noch qualmende Schutthaufen. Vor einem solchen Haufen hat auch unsere Mummi tieftraurig gestanden, es war das Haus in der Kurfürstenstrasse, in dem Du auch ein Jahr Deines Lebens verbracht hast. Seit Montag Nacht – jetzt war Donnerstag – wurde fieberhaft an der Rettung der noch im Keller Verschütteten gearbeitet – wir werden Burlages wohl nie wiedersehen! –

So, mein lieber Junge, es ist bald ½9 Uhr morgens, und ich will ins Bett gehen. Ich habe die Nacht fast überhaupt nicht geschlafen und möchte doch ein wenig nachholen. Es geht mir noch garnicht gut – keinem zur Freude. Aber ich hoffe, es wird bald wieder werden. Inzwischen bin ich immer

Dein alter

[Postkarte mit Stempel 11. 12. 43]

Lieber Papa – liebe Mummi!

Kann Euch leider nur ganz kurz schreiben, da wir andauernd Katastropheneinsatz haben. Zu den Ferien, die bis zum 17. I. dauern, komme ich am 16. XII. mit dem Nachmittagszug. Mit dem Gepäck wird es noch schwierig, ich weiß noch nicht, wie ich die Wäsche mitnehmen kann. Wird sich aber schon noch machen lassen.

Herzlichste Grüße

Dein Uli

1944

Lieber Papa – liebe Mummi!

Aus meiner Karte, die Ihr wohl schon erhalten habt, habt Ihr wohl gesehen, daß ich hier gut angekommen bin. Mit meinem Gepäck war das auch so eine Sache: Der Mann bei der Aufbewahrung sagte, er hätte schon genug zu stehen. Als ich ein bißchen getragen hatte, sah ich, daß es mir unmöglich war, mein Gepäck rauszutragen. Da ging ich mit noch jemand in ein Privathaus, fragte nach irgendwelchen Namen, bis ich zu einer vernünftigen Frau kam. Die baten wir, ob sie uns das Gepäck aufbewahren könnte. Sie tat es dann auch und wir kamen dann auch gut nach Hause. Am nächsten Tage holten wir das Gepäck wohlbehalten mit dem Rade ab. Ich danke Euch auch noch vielmals für die Süßigkeiten, die mit im Koffer waren,

Herzlichste Grüße an Alle

von Eurem Uli

Mir sowie in der Schule geht alles

Rudolf Ditzen

z. Z. Berlin-Charl. 9

Kuranstalten Westend

Nussbaumallee 34

23. 1. 1944

Mein lieber Uli,

ich danke Dir herzlich für Deinen Brief, der Deine gute Ankunft in Templin meldete. Unterdes bin ich Ende voriger Woche nach hier übergesiedelt, um endlich wieder richtig gesund zu werden. Das wird wohl einige Zeit dauern, trotzdem ich schon Mitte kommender Woche schlafmittelfrei sein soll. Ich fühle mich noch etwas jämmerlich und verlassen, habe aber eine ganz nette ältere Privatschwester, die mich am Tage betreut. – Ich möchte Dir hier noch einmal ein Wort sagen über eine Sache, die dann für immer zwischen uns erledigt sein soll. Du und Ihr alle habt keine guten Weihnachtsferien gehabt. Und die Schuld daran habe ich getragen, nicht nur durch meine Krankheit, sondern durch ein grosses Unrecht, das ich Deiner Mutter angetan hatte. Sie hatte alles Recht auf mich böse zu sein. Es hat mir natürlich wohlgetan, dass Du mir gegenüber so gefällig und hilfsbereit warst, aber Du hättest das noch viel mehr Deiner Mutter gegenüber sein müssen. Es hilft alles nichts, mein lieber Uli, wir haben auf der falschen Seite gestanden, und wir müssen nun alles tun, unsere Mummi wieder zu versöhnen und sie Geschehenes vergessen zu machen. Schreibe einen recht netten Brief an Deine Mutter oder an uns beide, aber an Deine Mutter adressiert, und erzähl uns ein bisschen von dem Leben in Templin.

Alles Gute, herzliche Grüsse, Dein

Aus zwei Briefen des Vaters an die Mutter vom Januar 1944, die der Sohn erst nach dem Tode der Mutter vorfand:

z. Z. Kuranstalten Westend, Berlin Charlottenburg 9

Liebe Suse,
[...] es liegt mir ferne, Dich schon jetzt zu einer Entscheidung über mein weiteres Schicksal zu drängen, d. h. ob ich Deiner Ansicht nach in einer Dir genehmen Form in Carwitz leben kann. Auch Du musst erst ruhiger werden und gesünder. [...] Ich hoffe und tue alles dafür, dass sich Derartiges nie wieder in meinem Leben wiederholt. [...]

Erhalte unter allen Umständen, so lange es geht, den Kindern die Heimat Carwitz. Dort könnt Ihr auf einem verhältnismässig bescheidenen Fusse leben. [...]

Ich bitte Dich sehr herzlich, zu versuchen, mit Uli auf einen besseren Fuss zu kommen. Er ist eigentlich in dem Alter, in dem Söhne mehr an den Müttern als an den Vätern hängen. Bei uns ist das Umgekehrte eingetreten. Schilt ihn nicht zu viel, lass ihn lieber mal seiner Wege gehen. Denke daran, dass er soviel von seinem Vater mit all den Schwierigkeiten geerbt hat mit der Neigung zum Einzelgängertum, zu Verstimmungen usw. Suche ihn als Freund zu gewinnen. [...]

Und nun noch einmal alles Herzliche Dir und den Kindern und der Mutti. Ich war und bin immer nur Dein Junge.

Ich sende diesen Brief der Sicherheit halber von drei verschiedenen Postämtern ab. [...]

Templin, 28. I. 43 [richtig: 1944]

Mein lieber Papa!

Habe herzlichsten Dank für Deinen ersten und letzten Brief. Ich bin seit Montag stark erkältet und liege im Krankenzimmer. Aber jetzt geht Alles wieder gut, bin nur noch ein bißchen schlapp auf den Beinen. Wir hatten in der letzten Zeit wieder tüchtig Alarm gehabt, aber es passiert meistens nichts besonderes. Das könnte jetzt wohl bald anders werden. Unsere neuen Luftwaffenhelfer, die jetzt wegkommen sollen, sollen hier in der Nähe eine Flakstellung bekommen. Für heute scheide ich mit herzlichsten Wünschen für eine baldige Besserung.

Herzlichst

Dein Uli

Rudolf Ditzen
Berlin-Charl. 9 – Kuranstalten Westend
Nussbaumallee 34

28. 1. 43 [richtig: 1944]

Mein lieber Uli,

ich hoffe sehr, dieser Brief erreicht Dich … zum Sonntag (eben hat das Farbband wieder mal hübsch gestreikt), und Du verlebst einen recht guten vergnügten freien Tag. Wir haben hier grade wieder eine recht unangenehme Bombennacht hinter uns, ein paar mal hat es auch bei uns im Keller ganz hübsch gewackelt, als schwere Sprengbomben am Kaiserdamm und am Adolf-Hitlerplatz niedergingen. Der von den Ärzten mir empfohlene Spaziergang war auch nicht so erfreulich, denn in dieser Gegend ist wirklich kaum ein Haus verschont, man fragt sich immer, wie das alles wieder einmal zum rechten Leben und Gedeihen erstehen soll. Vorgestern verhandelte ich mit 2 Herren aus Dresden, und wenn nun noch das Propaganda-Ministerium den Vertrag genehmigt, bin ich Autor des Wilhelm Heyne Verlages in Dresden mit allen meinen Werken und Ausgaben. Und wenn dann noch ordentlich Papier für neue Werke und Neudrucke bewilligt wird, ist auch dieses tiefe Tal mal wieder überwunden. Es hilft alles nichts, man muss durch, durch die Bombennächte sowohl wie durch Krankheit und Misserfolg, und so freue ich mich dieses ersten kleinen Erfolges sehr. Heute Nachmittag will ich – immer mit meiner Schwester Hedwig – einen kleinen Spaziergang zum Adolf Hitlerplatz machen, nicht, um etwa dort die neuen Schäden zu besehen, ich habe am Anblick der alten genug, sondern um zu schauen, ob der Briefkasten, in den ich gestern abend noch vier wichtige Briefe steckte, noch existiert. Das sind so Sorgen …

Und nun meine herzlichsten Grüsse und die besten Wünsche

Dein alter

Rudolf Ditzen

z. Z. Berlin-Charl. 9 – Kuranstalten Westend

Nussbaumallee 34

Am 31. 1. 1944

Mein lieber Uli,

meinen schönen Dank für Deinen lieben ausführlichen
Brief, den ich nach altem Brauch wieder nach Carwitz
sende. Vor allem freut es mich, dass Du sofort an die
Mummi geschrieben hast. Halte das auch weiter so. Denke
immer daran, dass Du nach mir der älteste Ditzen bist, und
dass Du vielleicht einmal der Freund und Berater Deiner
Mutter und der Helfer Deiner Geschwister sein musst. –

Als ich heute durch die Akazienallee, unsere Parallel-
strasse ging, sah ich dort, dass da kein einziges Haus mehr
bewohnbar ist: alles durch Luftminen oder Brandminen
zerstört. Aber in einem voll Schutt erfüllten Garten stand
eine alte Frau mit einer Einholetasche, hatte ein Schälchen
vor sich stehen und fütterte daraus zwei Katzen, grosse,
alte, wilde Tiere. Ich denke mir, die alte Frau hat irgend ein
Notquartier zugewiesen bekommen, wohin sie ihre Katzen
nicht mitnehmen konnte, und nun geht sie täglich den vielleicht weiten Weg und füttert ihre beiden Tiere, die scheu
zwischen den Trümmern der alten Heimstatt leben. Das ist
auch Treue!

Ich grüsse Dich herzlich und wünsche Dir alles Gute

Dein

Rudolf Ditzen
z. Z. Berlin-Charl. 9 – Kuranstalten Westend
Nussbaumallee 38

[?] 1944

Lieber Uli,

ich bin diese ganze Woche ohne direkte Nachricht von Dir
geblieben – da möchte ich Dir doch von mir aus einen schönen Sonntagsgruss senden. Hoffentlich hast Du eine gute
Woche hinter Dir. Hier in Berlin war der Schnee von Anfang an nur Matsch, dann seit dem Frost letzter Nacht
gefährliches Glatteis. Immerhin hat er den Vorteil, viel von
den Schäden dieser halb zerstörten Stadt zu verbergen, das
Spazierwandeln ist nicht mehr ganz so trostlos. Aber ein
bisschen sehr langweilig ist es schon, wie überhaupt das Leben hier. Meine gute Schwester Hedwig, deren Patienten ich
nun alle kenne, und die Geschichten von den Patienten, und
die Verwandten auch, und auch die Geschichten von den
Verwandten, ist jetzt dazu übergegangen, mir zu erzählen,
was sie alles hat ... Wieviel Handtaschen z. B. und wann sie
sie gekauft hat und wie teuer und wo und wie sie sich getragen haben und wo sie sie jetzt alle aufbewahrt hat, die bei
ihrer Schwester in Aschersleben und die bei ihrer Tante in
Schlachtensee. Und dann kommen die Strickjacken dran ...
Es ist komisch, wie viel Menschen im Leben herumlaufen
und haben nie was gesehen und nie was Richtiges erlebt als
Handtaschen, Verwandte und jetzt natürlich Bombengeschichten. Aber Bombengeschichten langweiligster Art.
Einen Alarm habe ich heute schon hinter mir, mittags um
14 Uhr, grade als ich ein bisschen Nachmittagsschlaf versuchen wollte ... Nach dem Drahtfunk, über dessen Kon-
struktion ich jetzt auch unterrichtet bin und den ich in Carwitz anlegen werde, war es nur ein einzelner Störflieger über
Berlin ... es ist schrecklich zu denken, dass ein einziger Flieger 4 Millionen Menschen von ihrer Arbeit und Freude und

aus ihrem bisschen Ruhe verjagen und in den Keller schik-
ken kann. Und nicht nur 4 Millionen, auf seinem Rückflug
werden sicher auch noch andere Städte alarmiert und andere
Menschen in den Keller gesandt. – Ich weiss noch nicht, ob
ich von hier direkt nach Carwitz zurückfahre oder erst noch
ein bisschen nach Thüringen zur Nacherholung. Mir geht's
jetzt wie Dir: mit einer gewissen Spannung erkundige ich
mich nach dem Essen, was es gibt. Diese Woche war besonders schlecht, trotzdem doch die Berliner wegen der Terrorangriffe eine grosse Sonderzulage in Brot, Butter, Fleisch,
Kaffee und Zigaretten bekommen haben! Sie nennen diese
Karte, auf die diese Sonderzulagen ausgegeben werden, die
Katastrophenkarte oder, noch besser: die Zitterkarte. – So,
mein lieber Sohn, nun lasse es Dir recht gut gehen und
schreibe, so die Stimmung danach ist, wieder einmal Deinem
alten Stammeshäuptling

Templin, den 18. Februar 1944

Mein lieber Papa!!
Es ist schade, daß Du die ganze Woche ohne Nachricht von
mir gewesen bist. Ich habe Dir jedoch wie immer regelmäßig am Freitag geschrieben. Deinen Gedanken, Berlin zu
verlassen, kann ich nur begrüßen. Bei dem letzten Angriff
saßen wir auch wieder im Keller. Das Licht ging auch ein
paarmal aus. Unter anderen angreifenden Flugzeugen waren sicher auch wieder Mosquito Schnellbomber, es klang
manchmal sehr danach. Nachtjäger (Me 110) waren auch
noch zu hören.

Das Essen ist vorläufig noch auszuhalten. Aber wenn wir
länger hier sind, wird es wohl wieder schlimm.

Für heute herzlichste Grüße von
Deinem Uli
Meine Uhr steht mal wieder.

Rudolf Ditzen
Ab 22. 2. Eisfeld/Thür. – Oberend 35 bei Reich

20. 2. 1944

Mein lieber Uli,

ich danke Dir herzlich für Deinen Brief vom 11. d. M., der hier mit einiger Verspätung eintraf. Schade nur, dass unsere Briefe sich immer kreuzen. Das wird jetzt vielleicht anders durch meine Übersiedelung nach Eisfeld (siehe oben die Adresse), wohin Dein neuer Brief mir sicher nachgesandt wird. Ich will mich da bei Margarete und ihren Eltern erst einmal recht erholen und wieder etwas auffüttern, ich bin garzu dünn geworden. In der letzten Zeit besonders habe ich gelernt, was Hungern heisst, die Kost ist hier wirklich ganz unzureichend. Gestern abend aber habe ich hungrig wie ein wilder Wolf eine energische Attacke auf die Küche geritten und habe erbeutet: eine Essensportion 1. Klasse, das waren Dampfnudeln mit Vanillensauce, dann eine Portion 2. Klasse, das war ein Schüsselchen Kartoffeln mit Tomatensauce, dito eine Portion Pflegeressen, das waren Schwarten in Gerstengrütze verkocht. Dazu gab es eine Scheibe Brot mit Wurst, einen unglaublichen Apfeltee und von der Schwester mir noch gespendet eine Schrippe mit Blutwurst und eine Scheibe trockenes Brot. Das alles habe ich ohne die geringsten Schwierigkeiten verdrückt und ging dann um ½ Uhr, schwer beladen, mit meinen sämtlichen Besitztümern, zum ersten Mal in den nicht zu fernen Bunker, ½2 Uhr morgens will ich sagen. Da haben wir beinahe vier Stunden bis zur Entwarnung aushalten müssen, eng wie die Heringe gepackt. Und nun, mein Ältester, meine besten Wünsche und Grüsse von Deinem

Rudolf Ditzen

z. Z. Eisfeld/Thür. – Oberend 35 bei Reich

23. 2. 1944

Mein lieber Uli.

Nun bin ich hier in Eisfeld bei Margarete. Trotzdem ich mich brieflich und auch dringend telegraphisch rechtzeitig angemeldet hatte, kam ich ganz unvorbereitet. Denn der Brief kam nach sechstägiger Reise erst nach mir ein, und von meinem Telegramm kam nur das Ende an, das lautete ›Brief unterwegs Ditzen‹, den Anfang mit Reisetag usw. hatten sie in Berlin versust. Nun, wir sind doch gut untergekommen. Ganz ohne Fliegeralarm ging die Reise nicht vor sich. Noch in der Nacht vor der Abfahrt hatten wir um 3 Uhr morgens Alarm, aha, dachte ich, nun zerschmeissen sie mir die Möglichkeit zum Bahnhof zu kommen! Aber es war dann nur ein einzelner Moskito, der Berlin eine Stunde wach hielt. Auf der Reise dann hierher gab es in Halle Fliegeralarm, unser Zug fuhr trotzdem in das Riesen-Industriegebiet der Leunawerke weiter. Es war sehr interessant zu sehen, wie überall hunderte von Fesselballons hochstiegen und das Land immer dichter vernebelt wurde, ich hatte das noch nie so gesehen. Vor Jena sahen wir dann neben der Bahnstrecke frische Bombeneinschläge im Acker, sie galten wohl der wichtigen Strecke Berlin–München. Sie mussten sehr frisch sein, denn sie hatten noch keine Spur von Schnee. – Hier ist es nun sehr hübsch, ein richtig ganz in einander gebautes thüringisches Städtchen, mit einer recht guten gotischen Kirche und noch einigen sehr schönen Fachwerkhäusern. Hier hat übrigens auch der Dichter Otto Ludwig gelebt, der die Heiterethei und den Erbförster, der auch Zwischen Himmel und Erde geschrieben hat. Die Eisfelder haben ihn ausgelacht und verachtet, erst nach seinem Tode haben sie begriffen, wer er war, und haben eine Gedenktafel an sein Haus angebracht und sind heute stolz auf ›ihren‹ Dichter. Ob's die Carwitzer wohl noch einmal so mit mir machen? –

Herzliche Grüsse Deines

d. 25. Februar 1944

Mein lieber Papa.

Ich hatte in Carwitz ein sehr schönes Wochenende, eine Hose bekam ich leider nicht mehr. Aber sonst ging alles gut. Die Züge waren sämtlichst proppevoll, und nach C. bin ich mit all dem Gepäck fast nicht mitgekommen. Und zurück ging alles gut. Nun etwas Gutes: Aus Reemtsmas Nachlaß, der im Alumnat verteilt wird, habe ich drei Paar Strümpfe, Turnzeug und einen festen Mantel bekommen. Die Strümpfe tun mir wohl am nötigsten (komisch!).

Weiterhin: Unsere alte Schule ist jetzt offiziell Heimschule geworden und wir sind jetzt in Züge eingeteilt worden. Ich bin jetzt Gruppenführer, so etwas wie früher der Saalsenior, geworden, und das bei Quintanern. Eins ist dabei sehr erfreulich: Ich komme mit guten Kameraden zusammen, mit denen ich gut zusammenleben kann (z. B. Menne). Und mit den Quintanern werde ich mich wohl auch gut vertragen können.

Für heute werde ich nun schließen und bleibe herzlichst Dein Uli

Rudolf Ditzen
z. Z. Eisfeld/Thür. (15) Oberend 35 bei Reich

Am 29. Februar 1944

Lieber Uli,

einen recht schönen Dank für Deine Karte, die ja recht Erfreuliches melden konnte. – Wir leben hier unser stilles Leben weiter, alles hat viel zu tun. Meine Hauptbeschäftigung ist jetzt, da ich nichts Besonderes vorhabe, die Abgewöhnung oder doch sehr starke Einschränkung des Rauchens. So kann ich meinen ganzen Willen darauf konzentrieren. Ich mache es in der früheren Art, dass ich den Tag in 4 Abschnitte einteile und für jede gerauchte Zigarette oder Pfeife einen Strich mache. Ich bin schon weiter runter als damals, halte schon seit ein paar Tagen auf 10 Zigaretten und 4 kleinen Pfeifen pro Tag. Von jetzt an ist das weiter herunter Kommen sehr schwer, aber vielleicht komme ich heute schon auf 9 Zigaretten. Ich helfe mir meist so, dass ich, wenn ich mein Deputat verbraucht habe für einen 6-Stunden-Abschnitt, einfach für den Rest der Zeit spazieren gehe, ohne etwas Raucherliches in der Tasche. Als ich heute gegen Mittag heimkam, hörte ich schon aus 2 Kilometer Entfernung die Sirene gehen: Alarm. Ich bummelte ruhig heimwärts weiter, denn vor 12 durfte ich nicht zu Haus und bei meinen Zigaretten sein. Aber bei den ersten Häusern von Eisfeld rief mir schon eine Frau zu, ich solle nur wieder umkehren, es sei Alarm und ich dürfte doch nicht in die Stadt. Dann traf ich nacheinander noch 3 Leute vom Luftschutz, die mich alle wieder auf's Feld schicken wollten. Ich setzte aber meinen Kopf durch, wohl in der Hauptsache dadurch, dass Reich grade am nächsten Ende der Stadt wohnte, und kam heim. Aber das ist doch auch wieder eine unbegreifliche Regelung: Zuwandernde, Heimkehrende haben das Ende des Alarms an der Stadtgrenze im Strassengraben bei Schnee, Kälte und Eis abzuwarten!

Herzliche Grüsse und alles Gute Dein

Rudolf Ditzen
z. Z. Eisfeld/Thür. (15) Oberend 35 bei Reich

Am 8. März 1944

Mein lieber Uli,
am nächsten Dienstag ist nun also Dein Geburtstag, und
vierzehn Jahre wirst Du nun schon, mein Ältester. Da sende
ich Dir meine allerherzlichsten Grüsse und Wünsche – ein
recht gutes Jahr möge in jeder Beziehung vor Dir liegen. Du
wirst schon alles dafür tun, dass es auch gut wird.

Also, Ihr seid nun eine SS-Heimschule. Viel kann ich mir
vorläufig noch nicht darunter vorstellen, es ist doch bisher
noch bei einer Veränderung des äusseren Habitus geblieben,
solange kein neuer Lehrplan kommt, wird der Geist der alten Griechen und Römer doch noch in Euch lebendig sein.
Und schliesslich ist es nie das Haus, das Gebäude, die
äussere Einrichtung, die den Geist trägt und weitergibt,
sondern das Innere seiner Insassen, der Lehrer und der
Schüler und dass Ihr da am meisten tun könnt, um Euch
diesen Geist zu erhalten, das ist doch klar. Ich spreche jetzt
aber wirklich nur von den inneren Dingen. Im Griechischen
werdet Ihr wahrscheinlich erst den Herodot oder den Xenophon exerzieren, aber wenn Ihr erst einmal die attische
Klarheit eines Homer geschmeckt habt, dann ist das etwas,
was Ihr Euer ganzes Leben nicht vergesst, ein unglaublich
hoher, klarer, milder und weiser Himmel, schmeckt nach at-
tischem Salz, das die Welt immer wieder braucht. Und im
Lateinischen ist es ähnlich, trotzdem die Römer nie das waren, was die Griechen aus sich gemacht haben.

Ich nehme an, bei Euch ist der Schnee nun ganz fort, und
auch das Eis auf den Seen wird brüchiger werden. Auch bei
uns ist der Wind mit hohem Brausen gekommen, Tauwet-
ter naht. Nun ist es hier bald mit dem Schneeschuhlaufen
und Rodeln vorbei. Ich glaube, auch die Kinder freuen sich

auf den Frühling. Bisher bewegte sich ja hier alles auf Kufen, nur Dein steifbeiniger Vater ging manches Mal wie auf rohen Eiern und lachte auch öfter, z. B. als ein Junge, zwei Jungen, aus einem Fleischerladen kamen. Der Grosse hatte irgendwas eingekauft, das er in einem grossen grauen Emailletopf vor sich trug. Der Kleine sah bewundernd auf den Grossen, der ein bisschen angab, wie das sein muss, wenn ein Grosser und ein Kleiner zusammen sind. ›Pass mal auf‹, schrie der Grosse und setzte den Topf auf die Strasse, mitten auf die Fahrbahn, ›mein Pott kann auch rodeln‹. Es ging recht abschüssig in die Stadt hinein, und als der Junge dem Pott einen kleinen Stoss mit dem Fuss gegeben hatte, fing der Topf wirklich mit Rodeln an. Sachte rutschte er die Strasse abwärts, und die beiden Jungen, der Grosse und der Kleine, schlidderten hinterdrein. Hinter den Jungen ging eierbeinig wieder Dein Vater, gespannt, wie lange der Topf rodeln würde. Er rodelte wirklich wie mit Verstand. An den Rändern der Strasse waren ja grosse Schneeberge, einesteils von der Fahrbahn, andernteils von den Gehsteigen zusammengefegt. Der Pott vermied diese Vorgebirge und Klippen geschickt. Manchmal war es, als sei er des Spasses müde, und wollte sich vor Anker legen, dann gab der Junge wieder einen kleinen Schupser, und stolz fuhr der Topf weiter bergab. Bis es dann geschah: der Berg wurde steiler, der Topf geschwinder, der Junge schlidderte rascher und bückte sich, den Topf, der gefährlich sich drehte und schwankte, aufzunehmen – da kippte er schon und schönes rotes Blut, wohl mit Grütze versetzt, färbte den Schnee. Der Topf entleerte sich völlig, der kleine Junge warf noch einen raschen Blick auf den Grossen und verschwand um eine Ecke, sehr hastig, und der Grosse, ja, der hatte den Mund offen und starrte seinen Pott an. Vielleicht erinnerst Du Dich, dass ich mal als Junge ein Glas Tomatenpuree auf der Strasse habe fallen lassen und dass mir ein guter Mensch eine Mark schenkte. Es war wohl die Erinnerung daran, dass ich dem Jungen auch eine Mark verehrte. Er sah mich gross an, griente, nahm seinen Pott und sauste wieder bergauf. Ich nehme an, er hat ihn nicht noch einmal rodeln lassen.

Und nun, mein lieber Sohn, noch einmal alles Gute und die besten Wünsche

Deines

Templin, den 9. März 44

Mein lieber Papa.

Ich schreibe von jetzt ab, wie Du wohl am Datum sehen wirst, immer schon donnerstags. Augenblicklich liege ich mal wieder im Krankenzimmer, es wird ja mal wieder Zeit. Montag hatten wir hier auch Alarm. Ich lag trotzdem oben im Bett, und dann war's in einer ½ Minute vorbei. Soviel ich gehört habe, warfen mehrere US-Bomber 100 250kg Bomben. Und sie haben gar nicht schlecht gezielt. Das große Kreiskrankenhaus, das Du wohl noch kennst, haben sie völlig zerschmissen. Dabei sind auch viele ums Leben gekommen. Das Rathaus ist halb eingestürzt, den Wasserturm haben sie eingedeckt, aber nicht getroffen, dafür aber das Wasserwerk. Wir sind immer noch ohne Wasser. Der Strom kam gestern abend. Beim Wasserturm ist die Straße kaputt, umführt. Die Bahnlinie ist schon wieder in Ordnung.

Aufs Eis geht hier nun keiner mehr, das ist etwas zu unsicher geworden. In einem Deutsch-Diktat habe ich eine 1 geschrieben, stell Dir das vor. Die Schule hier ist äußerst unregelmäßig, ein Teil holt vielbegehrtes Wasser, ein anderer Teil ist in der Stadt.

Nun herzlichste Grüße, lieber Papa,

Dein Uli

Rudolf Ditzen
z. Z. Eisfeld/Thür. (15) Oberend 35 bei Reich

Am 22. März 1944

Mein lieber Uli,

einen schönen Dank für Deinen Brief, der diesmal ganz
pünktlich eintraf. Dies ist nun der letzte Brief, den ich aus
Eisfeld an Dich schreibe, heute in einer Woche hoffe ich
schon in Berlin zu sein, und von da wird ja die Reise nach
C. keine unüberwindbaren Probleme bieten – wenn nicht
grade wieder die Tommies dagewesen sind. Aber auch darüber werden wir wegkommen. – Augenblicklich lese ich
den Bericht von einer Reise um die Welt kurz vor dem Aus-
bruch des jetzigen Krieges geschrieben, mit einer lebhaften
Feindschaft gegen England, es ist ganz interessant, nun zu-
rückschauend zu sehen, wie richtig der Verfasser, ein Herr
Michael, doch in vielem die Lage beurteilt hat, so z. B. die
Möglichkeit für die Engländer, Hongkong und Singapore
zu verteidigen. Schöne Schilderungen des Lebens dort, vor
allem aber auch entzückende Schilderungen des Essens in
diesen Ländern, z. B. chinesisches Essen, wobei eine besondere Delikatesse gebratene Entenhaut ist, die man in eine
Fruchtsauce stippt. Und wenn man dazu hört, dass eine
Ananas, die Du kaum vom Hörensagen kennst und wohl
kaum je gegessen hast, noch keine 5 Pfennige kostet – ja,
mein lieber Sohn, da kann man nur sagen, das waren noch
Zeiten, von denen man nur hoffen kann, sie kehren bald
wieder! – Sonst geht es mir gut. Auch von Dir hoffe ich
das. Viele herzliche Grüsse, mein Alter,

Dein alter

Rudolf Ditzen
z. Z. Eisfeld/Thür. (15) Oberend 35 bei Reich

27. März 1944

Mein lieber Uli,
nun habe ich doch noch einen Brief von Dir nach Eisfeld
bekommen! Ich muss sagen, dass ich mich recht über diesen
letzten Abschiedsgruss von Dir gefreut habe! So will ich
denn, ganz in Abreisestimmung, Dir auch noch einen letzten
Gruss vor unserm Osterwiedersehen senden. Dass ich mich
sehr auf Carwitz freue, kannst Du Dir denken. Ich habe
mich nun ganz erholt und will recht tüchtig arbeiten. Dieses
Jahr wohl auch etwas mehr draussen, einmal fehlen uns ja für
die Aussenarbeiten sehr die Arbeitskräfte, zum andern ist es
nicht nötig, dass ich mich sehr mit meiner Schreiberei eile.
Es wird doch kein Papier für Bücher bewilligt, in Leipzig und
wohl auch in Berlin sind Unmengen von Papier verbrannt,
so dass schon jetzt 3 Bücher, die von mir fertig vorliegen,
nicht erscheinen können. – So, mein lieber Sohn, nun will ich
wieder mal Schluss machen. Ich freue mich auf unser Wiedersehen zu Ostern. Mach es gut bis dahin – aber auch weiter.
Immer Dein

Rudolf Ditzen
Carwitz, am 23. April 1944
Post Feldberg/Meckl. (3)

Lieber Uli,
schönen Dank für Deine Karte. Wir freuen uns Deiner guten Ankunft, und wir wollen nur hoffen, dass sich das Gewitter von der Stirne Deines Direktors bald wieder verzieht.
    Hier geht alles seinen alten Gang. Die Katt habe ich
heute Nacht im Holzstall gehabt, nachdem ich dort gestern

abend eine grosse fette Ratte getroffen hatte, die Holz auf mich herabschmiss. Aber die Zusammenkunft war wohl ergebnislos, ich habe in der Nacht keinen Laut gehört, weder Quieken noch Miauen. Ich glaube, die eine hat in der einen, die andere in der anderen Ecke gesessen, und beide haben voreinander Angst gehabt, wie so oft im Leben! Nur hat's eine von der andern nicht gewusst. Aber nun gibt es kein Erbarmen mehr, heute Vormittag kommt die Katt auf den Futterboden und kann sehen, wie sich die Selbstbeköstigung macht. Heil ihren Krallen – schliesslich sind die nicht nur dazu da, den Hausherrn zu kratzen!!

Herzliche Grüsse von allen

Deine

Rudolf Ditzen

Carwitz, am 3. Mai 1944

Post Feldberg/Meckl. (3)

Mein lieber Uli,

meiner Karte aus Neustrelitz folgt nun der versprochene Brief. Nun bin ich endgiltig aus der Wehrmacht ausgeschieden. In der vergangenen Woche war Musterung, und ich bin für dauernd völlig untauglich für den Wehrdienst erklärt worden. Damit ist mir doch ein Stein vom Herzen. Denn wenn sie mich eingezogen hätten, hätte ich vielleicht eine Woche Ausbildung mitgemacht und wäre dann ein halbes Jahr krank gewesen. Nutzen hätte die Wehrmacht sicher nicht von mir gehabt. – Draussen ist unendlich viel zu tun, trotzdem oder weil grade das Wetter so kühl und nass ist. Endlich hat sich nach langem Drängen Utnehmer entschlossen, unsern Acker fertig zu machen, auch selbst zu säen und Kunstdünger zu streuen, alles Dinge, die Matjä nicht kann. Ich verlese mit ihm Kartoffeln aus der Miete, und werde wohl auch weiter Feldarbeit machen müssen in den nächsten Tagen, trotzdem ich einen neuen Roman in Arbeit habe. – So, mein Sohn, ich habe noch einige Briefe zu schreiben und muss dann an die Kartoffelmiete. Also einen schönen Gruss. Lass es Dir gut gehen!

Herzlichst Deine

Templin, den 11. Mai 44

Lieber Papa – liebe Mummi!

Endlich komme ich mal wieder dazu, Euch zu schreiben. Augenblicklich haben wir immer saumäßig viel zu tun. Stellt Euch vor: seit den Ferien konnte ich erst ein Mal in die Stadt, um etwas einzukaufen usw.

Daß Du, lieber Papa, nun für immer wehruntauglich bist, freut mich auch sehr. Hurra, ich habe den Hausaufsatz fertig! Übrigens ein furchtbares Thema: Wie kann die Heimat ihre soldatische Haltung auch in Feldpostbriefen beweisen? Leider muß ich gleichzeitig etwas beichten: Ich habe in einer griechischen Formenarbeit eine 6 geschrieben. Ich hoffe, daß ich das wieder verbessern kann, denn so geht das ja nicht!

Nun, das wäre wohl für diesmal alles.

Es grüßt Euch herzlichst

Euer Uli

Rudolf Ditzen

Carwitz, am 14. Mai 1944
Post Feldberg/Meckl. (3)

Mein lieber Uli,

heute wende ich einen ganzen Bogen an Dich undankbaren und schlechten Briefeschreiber – aber kaum Dir zur Freude.

Zum ersten hat es mich mit einigem Schrecken erfüllt, mit welcher Selbstverständlichkeit Du über Dein verspätetes Schreiben hinweggegangen bist. Gewiss, Du hast viel zu tun gehabt, aber eine Karte mit ein paar Worten kann man immer schreiben, und der Briefkasten ist wohl auch nicht zu weit entfernt, wie? Bedenke, dass wir in Kriegszeiten stehen, dass jeder jederzeit von ungewöhnlichen Gefahren bedroht ist, dass grade Templin vor Kurzem in grösster Gefahr war, und denke schliesslich daran, dass wir sehr an Dir hängen – da kannst Du uns wohl doch mal die Liebe tun, an die Sorge zu denken, mit der wir einen Tag nach dem andern verstreichen sehen, in denen wir nichts von Dir hören. Also, dies bessere!

Und dann zum zweiten die Sache mit der griechischen Arbeit! Du weißt ja selbst, ich gebe gar nicht so viel auf Zensuren und Musterleistungen. Aber ich möchte nicht, dass Du selbst in eine scheussliche Lage kämst. Im Grunde könnte es Deinem Vater egal sein, ob er ein Jahr länger oder kürzer für Dich Schulgeld bezahlt – aber wie wirst Du Dich fühlen, wenn Du kleben bleibst, für immer aus der wirklichen Gemeinschaft mit Deinen Kameraden getrennt bist, noch einmal (ganz ohne Lust) denselben Kram ein ganzes Jahrlang durchkäuen musst! Glaubst Du, dann wird Dir das Griechische mehr gefallen? Es wird Dich anöden bis dort hinaus! Und Du, mein grosser Sohn, dann zwischen den ›Kleinen‹!

Übrigens aus dem Briefe von Dir muss ich entnehmen, dass Du gleichzeitig Brief schreibst und Hausaufsatz machst. Wenn ich Dir auch zugeben muss, dass selbst Deinen Vater, der eigentlich über jeden Dreck was zu schreiben weiss, nicht grade das von Dir beschriebene Thema locken würde, so wäre doch die rein zeitliche Trennung dieser beiden Tätigkeiten zu empfehlen, wie?

Herzliche Grüsse von Deinen

Templin, den 18. Mai 1944

Lieber Papa – liebe Mummi!

Ich danke Euch für Eure letzten Briefe. Das mit dem versäumten Brief sehe ich auch völlig ein, ich werde mich jetzt bessern und auf alle Fälle Nachricht geben. Und die Sache mit der 6 verbessere ich auch, ich habe zwar wieder eine 5 geschrieben, aber die liegt, leider, nur an mehreren Flüchtigkeitsfehlern, die ich hätte vermeiden können. In einer Lateinarbeit habe ich eine 4 geschrieben, während ich in Physik eine 2 habe. Morgen bekomme ich den bewußten Hausaufsatz zurück. Wenn Du, lieber Papa, glaubst, daß man den in einem Rutsch schreiben kann, irrst Du Dich. Denn erstens muß man den unrein schreiben, dann muß er verbessert werden, und dann endlich kann er ins Heft geschrieben werden. Und er hat einen Umfang von vier solchen Seiten. Also das geht schlecht in einem Rutsch!

Am letzten Sonntag war nun auch wieder tüchtig was los. Wir mußten um, sage und schreibe, 6.30 Uhr aufstehen, dann wurde der erste Spatenstich für den hiesigen Behelfsheimbau gemacht, und danach sahen wir die Jugendfilmstunde. Es gab: »Quax, der Bruchpilot«. Die Wochenschau war sehr gut. Der Osten ganz kurz. Dann ein Konzert zum Führergeburtstag, dann sahen wir Aufnahmen aus dem jetzigen Berlin, wie sie nie gezeigt wurden. Zum Schluß sah man noch einzigartige Aufnahmen aus zwei Luftschlachten. Übrigens war ich am Sonntag das erste Mal im Wasser, und zwar richtig. Es war schönes warmes Wasser, in dem ich etwa eine viertel Stunde badete. So, das wäre wohl alles für dieses Mal.

Ich bleibe mit herzlichen Grüßen
Euer Uli

Lieber Uli,
der Kaffeetisch war heiter gedeckt, die Mummi hat noch
Kuchen gebacken, auch ein Stück Brathuhn wartete im Hin-
tergrund – aber wer nicht kam, das war unser lieber Sohn.
Wir dachten uns aber gleich, dass Dir der Alarm einen
Querstrich durch die Rechnung gemacht haben würde, dass
dazu dann noch eine Panne gekommen war, hörte Mummi
dann heute früh am Telefon. Wir waren eben doch etwas
unruhig, zumal hier erzählt wird, dass gestern Mittag auch
Neustrelitz, Lychen und Fürstenberg mit Bordwaffen ange-
griffen worden sind, und wir waren dann froh zu hören,
dass es diesmal bei Euch still geblieben ist. – Die 5 in Griechisch hat mich sehr betrübt. Junge, Junge, was soll das nur
werden!? Du musst Dich jetzt wirklich zusammenreissen,
sonst geht es schief! Und was machen wir dann mit Dir?
Flüchtigkeitsfehler sind genau so schlimm wie andere, vielleicht sogar noch schlimmer, weil sie doch mit einigem guten Willen so leicht zu vermeiden sind. – Hier geht alles seinen Weg. Mummi macht heute Spargel und Rhabarber ein,
auf dem Acker werden endlich die Kartoffeln gelegt, und
ich habe von Kratochwil einen schönen Puter als Pfingst-
braten ergattern können, da freu Dich also drauf!
    Schöne Grüsse von Deinen

Lieber Papa – liebe Mummi!
Alles Gute! Keine Sorgen! Alles in Ordnung, bzw. auch
nicht! Ich habe Euch geschrieben, daß ich am Sonntag
kommen würde. Und nun war ich nicht da. Gerade, als ich
verfrüht Mittag essen wollte, kam Alarm, der bis ... dauerte. Dann: ab dafür! Kurz hinter Gandenitz ging ein ganz

normaler Ast durch den Mantel und den Schlauch, Panne war vorhanden. Durch meine lange Übung im Flicken war der Schlauch schnell in Ordnung. Ich pumpte auf. Ich pumpte etwas heftig mit durchschlagendem Erfolg: Der Ventilhalter war ab. Ich setzte mich an den Wegrand, qualmte und schlief. Da kam ein alter Gandenitzer vorbei: Ich hätte wohl Panne? Stimmt. Kannst mitkommen und bei mir flicken! Ich bin mitgeschoben. Angekommen, sagte ich, er könnte wohl auch nicht helfen. Typischer Irrtum! Dieser Mann borgte mir, ohne mich zu kennen, einen Schlauch. Gut, was? Schnell umgebaut, und wegen Zeitirrtum ab hierher. Der Schlauch ist jetzt repariert, morgen bringe ich den Schlauch (den geborgten) zurück. Und die Moral von der Geschicht: Mit einem alten Rad fahre durch die Wälder nicht. – Danach werde ich mich richten!

Jetzt wird diese Karte beendet. Noch alles Gute. Herzlichste Grüße

Eures Ältesten Uli

Rudolf Ditzen

Carwitz, am 3. Mai [richtig: Juni] 1944
Post Feldberg/Meckl. (3)

Lieber Uli,

schönen Dank für Deine Karte, die uns Deine gute Ankunft in Templin meldete. Ich war doch erleichtert, eine zweite Verspätung wäre doch recht peinlich gewesen! Und nun frisch an die Arbeit, mein Sohn, damit die Versetzung auch gut klappt. Hier hat sich eigentlich nicht viel seit Deiner Abfahrt ereignet, ausser der einen Sache, dass unser guter Matjä in Streik trat: er weigerte sich zu mähen. Erst sagte er, die Sense ginge nicht, dann, als ich ihm eine andere von Lindenberg besorgte, behauptete er, er könne nicht mähen, obwohl er im ganzen vorigen Jahr mit Lindenberg zusammen gemäht hatte. Schliesslich wurde er frech und behauptete, Mähen sei nicht seine Arbeit. Worauf ich ihm ein paar kräftige Ohrfeigen versetzte, und er setzte sich, um weiteren Schlägen zu entgehen, direkt in den Rosenstrauch am Mistbeet, was sicher peinlich war. Am nächsten Morgen erschien er mit einem grossen Handtuch um den Kopf gewunden und bat mich mit Tränen, zum Doktor gehen zu dürfen. Er schien ernstlich verletzt, schlich nur so über den Hof. Statt ihn zum Doktor zu senden, liess ich den Wachtmeister Stark kommen, der ihn aber noch ganz anders als ich in die Mache nahm. Zuerst verschwand der Turban, der Verband, und es zeigte sich, dass Matjäs Kopf nicht den geringsten Kratzer hatte. Dann, als er hinter uns her schlich, statt ging, machte ihm Stark Beine, und dann bezog unser guter Matjä eine solche Tracht Prügel, dass ich an seiner Stelle nun wirklich ins Bett gegangen wäre und zum Doktor geschickt hätte. Statt dessen ging Matjä hin und mähte! Konnte es, wollte es, tat es, unermüdlich. Zwei Tage hat er noch mit mir gemuckscht, jetzt lächelt er schon wieder. Aber er muss nun doch fort, ich habe mit dem Arbeitsamt ausgemacht, dass er gegen einen anderen Polen ausgetauscht wird, da die versprochenen Ukrainer immer auf sich warten lassen. – Gestern habe ich nun auch mein Rad aus Feldberg geholt, es war wirklich heil. Aber fünf Stunden hat der gute Hagemann an dem Schlauch geflickt und sich schliesslich doch nicht anders zu helfen gewusst, als dass er ein Stück Schlauch dazwischen gesetzt hat, mit Flicken ging es nicht. 5 Meisterstunden Flicken kostet 12,50 RM, und ein neuer Schlauch kostet 1,20 RM! Was sollte er da berechnen? Schliesslich haben wir uns dahin geeinigt, dass er gar nichts berechnet, dass er aber von mir ein paar Bücher geschenkt bekommt. Auch eine Lösung, wozu Bücherschreiben im Kriege alles gut ist. – Mit dem Kleinvieh haben wir weiter viel Pech. Es scheint schon

ein pechöses Jahr zu sein, dieses 1944! Aber bitte schliesse
Du Dich diesem Familienpech nicht an!
Die besten Grüsse Deines

Templin, den 7. Juni 1944 20.15

Lieber Papa – liebe Mummi!
Augenblicklich ist hier das größte Gesprächsthema: Die Invasion. Und das wohl mit allem Recht. Denn sie ist es wohl,
die für eine schnelle Beendigung des Krieges sorgt. Und das
wohl auf alle Fälle, wie der Krieg auch ausgehen mag. Wird
sie abgeschlagen, ist es höchstwahrscheinlich aus mit England. Wird der erste Angriff nicht überwunden, siehe Nettuno-Anzio. Bloß dann endet der Krieg wohl andersherum.
Übrigens waren am Sonntag die Reichsjugendsportwett-
kämpfe. Dabei habe ich für meine Verhältnisse eine ganz
gute Leistung herausgeholt. Nun also, für heute Abend ade!
Euer Uli

Rudolf Ditzen
Carwitz, am 18. Juni 1944
Post Feldberg/Meckl. (3)
Lieber Uli,
schönen Dank für Deinen Brief. Das ›Befriedigend‹ in La-
tein haben wir mit Vergnügen zur Kenntnis genommen –
wenn Dir doch im Griechischen einmal noch vor der Ver-
setzung ein solches Zensürchen blühte! Briefpapier lege ich
Dir bei, wenn ich noch was finde. Ich empfehle Dir grösste
Sparsamkeit. Wegen Kuchen- und anderer Marken schreibt
Dir Mummi, ich fürchte, es wird da nicht viel zu machen

sein, wir sind selbst sehr knapp mit Brot, wir essen jetzt schon abends meist Kartoffeln. –

Wenn es nun wirklich noch was mit Deiner Reiterei würde, das wäre doch grossartig! Erzähle das nächste Mal davon! Und berichte auch, was man bei Euch sich von der neuen gegen England angewandten Waffe erzählt, vorläufig klingt das alles recht geheimnisvoll. Ob es sich um ferngesteuerte, flugzeugartige, unbemannte Geschosse handelt? Ich ahne es nicht! Jedenfalls scheint es die Tommies und Amerikaner wieder auf den Plan gerufen zu haben, heute nacht um ½3 Uhr wackelte meine Stubentür ständig von schwersten Bombeneinschlägen (wohl in Berlin?) und heute morgen sind schon wieder zwei grosse Wellen berlinwärts über uns geflogen. Die Zeiten werden immer schlimmer, aber man hofft doch jetzt, dass das Ende nicht mehr ferne ist. –

Hier ist eigentlich kaum etwas Neues vorgefallen. Immer viel zu viel Arbeit, immer zu schnell wachsendes Unkraut, Mangel an allen Arbeitskräften – es ist schon ein Jammer. Meine Bienchen machen mir auch Kummer, dieses kalte nasse Wetter schadet ihrer Entwicklung sehr. Die Katt scheint gewaltig unter den Ratten aufgeräumt zu haben, ich merke kaum noch etwas von ihnen.

Herzliche Grüsse von Deinem

Carwitz, am 24. Juni 1944
Post Feldberg/Meckl. (3)

Lieber Uli,

heute bekommst Du besonders rasch Antwort auf Deinen Brief, für den wir Dir vielmals danken. Ich bin nämlich im Begriff nach Berlin zu fahren, habe dort geschäftlich zu tun, und da ich noch nicht weiss, wann ich zurückkomme, möchte ich diesen Brief auch gleich erledigen. Übrigens

soll Berlin nach dem Mittwoch-Angriff der Amerikaner noch schlimmer aussehen als bisher, es ist wohl ein sehr schwerer Angriff gewesen, von allen Fernbahnhöfen sollen nur noch 3 funktionieren, der Stettiner hat auch wieder was abbekommen, soll aber wieder in Betrieb sein. Wir hatten am Dienstag hier auch zwei Amerikaner, Jagdflieger, die ja wohl Mustangs genannt werden. Sie knallten überall mit ihrem Maschinengewehr herum, haben aber hier in der nächsten Umgegend niemanden getroffen. Ich war grade mit Matjä beim Wrukenpflanzen. Utnehmer streute dichte bi Dünger, als die beiden sehr niedrig über uns wegbrausten. Ich lag nach meinen Frankreich-Gewohnheiten sofort zwischen den frisch gepflanzten Wruken auf dem Bauch, Utnehmer sass auf dem Hintern und sah unbeschreiblich dumm staunend in den Himmel, d. h. den rasch enteilenden nach, Matjä aber war schneeweiss geworden, zitterte und brach dann in eine wahre Schimpfkanonade aus, meist Polnisch. Sonst geht's hier wie immer. Mückchen ist wegen ständigen Lesefiebers erst einmal von mir verdonnert, heute Vormittag alle Räder zu putzen, was sie auch ganz hübsch macht. Achim hat gestern, wie ahnt kein Mensch, den dicken alten Wein an meiner Stube unten abgehackt, nicht allen, aber doch immerhin so viel, dass ein Pfeiler fast nackt ist, er hat fürchterliche Dresche bekommen und ist heute ein artiger Knabe, der sogar zu Füssen der Grossmutter sitzt und mit ihr Bilderbücher ansieht. Er darf allerdings auch strafweise den Hof nicht verlassen. Und mein Sohn Uli? Ja, der hat ganz überraschend noch eine Lateinarbeit schreiben müssen, die hoffentlich nicht ganz überraschend in eine 5 entartet. Sorgen hat man! Auch sind wieder alle sieben grossen kleinen Karnickel eingegangen – warum ahnt kein Mensch. Pech haben wir dies Jahr! Und nun mach es gut, Söhnchen! Alles Gute von Deinem
ollen

Am 5. Juli 1944 wurde die Ehe der Eltern geschieden. Der
Sohn erfuhr davon erst einige Monate später.

Templin, den 19. Juli 1944

Mein lieber Papa!

Nachdem ich vor kurzem der Mücke geschrieben habe,
wird es nun Zeit, daß ich Dir schreibe. Ich wünsche Dir
also heute alles Gute für Dein neues Lebensjahr und hoffe,
daß es im ganzen glücklicher wird als das vorige. Wie Du
Deinen Geburtstag verlebst, kann ich ja nur ahnen, aber ich
hoffe, daß Du ihn nett verbringen wirst.

Dieses soll nun mein letzter Brief vor den Sommerferien
sein, höchstens, daß ich morgen noch eine kurze Karte
schreibe (Aber ich glaube es selber nicht). Ich werde
höchstwahrscheinlich mit dem Abendzuge kommen, ob
mit oder ohne Rad, weiß ich noch nicht. Denn heute habe
ich erfahren, daß der Freilauf kaput ist.

Nun noch einmal alles Gute zu Deinem Geburtstag.
Glückwunsch Dir!

Dein Uli

[Postkarte ohne Datum und ohne lesbaren Poststempel]

Lieber Papa – liebe Mummi!

Offiziell ist noch nichts raus!. Wir kommen höchstwahrscheinlich nach Meseritz/Warthe. Und nach bisher unbe-
stätigten Meldungen nur für 2 Wochen. Es werden höchstens 36 Mann, die mitkommen. Heute ist noch eine
Untersuchung, aber ich glaube nicht, daß jemand zurückgestellt wird. Es soll erst am 17. losgehen, ich finde, da hätten wir mindestens noch 1 Tag zu Hause bleiben können.

Essen und schlafen tun wir in Al. V. Jetzt haben wir ja noch lange Zeit frei, bis es losgeht.

Uli

17. 8. 44

Wir sind jetzt auf der Fahrt nach dem Osten. Wo ich hin-komme, weiß ich noch nicht. Wenn ich da bin, schreibe ich. Wir sind hier in Eberswalde und fahren weiter nach Frank-furt. Sonst ist alles in Ordnung.

Uli

Frankfurt, 17. d. M.

Lieber Papa – liebe Mummi
Jetzt bekommt Ihr heute die 2. Karte, allerdings etwas aus-führlicher. Heute morgen ist es losgegangen um 4.00. Dann sind wir über Eberswalde nach hier gefahren, wo wir jetzt 4 Stunden machen können, was wir wollen. Dann soll es heute nachmittag weitergehen. Die Tage bis heute vergin-gen bis heute in herrlichem Nichtstun, es war ganz schön. Für jetzt genug von

Eurem Uli

[Brief mit Poststempel 22. 8. 1944 aus Meseritz]
Neuhöfchen Sonntag [d. i. der 20. 8. 1944]

Lieber Papa – Liebe Mummi!
Heute komme ich dazu, Euch zu schreiben und werde der Reihe nach erzählen. In Frankfurt mußten wir um 14.00 Uhr bannweise antreten. Von unserm Bann waren nur wir vom

Gymnasium. Dann mußten alle 14jährigen raustreten. Wir waren sechs Mann, von denen sich noch einer zur anderen Gruppe rüberschmuggelte. Wir wollten alle zur anderen Gruppe zurück, aber es gelang uns nicht. Wir waren furchtbar wütend. Dann konnten wir bis 8.00 Uhr weg. 3 von uns 5 gingen ins Kino, der Film war mäßig. Dann setzten wir uns in den Zug und kamen am Freitag früh hier an, wo wir nun mit Zehdenickern, Lychenern und Templinern zusammen sind. Am Vormittag schliefen wir aus und richteten uns hier ein. Nachmittags suchten alle Grünzeug für Girlanden. Denn heute Nachmittag ist Schützenfest. Dann hatten wir Freizeit. Sonnabend war Arbeitstag, deshalb werde ich ihn mal beschreiben: 5.00 war Wecken, dann wuschen wir uns nicht und frühstückten. Um 6.00 war Appell, bis wir um ½7 zur Arbeit abrückten. Wir bekamen keine Spaten, da zu wenig da sind. Nach einer Stunde Marsch kamen wir an der Arbeitsstelle an, wo die Arbeitsstücke eingeteilt wurden. Jeder muß 2.50 m : 1.70 m tief ausschachten. Aber da alles Sand war, stürzten die meisten ein, wo wir sie dann liegen ließen. Im Ernstfall taugen sie [die Schützengräben] überhaupt nichts. Da ich keinen Spaten hatte, brauchte ich nur die halbe Zeit schippen und jmd. ablösen. Gegen Mittag kamen ein paar Leute vom Film und kurbelten ein paar eifrig Grabende. Und was davor noch an Gräben heil war, war dann bestimmt kaput. Dann ging es durch Staub und schöne Gegend ins Quartier, wo wir unser Eßgeschirr holten und dann Mittag empfingen. Das Essen soll sehr eintönig sein. Danach hatten wir bis 16.00 Freizeit, dann kommt irgendein Dienst, dann haben wir wieder frei. Zwischendurch gibt es kalte Verpflegung. Das ist ein kleines Stück Brot und zwei noch kleinere Stücken Butter und Wurst, was alles einen Tag reichen soll. Um 9 muß alles auf dem Strohboden liegen. – Heute nachmittag steigt das Schützenfest, für das jeder drei Biermarken bekommt. Na ja, wir werden ja sehen.

182

Die Gegend hier ist schön, aber für uns sehr trostlos. Nachrichten bekommt man überhaupt nicht zu hören. Das ganze Dorf ist sehr ungepflegt. Wann wir zurückkommen, weiß niemand. Baden kann man hier in einem kleinen Bach. Flucht- und Selbstmordversuche sind hier auch schon gemacht worden, einer ist ertrunken. Nun alles Gute
Euer Uli

Rudolf Ditzen

Carwitz, am 24. August 1944
Post Feldberg/Meckl. (3)

Lieber Uli,

schönen Dank für Deinen ausführlicheren Brief über Deinen Sondereinsatz und die beiden Karten von der Fahrt. Wir freuen uns, dass wir nun Nachricht von Dir haben, wissen, wo Du abgeblieben bist und was Du so ungefähr tust (oder nicht tust). Dein Brief klingt nach einer gewissen Wurschtigkeit, wenn ich mich so ausdrücken darf einem erlauchten Mitgliede der Obertertia gegenüber, und nach allem, was Du schreibst, scheint Eure Tätigkeit bisher ja weder besonders interessant noch gut organisiert zu sein. Immerhin kann man nach ein oder zwei Tagen so etwas nie beurteilen; das alles ist doch schliesslich etwas plötzlich gekommen und muss sich auch erst einlaufen. Übrigens muss die Gegend dort wirklich schön sein. Ich bin nämlich vor vielen Jahren einmal in der Drossen-Crossener Gegend tätig gewesen. Damals rechnete Meseritz noch zur Provinz Posen, heute ist es ja Mark Brandenburg. – Zwei Gänse haben wieder ihr Leben lassen müssen, aber nicht zur sofortigen Abwendung einer Hungersnot im Hause Ditzen, sondern für die Gläser. Der Dachs macht weiter vielen Schaden. Ich steige ihm öfter nach, aber er ist sehr schwer zu beschleichen. Die Nächte sind stockdunkel, und ich muss nach seinen Schmatz- und Raschelgeräuschen schiessen, zu sehen ist garnichts, besonders nicht im hohen Mais. Neulich habe ich aber doch einen Schuss auf ihn angebracht, seitdem ist er noch viel scheuer geworden, geht nur an den Rand des Maises, von wo er immer gleich abrücken kann, und wechselt alle Augenblicke seinen Platz. Ich habe ihn ein paar Mal gehört, bin aber nicht in seine Nähe gekommen. Schmerzlich, denn jede solche Expedition kostet mich über eine Stunde Nachtschlaf, und das Ergebnis ist dann morgens doch wieder eine Fuhre ausgerissener Mais. – Es ist sehr still im Hause, meine Sekretärin ist nun auch wieder fort, nur Achim sorgt für etwas Betrieb. Er ist aber meist im Dorf, oder bringt einen Haufen Kinder mit an. Am beliebtesten ist jetzt bei ihm und seinen Kumpels das Fallobstsuchen und Fressen, sie leisten darin wirklich viel. Dazwischen werden ›Hüppers‹ gefangen. Mach es gut, lieber Sohn, ich will doch hoffen, dass dieser Brief Dich erreicht.

Herzliche Grüsse

[Brief mit Poststempel 25. 8. 1944]
Neuhöfchen, Freitag

Lieber Papa – liebe Mummi.

Da ich das Datum nicht weiß, schreibe ich den vermutlichen Wochentag. Ich habe ja tüchtiges Pech. Mittwoch abend bin ich aufs Krankenrevier gegangen und hatte 39,3 und Kopf- und Magenschmerzen und Durchfall. Heute Morgen ist es fast ganz in Ordnung. Es ging jedenfalls schnell. Auf alle Fälle brauche ich jetzt nicht zu arbeiten. Die Sonne sticht den ganzen Tag über vom wolkenlosen Himmel und es sind bestimmt Mittags 30 C. Bei dieser Hitze macht es keinen Spaß zu arbeiten, aber doch gibt es welche, die lieber hierbleiben als nach Hause zu kommen.

Es ist saumäßig. Es wird davon gesprochen, daß wir noch 3 Wochen hierbleiben und eingestürzte Gräben ausschippen sollen. Schreibt mir bitte, wann die gelben Buttermarken verfallen. Das Schützenfest am Sonntag war weniger als mäßig. An einer kleinen Bude sollten 1400 Jungen 3x anstehen, um ihr Bier zu bekommen. Das sagt wohl genug. Aber am Abend nach einer netten Feier rasten einer meiner Kameraden und ich zur Bierbude, wo wir fast die ersten waren. Da haben wir ein angebrochenes Faß leergemacht und noch zwei aufgestoßen und mit dem Mund am Spundloch losgetrunken. In Hoffnung auf ein baldiges Wiedersehen

Euer Uli

Jahrzehnte später erfuhr der Sohn, was am 28. 8. 1944 in Carwitz geschah: Die Mutter und der alkoholisierte Vater gerieten in einen Streit, in dessen Verlauf der Vater einen ungezielten Schuß aus einer altertümlichen Pistole (Terzerol) abgab. Er wurde von der Polizei festgenommen und in die Landes-Heilanstalt in Neustrelitz-Strelitz verbracht. Dort hatte der Vater keine Schreibmaschine mehr, eine regelmäßige zweiseitige Korrespondenz mit Durchschlägen ist nicht mehr vorhanden, der Sohn hat aber, anders als bisher, einige handschriftliche Originalbriefe des Vaters verwahrt, wie der Vater die des Sohnes.

Rudolf Ditzen
(3) Neustrelitz-Strelitz, am 14. September 1944
Friedrich-Hildebrandtstr. 2a

Mein lieber ältester Sohn,

alter Ulimuxe, ich habe von Deiner Mummi gehört, dass es Dir gar nicht gut geht, dass Du sehr niedergedrückt bist und Dich nicht auf Deine Arbeit konzentrieren kannst. Auch scheinst Du an dem »Sinn des Ganzen« zu zweifeln.

Mein lieber alter Junge, Du weißt es, mit welcher Liebe, aber auch mit welcher Sorge ich immer an Dich denke. Ich sehe mich wieder in Dir, als ich einmal so jung war wie Du; ich hatte es schwer, und ich möchte so gerne, dass Du es etwas leichter hast. Ich bin immer für Dich da – auch wenn ich einmal krank bin wie jetzt –, ich bin stets zur Hilfe bereit, in *jeder* Lage. Denke immer daran! Was nun Deine jetzige Lage angeht, so bitte ich Dich sehr: reisse Dich zusammen, zwinge Dich mit zusammengebissenen Zähnen zur Arbeit. Arbeit ist das beste, ja das einzige Mittel gegen alle Sorgen, jede Entmutigung, gegen das lähmende Niedergedrücktsein. Du erinnerst Dich, welche Sorgen wir uns alle vor den Grossen Ferien wegen Deiner Versetzung gemacht haben, wie glücklich wir waren, als Du es dann doch schafftest; gib nun nicht schon im ersten Vierteljahr das nicht leicht Errungene wieder preis. Denke aber auch an Deine arme Mummi, auf der allein jetzt in Carwitz die Last der ganzen Wirtschaft liegt, die sich Sorgen um Deinen Vater macht und nun auch schwere Sorgen um Dich. Nicht nur um Deinet-, auch um unser willen rappele Dich auf, sei neben der Arbeit möglichst viel mit Deinen Kameraden zusammen, sondere Dich nicht ab – Du bist doch unser Stolz, Uli, kämpfe Dich frei! – Ich halte es für möglich, dass Dir bei Deinem letzten Besuch daheim irgendjemand etwas über Deine Eltern erzählt hat, das Dich schwer bedrückt. Ich will ganz offen mit Dir reden, Uli, Du bist kein Kind mehr. Deine Mutter und ich, wir haben durch meine Schuld eine Zeit schwerer Entfremdung durchgemacht; Du hast es an dem ganz verändertem Ton in unserem Hause gemerkt. Es sind – wiederum durch meine Schuld – Dinge vorgekommen, die nie hätten vorkommen dürfen. Aber nichts von alledem war so, wie es die Leute erzählen, alles war wesentlich milder, und vor allem, es besteht die bestimmte Aussicht, dass alles wieder in Ordnung kommt. Ich war lange krank, ohne es selbst zu wissen, jetzt bin ich auf dem Wege der Gesundung und, wie ich zuversichtlich hoffe, zu einer *dauernden* Gesundung. Wenn Du zu Weihnachten wieder in unser altes gutes Haus zurückkehrst, hoffe ich auch wieder dort zu sein. Dann werden die Geschenke vielleicht knapp ausfallen, aber ich denke, dann wird der alte fröhliche Ton zurückgekehrt sein! – Vielleicht hat Deine Mutter Dich schon besucht, ehe Dich dieser Brief erreicht; sie wollte, so bald es ihr möglich war, einmal nach Dir sehen. Sprich Dich aus mit ihr, mache Dir das Herz leicht, alter Sohn – kein Mensch liebt Dich so sehr wie Deine Mummi (vielleicht doch noch Dein Vater!). Und hast Du den dringenden Wunsch, mich zu sehen und mit mir zu reden, so wird auch das sich einrichten lassen.

Nun noch ein paar Worte von mir. Ich lebe hier in einem seltsamen traurigen Hause mit vielen schwerkranken Menschen zusammen, ich bin der gesündeste von ihnen allen. Ich arbeite bis auf zwei Stunden, in denen ich bei dem herrlichen Herbstwetter draussen spazieren gehe, eigentlich den ganzen Tag für mich, schreibe mal wieder Kurzgeschichten. Ich habe vor Kurzem eine Achim-Geschichte vom Grossen und vom Kleinen Jü-Jü geschrieben, und ich möchte noch gerne je eine Geschichte von meiner Mücke und von meinem Uli schreiben. Und dafür wird wohl auch noch Rat werden. – Die Hausordnung ist streng: abends um ½8 Uhr müssen wir schon im Bett liegen, und um ¾6 Uhr ist erst aufstehen. So lange kann Dein Vater natürlich nicht schlafen. Da liege ich dann Stunden wach, sehe die Sterne am Himmel, höre die Flugzeuge brummen, eine Uhr eine Viertelstunde nach der anderen schlagen – und denke mir dabei Geschichten aus oder denke an Euch. Heute Nacht hat nur an Dich, Uli, gedacht

Dein Dich herzlich grüssender

Vater Ditzen

Lieber Papa!

Am Freitag habe ich nun Deinen Brief bekommen, für den ich Dir herzlich danke. Heute bin ich gerade in Carwitz und will Dir gleich von hier aus schreiben. Und ich kann Dich auch insofern beruhigen, als es mir wieder besser und ganz gut geht und auch die Stimmung ist wieder wie immer. Das lag wohl alles am Krankenzimmer, jetzt ist jedenfalls alles in Ordnung. Und ich hoffe auch, daß es Dir bald wieder gut geht und alles wieder auf gerader Strecke läuft. In der Schule haben viele Lehrer gewechselt. Musik und Zeichnen hatten wir noch garnicht. Unser Englischanfang ist nicht gut, da wir einen Lehrer haben, der sich nicht durchzusetzen weiß und somit geärgert wird. In Latein und Griechisch haben wir einen sehr guten Lehrer. – So, das wäre wohl wieder einmal alles. Der Tabak übrigens, den Dir Inge gestern u. a. gebracht hat, war von mir gehäckselt.

Herzlichste Grüße Dein Uli

Templin, den 5. Okt. 1944

Mein lieber Papa!

Kannst Du mir nicht wieder einmal schreiben? Ich habe die ganze letzte Zeit auf eine Nachricht von Dir gewartet. Aber Du wirst wohl irgend einen Grund dafür haben. Ich habe nun wieder allerhand zu erzählen. – Durch mein neues Amt als Bücherausgeber und -verwalter bei der Schülerbücherei bin ich auf ein Buch gekommen, das Du mir schon in Carwitz geraten hast: Die gute Erde (von Buck). Es hat mir wirklich gut gefallen. Als zweites China-Buch hat er doch noch geschrieben: Der junge Revolutionär. Das werde ich auch in der nächsten Zeit lesen.

Gestern sind nun unsere Schipper zurückgekommen, allerdings nur zu einem zehntägigen Urlaub. Unter der Bedingung, daß sie Urlaub kriegen, haben sie sich für 4 Wochen freiwillig gemeldet. Das Essen ist jetzt sehr gut (Hier übrigens auch). Mit ihrer endgültigen Rückkehr muß also erst Mitte November gerechnet werden. Hier ist das Wetter sehr gut (Baden kann man allerdings nicht mehr). Fliegeralarm war in der letzten Zeit hier überhaupt nicht mehr.

Mit herzlichsten Grüßen bleibe ich

Dein Uli

Templin, den 18. Oktober 1944

Mein lieber Papa!

Jetzt komme ich erst wieder dazu, weiterzuschreiben. Unsere Zeit ist sehr beschränkt. In der Arbeitsstunde müssen wir uns fast nur um die Kleinen noch kümmern.

Heute morgen bin ich auf Kurierfahrt (von der Partei aus) in Vogelsang und Zehdenick gewesen. Es handelte sich dabei wohl um die Bildung des sog. »Volkssturmes«, in dem alle 16–60-jährigen Deutschland vor dem Ansturm der Feinde schützen sollen (Meldung ohne Gewähr). Hoffentlich kommst Du, Papa, da nicht auch rein! Dieses soll nach Bonzenaussagen unsere letzte Reserve sein. – Einer unserer Lehrer sagt, er hätte aus einer Gruppe von Amerikanern (12 Maschinen) plötzlich Stichflammen kommen gesehen und sie seien abgestürzt. Das soll, wie man öffentlich schließt, durch eine Energiekonzentration geschehen. Auf diese Waffe soll das paartägige hohe Ansteigen der Abschussziffern (168, 140 usw.) zurückfallen.

Hier ist in der Schule für eine kleinere Gruppe der Japanisch-Unterricht angelaufen. Es unterrichtet ein Japaner, Dr. Shiahara, der so aussieht, wie man sich einen typischen Japaner vorstellt. Die Schriftzeichen sind einfacher, als man sie sich denkt. Ich nehme daran jedenfalls nicht teil.

Vale! Uli

Mein lieber Papa!

Habe herzlichsten Dank für Deinen Brief, den ich heute bekam. Mir geht es immer noch gut.

Wie Mummi Dir wohl schon mitgeteilt haben wird, wird aus der Erntehilfe nichts, weil die Zeit dafür schon vorbei sein soll. Schade aber wahr. Aber am Sonntag kann ich vielleicht auch etwas mithelfen. – In der Schule geht alles auf die alte neue Masche weiter. Wir tun reichlich wenig und werden weiter zu allen möglichen und unmöglichen Sachen gebraucht. In der letzten Woche sind für mich und drei andere 4x drei Stunden ausgefallen, weil wir in 4 x 1½ Stunden Heilkräuter transportiert haben. Danach sind wir grundsätzlich nicht mehr zur Schule gegangen.

Hast Du übrigens gestern abend die Reichsministerrede gehört. Allmählich verringern sich ja seine Ansprüche für Ende des Krieges. Mich wundert nur, daß Hitler so lange nicht gesprochen hat.

Mit meinem Rade hatte ich kürzlich Pech. Mir ist das hintere Schutzblech gebrochen. Jetzt habe ich es notdürftig geflickt und will es in Carwitz morgen ganz in Ordnung bringen. Gehab Dich wohl!

Vale! Dein Uli

[Postkarte mit Stempel 19. 11. 1944]

Lieber Papa.

Einen Brief habe ich in der letzten Zeit von Dir noch nicht bekommen. Aber wie ich Dich kenne, liegt er bestimmt nur auf der Post rum. Hoffentlich geht es Dir jetzt allmählich wieder besser, so daß Du zu Weihnachten wieder da bist. Mir selber geht es einheitsgut, nur daß ich etwas müde bin. In den letzten Nächten habe ich immer nur gegen acht Stunden Schlaf gehabt. Mit dem Essen wird es jetzt allmäh-

lich auch wieder schlechter. Die Qualität ist dieselbe geblieben, aber es wird jetzt schon knapper. Da es mit den Marken auch Rest ist, wird es leicht hungrig. Hoffentlich gibt es jetzt bald Ferien. Denn in der Schule wird es jetzt ziemlich stur. Drei Mann des Jahrgangs 1928 sind jetzt auch schon zum Arbeitsdienst eingezogen worden. Sie waren 15 Jahre alt. In der Schule haben wir am 25. hohen Besuch zu erwarten. Inspektor Heißmeyer und Botschafter Ossima haben sich angekündigt und werden hier sich alles ansehen. Was es zu normalen Zeiten nicht gibt, auf einmal kommt es jetzt heran: Die Verdunklungen werden geflickt, und sogar eine Klasse (die japanische) wird neu gestrichen. Ja, es geschehen im 6. Kriegsjahr noch Wunder. – Nun herzlichste Grüße
von Deinem Uli

Templin, den 2. Dezember 1944

Mein lieber Papa!

Herzlichsten Dank für Deinen Brief. Noch ein paar Worte zur Japan-Feier: Sie war 1. wegen Unpünktlichkeit der hohen Herren verspätet, 2. langweilig. Alle drei Herren (Boß Bauer, Heißmeyer und Ossima) erzählten völlig unwesentliche Dinge. Am Nachmittag folgte die Eccefeier (jetzt: Totengedenkfeier). Im Verlaufe dieser Feier geschah es wohl zum ersten Mal, daß das »Ave verum« in der H.J.-Uniform gesungen wurde. Sonst verlief alles in der alten neuen Weise.

Das Englische ist auch so eine Sache. Der Lehrer ist völlig unfähig, sich richtig durchzusetzen. Er legt irgendwann Wiederholungsstunden ein, die sich 6 Uhr morgens abspielen. Der Unterricht verläuft schlafend einerseits und quasselnd andererseits. Alles nach dem Leitwort: Wenn alles schläft und einer spricht, das ist bei Loff der Unterricht. Andererseits sind einige Lehrer völlig überreizt. Einmal hat einer eine Verwarnung bekommen, weil er in der Pause in schlechter Haltung dasaß. Als der nun fragte, warum er eingeschrieben worden sei, bekam er wegen Widerspruch einen Tadel.

Vale Uli

Templin, den 9. Dezember 1944

Mein lieber Papa!

Wie ich aus Deinem Brief ersehe, bist Du wohl ziemlich erfreut, wieder einmal nach Hause zu kommen. Ich bin es übrigens auch. Nur nimm es mir gleich zu Anfang bitte nicht sehr übel, wenn mein Zeugnis nicht allzu gut wird. Aber das liegt wohl auch mit daran, daß wir hier im Alumnat zu viel zu tun haben.

Einer von meinen besseren Kameraden ist aus unserer Klasse zu den Luftwaffenhelfern eingezogen worden. Das war heute. Vor einer Woche wurde er auf Luftwaffenhelfer-Tauglichkeit gemustert. Seiner nicht zu starken Natur wegen wurde er auf ein halbes Jahr zurückgestellt. Heute ist er eingezogen. Es geht also ziemlich wahllos zu (!). Sonst geht es mir gut. Für unsere Weihnachtsfeier wird jetzt tüchtig gearbeitet. Wir fünf Großen führen ein kleineres Stück auf, das für die Kleinen noch leicht umgeändert werden mußte. Gebacken haben wir auch schon. Trotz des 6. Kriegsjahres ist eine ganze Menge zusammengekommen. Nur war die Hausdame sehr empört, als fast jeder der Kleinen sich einen Teigkloß mitnahm.

Nun mit herzlichsten Grüßen

Dein Uli

Am 13. Dezember 1944 wurde der Vater aus der Heilanstalt entlassen und kehrte nach Carwitz in das isoliert gelegene Gärtnerzimmer zurück.

1945

*Der folgende Brief des Sohnes ist auf vier Seiten eines Steno-
blocks geschrieben; jede Seite trägt in der Fußzeile eine ge-
druckte Parole: Pst! Feind hört mit – Besser zehn Worte zu
wenig als ein Wort zu viel – Sei stets verschwiegen, Du bist es
der Front schuldig – Halte Dein Stenogrammheft stets unter
Verschluß!*

Templin, den 13. I. 1945

Lieber Papa – liebe Mummi!

Meine Karte habt Ihr hoffentlich bekommen. Das Expreß-
paket ist auch hier schon sehr bald angekommen. Vielen
Dank für die Seife. – Hier haben wir uns sehr schön eingelebt, aber man kann ja eigentlich gar nicht mehr davon sprechen, denn uns macht es ja gar keine Schwierigkeiten mehr.
Die Zeit vergeht hier wie im Fluge. Hier sind übrigens auch
Lichtsperrstunden eingeführt worden, aber sie sind noch
viel katastrophaler als in Carwitz. Hier sind sie Mo Di Mi
von ½7–14 Uhr und Do Frei So von 2–9 Uhr abends. Und
das Schlimmste ist, daß nicht einmal diese Zeiten eingehal-
ten werden. Heute Nachmittag brannte das Licht in strah-
lender Helle, während es wann anders viel länger aus ist. In
der dunklen Abendzeit sollen wir (bei dem Glatteis) mar-
schieren, um frische Luft zu schnappen. Am letzten Donnerstag hat Zug 2 ein Geländespiel gegen Zug 1 gemacht,
bei dem man immer, wenn man bei der Prügelei hinfiel, völlig naß wurde, denn es taute gerade an dem Abend herrlich.

Heute laufen die ersten Gerüchte ein, daß uns bald bekanntgegeben werden soll, daß wir Heimschule 1. Grades

(also NPEA) werden sollen. Die Uniform soll bald eintreffen. – Gleich nach den Ferien haben wir einen neuen Heimleiter bekommen. Das ist so eine Art ewiger Student, der nie weiter kommt. Im ganzen eine köstliche Type. Seine erste Diensthandlung war, uns mitzuteilen, daß wir unsere Räder nur zu Kurierfahrten für die NSDAP benutzen dürfen. Wir dürfen unsere eignen Räder nicht fahren. – In der Schule geht es ganz gut. Englisch haben wir jetzt bei einem guten Lehrer bekommen, der uns wirklich was beibringt. Als erstes lernten und sangen wir: It's a long way to Tipperary, um die Aussprache zu erkennen. –

Mir geht alles gut und nun mit herzlichsten Grüßen

Euer Uli

Rudolf Ditzen

Carwitz, am 19. Januar 1945

Lieber Uli,

Mummi und ich haben uns herzlich über Deinen Brief gefreut. Ich bin eben von Berlin gekommen und fand ihn hier schon vor. Du hast ja allerlei zu berichten, und im allgemeinen scheinst Du ja ganz erfreuliche Verhältnisse vorgefunden zu haben. Hoffentlich hast Du Deinen Zweier-Saal bald mit Deinem Freund wieder allein. Daß Ihr einen etwas fähigeren Englisch-Lehrer bekommen habt, freut mich aufrichtig – es ist wirklich wichtig, daß Du in diesem Fach Deinen etwas starren Fünfer-Standpunkt aufgibst. Ich hoffe sehr, daß unsere reizvollen Englisch-Studien während der Weihnachtstage auch etwas Früchte tragen werden. Dir übrigens zur Nachricht, daß Mückchen ein recht gutes Zeugnis nach Hause gebracht hat und daß ihr Englisch mit einer Vier zensiert wurde. Du wirst es nicht richtig finden, deswegen bleibt das Ergebnis das gleiche. Hier in Carwitz

194

ist alles beim alten. Achim ist mächtig fidel und spielt mit unbesieglicher Ausdauer Schaf. Gottlob ist er dabei ziemlich anspruchslos, und ich muß ihn nur ab und zu streicheln und seine schafigen Qualitäten bewundern. Deine Mutter hat nun Schlachten und Große Wäsche hinter sich gebracht, und wir hoffen, dass nun endlich ruhige Tage für sie eintreten werden. Das Wetter ist ausgesprochen scheußlich, aber das hast Du wohl auch schon gemerkt. Morgen früh muß ich nach Feldberg – bin mal gespannt, wie oft ich mich bei diesem Wege auf den Hintern setzen werde, denn es ist eine phantastische Glätte. Das Carwitzer Ende des Schmalen Luzin ist noch immer nicht zugefroren, so dass man nicht einmal den Weg abkürzen kann. Sonst weiß ich im Moment gar nichts neues und sende Dir daher unsere besten Grüße.

Dein

Der folgende Brief des Vaters ist wieder mit der Hand geschrieben, beigelegt ist ihm die förmliche Heiratsanzeige.

(3) Feldberg/Meckl. den 1. II. 1945
Klinkecken

Mein lieber ältester Sohn Uli,
beiliegend findest Du eine Karte, die meine heute erfolgte Heirat mit Ursula Losch, die von nun an Ursula Ditzen heisst, anzeigt. Ich glaube, Du weisst, daß diese Heirat nichts an meinen Gefühlen für Dich ändert. Du bleibst immer mein lieber Sohn, und Du wirst Deinen Vater in Glück und Unglück an Deiner Seite finden, stets bereit, sich mit Dir zu freuen, für Dich zu kämpfen, mit Dir traurig zu sein. Du wirst Deinen Vater nur noch selten im alten lieben Haus in Carwitz finden, aber ich hoffe und vertraue, daß

Du auch manchmal den Weg zu ihm auf den Klinkecken finden wirst (wohin Du mir auch schreiben wirst). Meine junge Frau – sie ist ja gar nicht so viel älter als Du, wenn sie Dir auch jetzt sehr viel älter erscheint – meine junge Frau also wird versuchen, Dir eine Kameradin zu werden, so weit Du selbst danach den Wunsch in Dir trägst. Nichts aber wird in dieser Hinsicht von Dir erwartet oder gar gefordert werden. Das mußt Du immer wissen. Nichts, was Du nicht freiwillig gibst, wird erwartet.

Ich muß noch mit Dir ein Wort von unserer Mummi sprechen. Ich erwarte von Dir, mein lieber Uli, daß Du ihr immer ein liebevoller Sohn bist, daß Du ihr in diesen Tagen hilfst – mit Aufmerksamkeit, mit Liebe, daß Du sie diese Deine Liebe spüren lässt. Sie liebt Dich so sehr – lass sie merken, daß Deine Liebe nicht geringer ist.

Meine Gedanken werden oft bei Euch in Carwitz sein, und wenn Du oder jemand anders meine Hilfe, meine tiefe Liebe dort braucht, sage es mir: ich bin immer für Euch da.

Es wird noch manches Jahr ins Land gehen, bis Du den Schritt, den Dein Vater heute getan hat, wirklich verstehen kannst. Ich bitte Dich sehr, mein Uli, Dich bis dahin jeden Urteils zu enthalten, nicht für oder wider Stellung zu nehmen, sondern neben Deiner Mummi auch lieb zu behalten

Deinen Vater Ditzen

Bald darauf, als Schüler seines Jahrganges schon zum Volkssturm eingezogen werden, setzt sich der Sohn aus Templin mit dem Fahrrad nach Carwitz ab. Nach der Besetzung Ost-Mecklenburgs durch die Sowjetarmee wird der Vater von der Feldberger Ortskommandantur zum Bürgermeister bestimmt, scheitert aber nach drei Monaten völliger Arbeitsüberlastung. Er erleidet einen Nervenzusammenbruch, seine junge Frau zieht mit ihm in ihre fast zerstörte Berliner Wohnung. Doch erhält der Vater noch im selben Jahr durch Vermittlung des Präsidenten des Kulturbundes, Johannes R. Becher, ein Haus in Berlin-Niederschönhausen zur Miete, in das er am 5. November 1945 einzieht mit seiner Frau, deren sechsjähriger Tochter Jutta und seinem Sohn Uli, der hier wieder zur Schule gehen soll. Hier am Eisenmenger Weg lebt die Familie bis zum Tode des Vaters. Allerdings sind er und seine Frau immer wieder, morphium- und alkoholabhängig, zur Entwöhnung in Krankenhäusern. Von diesen Aufenthalten stammen die letzten Briefe des Vaters; die des Sohnes sind verloren.

1946

Mein lieber ältester Sohn Uli,

ich danke Dir herzlich für Deinen Brief, besonders auch
über die guten Nachrichten von Deinen Studien. (Verzeih,
dass ich mich so oft vertippe, erstens ist das Farbband nicht
in Ordnung, zum zweiten der Schreiber ooch nicht!). Also,
mein lieber Uli, ich hoffe, heute noch Ulla zu sprechen, die,
wie ich höre, hier morgen auch aufgenommen werden soll.
Sie hat ja wohl mit Dir ganz offen über ihre Krankheit gesprochen. Wie mir nun heute der Professor Zutt – der lei-
tende Arzt hier – sagte, muss man mindestens damit rechnen, dass sie mindestens ein viertel Jahr hier bleiben muss,
um wirklich etwas gründlich Heilendes zu erreichen. Und
was mich angeht, so hat man mir ebenso liebenswürdig
noch 12 Wochen Aufenthalt zudiktiert, praktisch also
ebenso lange. Das ist eine verdammte Zeit und ich denke
mit Sorgen an das Haus, den Haushalt, die kleine Jutta und
Dich. Auf Dir wird die Last liegen, mein lieber Uli, für vieles wirst Du sorgen müssen. Ich bin natürlich hier immer zu
sprechen für Dich, und ich hoffe, in nicht zu ferner Zeit so
weit zu sein, dass ich auch einmal für einen Nachmittag
nach dort kommen kann, aber das ändert nichts daran, dass
Du Dich um vieles wirst kümmern müssen. Es ist schlimm,
dass ich Ulla noch immer nicht habe richtig sprechen dürfen. Wichtig ist natürlich, ob man Deine Mutter von dieser
veränderten Sachlage benachrichtigt. Es wird ihr kaum
recht sein zu hören, dass Du gewissermassen als junger

Hausherr in Berlin auf Dich allein gestellt bist. (Auch die Frage des Haushaltsgeldes, des Geldes für Deine Lehrer usw. wäre zu regeln.) Ich habe gerade einen Brief aus Carwitz bekommen und will so rasch als möglich antworten. Ich bin nun dafür, dass wir erst einmal die Benachrichtigung nach Carwitz einfach in der Schwebe lassen, d. h. weder Du noch wir erwähnen vorläufig unsere Abwesenheit. Ob sich das auf die Dauer wird durchführen lassen, weiss ich nicht, glaube ich eigentlich auch nicht. Plötzlich wird die Mummi in Berlin sein, und die Katze aus dem Sack, wie man so schön sagt. Aber ich bin jetzt noch in einem so schwachen und elenden Zustand, dass ich mich zu energischen Entschlüssen nicht durchringen kann, und ich muss Dir gestehen, die 12 Wochen des Professors heute haben mir erst einmal den Rest gegeben. Vielleicht, dass die Sache in ein oder zwei Wochen schon ganz anders ausschaut. Heute bekomme ich das letzte Mal Schlafmittel, dann heisst es, wieder ohne sie auszukommen. Es wird erst ein paar schlimme Nächte geben, aber dann bin ich auch meistens durch, und es wird diesmal ein Trost für mich sein, Ulla in der Nähe zu wissen, obwohl ich sie in der ersten Woche kaum werde sprechen dürfen. (Dies alles ist hier ein höchst komplizierter Apparat!). Hast Du Schwierigkeiten mit den Russen, wende Dich sofort an Becher, hast Du aber sonstige menschliche Schwierigkeiten, komme hierher und hole Dir bei Prof. Zutt die Sprecherlaubnis mit mir. Du wirst sie bestimmt bekommen, und ich denke überhaupt, mein grosser Sohn wird nicht mehr ganz so viel in seiner Stube sitzen, sondern öfter ein Brot unter dem Arm hierher wandern, seine Eltern zu atzen. – Ich lasse diesen Brief erst noch von Ulla lesen und grüsse Dich herzlich. Antworte mir bitte sofort, besonders, was Du über Carwitz usw. denkst

Grüsse die kleine Jutta. Ich bin immer

Dein alter Vater

Ditzen-Fallada

Mein lieber Uli,

es hat sich nun doch herausgestellt, dass ich noch einige
Wochen hierbleiben muss, nicht etwa, weil es mir jetzt
schlecht geht, wohl aber um das Erreichte zu festigen und
Rückfälle zu vermeiden. Da habe ich natürlich den Wunsch,
Dich öfter zu sehen und zu sprechen. Wir müssen schon in
gutem Kontakt miteinander bleiben, Du wirst mich manches fragen wollen, und ich habe natürlich Dir mancherlei
zu erzählen. Der Professor Zutt ist einverstanden, dass Du
mich besuchst, so oft Du nur kannst. Ich habe natürlich
auch den Wunsch, dass Du mir einiges mitbringst, ich setze
es hierunter, sieh, was sich da machen lässt.

1. Wenn Ihr es wirklich entbehren könnt, ein Brot, weiss
oder schwarz, ganz egal.

2. Unbedingt Nachthemden für mich.

3. Die Tintenflasche, die wohl noch auf meinem Arbeits-
tisch steht.

4. 50 Marken à 12 Pfg.

5. Lektüre

a. Vom Pitaval (Regal bei der Heizung, ziemlich unten)
2 Bände mit möglichst niederen Bandnummern, also aus
den ersten zehn oder doch zwanzig

b. Aus den Bücherregalen in Ullas Zimmer: Grimm: Volk
ohne Raum, und Wiltfeber: der Auslandsdeutsche (?)

c. Von den Engländern Thomas Wolfe: Von Strom und
Zeit (2 Bände).

d. Dickens: Barnaby Rudge (mehrere Bändchen).
50 Umschläge.

Dies wäre für heute alles. Lass Dich bald sehen bei Deinem alten

Rudolf Ditzen

> (1) Berlin-Charlottenburg 9, am 28. 2. 1946
> Kuranstalten Westend – Nussbaumallee 34

Lieber Uli,

Du hast neulich gemeint, ich solle Dir auch einmal einen Brief schreiben – und warum soll ich das eigentlich auch nicht tun, obwohl wir uns alle zwei oder drei Tage sehen?! Die Ulla sehe ich ja sogar alle Tage und schreibe ihr doch. Und dazu liegt noch immer in meiner Mappe unerledigter Briefe der an Dich getippte Umschlag – alles Gründe, Dir zu schreiben, und so schreibe ich denn! Vielleicht erreicht Dich dieser Brief sogar noch am Sonntag und macht Dir ein bissel Spass – aber das ist wohl zu viel Eile von unserer neuen, doppeltgebührigen Post erwartet!

Heute ist ein grosser Tag, heute ist die Ulla wieder einmal am Eisenmenger Weg gewesen. Ich bin immer mit meinen Gedanken bei Euch gewesen – was meiner Arbeit nicht grade gut bekam –, habe sie begleitet in Gedanken, wie sie auf dem Ernährungsamt pater peccavi machte und hoffe nur, sie hat wenigstens Erfolg mit ihrer Demütigung gehabt. (Zur Stunde, es ist schon 19 Uhr und sie ist noch nicht zurück, wenigstens ist von ›Frauen Mitte‹ noch keine Botschaft bei mir eingetroffen). Wir aber, die Nutzniesser ihres Vergehens und doch auch ihre Mitwisser – wollen's unserer Lieben-Guten nicht vergessen, wie sie stets bereit ist, für die Ihren in die Schranken zu treten und sich vor gar nichts fürchtet und scheut, sondern immer gute Miene zum bösen Spiel macht.

Du bist in eine etwas verdrehte Welt gekommen, und ich glaube, Deine Mutter würde manchmal nicht einverstanden sein mit dem, was Du alles hörst und siehst. Manchmal wollen mir auch leise Bedenken kommen, aber dann sage ich mir doch wieder: ›So ist nun einmal die Welt – und das zu vernebeln, hat gar keinen Sinn. Er muss es lernen, d. h. eigentlich weiss er es schon, und unserer Freundschaft wird das auch nie einen Abbruch tun.‹ Dass ich nicht grade ein Engel bin, und auch die Ulla nicht – so engelhaft sie manchmal auch aussehen kann, wenn sie nämlich will – das weisst Du auch. Und unserer Freundschaft wird das keinen Abbruch tun. Wir halten zueinander, und wenn ich an einen etwaigen Besuch Deiner Mutter mit Grauen denke, so nicht darum, weil ich Angst vor einer Auseinandersetzung hätte, sondern weil ich fürchte, sie nimmt Dich uns einfach weg und wieder heim nach Carwitz – und was sollst Du da?

Am 1. März. Morgens 8 Uhr

Soweit, mein lieber Uli, war ich mit meinem Schrieb an Dich gekommen, als ich zur Ulla gerufen wurde. Sie war von ihrer ersten Reise in die Freiheit zurück. Was sie auf ihr erlebt, wird Dir ja bis zur Ankunft meines Briefes mündlich erzählt worden sein, nur eines muss ich hier noch sagen – obwohl ich auch darüber schon vorher mündlich mit Dir sprechen werde –: ich höre mit Bedauern, dass Du im Augenblick recht niedergedrückt bist. Nahrungssorgen, vor allem wegen der Kartoffeln, vielleicht auch Geldsorgen, und dann fühlst Du Dich doch auf die Dauer recht allein. – Nun, mein lieber Uli, was die ersten beiden Sorgen angeht, so werden sie noch in diesen Tagen behoben werden, was da geschehen kann, geschieht, und ich denke doch, wir werden unsern ältesten Sohn vor einem Hungertode oder Pfändung bewahren. Was aber nun das Alleinsein angeht, ja, mein lieber Junge, auch da werde ich sehen, dass wir hier unsern Aufenthalt möglichst abkürzen. Sicher ist, dass die Hälfte meiner Zeit um ist. Und an der andern Hälfte werde ich auch kräftig nagen. Vielleicht hast Du uns alle beide wieder – eher, als Du Dir jetzt in Deinen kühnsten Träumen vorstellst. Wir machen es schon, wir sind bald da, mein Alter! Kopf hoch, und als das beste, von mir immer wieder erprobte Mittel: stürze Dich mit Elan in die Arbeit! Nichts hilft wie sie die Zeit kürzen! Was denkst Du wohl, wie trübsinnig ich in diesem Haus würde, nur mit Mallen um mich – von meinen doch sehr kurzen Besuchen bei Ulla abgesehen –, wenn ich nicht täglich arbeitete, soviel der alte Kopf nur hergeben will! Das ist die beste Medizin – und wenn Du jetzt vielleicht auch über einen so einfachen, platten, alltäglichen Rat lächelst – Du musst nur einmal versucht haben, ihm zu folgen, und Du wirst sehen, dass es hilft!

Und nun, mein Guter, mein Bester, mein Ältester, auf Wiedersehen!

Ich grüsse Dich, auch im Namen der Ulla sehr herzlich.

Dein alter Vater

Ulla und Rudolf Ditzen

Am 10. März 1946

WIR, RUDOLF DITZEN, ältester aller Ditzens des Erdballs, und WIR, Ulla Ditzen, sein angetrautes Eheweib, auch stammende aus dem Thale der Bolzen,

tun kund und zu wissen, dass wir
Unsern lieben Sohn und Stief zu seinem Geburtstage am
14. März im Jahre des Unheils 1946
aus bekannten Umständen und Gegebenheiten nicht
gebührend zu feiern wissen.

Darum verpflichten wir uns durch diese

URKUNDE
eigenhändig unterzeichnet von UNSERN HOHEN
HAENDCHEN,
dass wir obengenannten lieben Sohn und Stief,
nämlich unsern Ulrich Ditzen, gebürtig in
Berlin-Moabit,
im Jahre des Heils MCMXXX,
schadlos halten wollen an allem, was ihm am 14. des Monats

MARTIUS MCMVIL

entgeht, an freundschaftlichen Zuwendungen, freundlichen
Worten und Taten, Fresserei und Trinkerei, als da ist Fleisch,
Fett, Kantüffeln, Sauce oder Suppe oder beides, auch Tun-
ken, Beiguss genannt, Puddings, Kuchen oder Küch'chen,
Wasser, Bier, Wein, Schnaps, Tee, Kaffee, Muckefuck, Milch,
Zucker, Brot, auch Kuchenbrot, Süsses oder Saures oder
beides, viel oder wenig . . . . . .

Nämlich: ALL DIES SOLL NACHGEHOLT WER-
DEN ZU SEINER ZEIT,
wenn es das Schicksal so will,
Nämlich: am 5. Aprilius MCMVIL,
dem Geburtstage Unserer Lieben Frauen wie oben,

und an diesem Tage soll ihm auch überreicht werden
(wenn es das Schicksal so will)
eine Geschenk oder eine Gabe, gleich nützlich, angenehm
und
S - C - H - O - E - N ,
dass er Freude habe und noch lange denke an diesen Tag!

Bis dahin aber entbieten wir ihm heute unsern Guten GRUSS und wünschen ihm, dass es ihm immer gut gehe auf Erden, dass er zunehme an WEISHEIT und Verstand und er lange lebe!

So gegeben in unserer derzeitigen Residenz zu Hungersdorf, am 10. Brachmond (hoffentlich stimmt's) 1946. (Ach nee, alle Jahreszahlen oben sind falsch!), mit knurrendem Magen aber froher Seele von

[handschriftlich:]

Rudolf Wilhelm Friedrich Ditzen,

genannt Hans Fallada

und

Ursula Mara Helene Agnes Ditzen geb. Boltzenthal

verw. Losch

Am 3. Juni 1946

Lieber Uli,

Dein Brieflein hat uns etwas erschreckt, hoffentlich ist es nichts Ernsteres. Bleibe im Bett und pflege Dich, und vor allem gurgele, ist Salbei garzu schlimm, genügt zur Not auch heisses Salzwasser. Geht es Dir morgen früh gar nicht gut, sende uns bitte durch Jutta sofort Nachricht, dann sieht Ulla sofort nach Dir. Du weißt es ja, dass Ulla schon einigermassen bewegungsfähig ist, und zur Not steht Ihrer Übersiedlung an den Eisenmengerweg nichts im Wege. – Vorläufig freue Dich über den ersten kleinen Erfolg, den sie erzielt hat: die Pfingstgeschichte ist sofort angenommen und wird Mitte nächster Woche honoriert, die Annahme einer längeren Novelle ist wahrscheinlich. Ausserdem ist das Interesse für meine grosse Arbeit vorhanden – also alles Möglichkeiten, die wir nutzen wollen – Es sind uns auch Hoffnungen auf Lebensmittelzuschüsse gemacht worden,

die zum grössten Teile Euch zu gute kämen. Also, wir bekommen, wenn es schlecht ist, morgen früh durch Jutta
Nachricht, sonst sehen wir Dich wohl im Laufe des Tages
selbst.

Alles Gute, lieber Sohn,

Deine Vater und Ulla!

Etwas zum Stopfen – mit Nadel – liegt an.

Am 4. Juni 1946. 17 Uhr.

Lieber Uli,

Dein Brieflein hat uns doch merklich erleichtert. Ein bisschen Faulheit ist Dir gerne gegönnt – wie hältst Du es dabei übrigens mit Deinem Unterricht? Dass uns hier Deine
Besuche fehlen, brauche ich wohl kaum zu sagen. – Leider
liegt Ulla heute recht auf der Nase, muss heute und vermutlich auch morgen fest im Bette bleiben. Es hat sich
doch herausgestellt, dass sie neulich bei ihrem Sturz – die
bunten Augen, die übrigens noch immer bunt sind – wirklich eine kleine Gehirnerschütterung durchgemacht hat,
und da straft sich jeder Ausflug wie eben auch der glück-
hafte zur T.R. sofort. Es geht ihr recht jämmerlich, und daneben möchte sie auch immer wieder doch hoch und irgendwas für Euch zum Essen schaffen. Was im Augenblick doch wirklich aus mancherlei Gründen nicht geht.
Denke aber daran, Frau Hermann des öfteren in die Gärt-
nerei zu schicken, vielleicht bekommt sie doch mal was für
euch, und wenn es Salat ist. – Ich habe gestern hier bei unserer Frau Möller einen kleinen grossen Erfolg gehabt: sie
hat mir sowohl Ullas Lebensmittelkarte wie die Kartoffel-
karte für eure Ernährung freigegeben. Die Karten liegen
also bei mir und Du musst sie spätestens – trotz aller Faulheit – morgen früh holen, damit sie bei euern Kaufleuten

noch eingetragen werden. Ich wollte sie Dir eigentlich heute Nachmittag persönlich bringen, sitze aber zu sehr in der drängenden Arbeit und scheue auch noch den Weg, zumal ohne Ausweis. Ich bin sehr glücklich über diesen Kartenzuwachs für euch, so habt ihr doch, so lange Ulla noch hier ist, ein reichliches Drittel mehr zu essen. Die Niederschrift der Sas'schen Arbeit habe ich hinter mir, ich habe es mir etwas leichter gemacht, der Stoff widerstand mir zu sehr. Ich bin nun beim Tippen, was wohl bis morgen Mittag dauern wird. Dann geht es an die grosse Arbeit, die hoffentlich, hoffentlich die T. R. nehmen wird – dann wären wir aus allen Sorgen. – Heute kam ein Paket mit Neuerscheinungen aus dem Aufbau-Verlag (aber ohne alle Zigaretten), sie interessieren mich samt und sonders nicht, so kannst du sie schön an Nagel verkloppen, der ja für diese Neuerscheinungen besonders gute Preise zahlt. Auf der andern Seite habe ich, von unsern Erfolgen berauscht, bei Frau Möller Zigarettenschulden gemacht, tue also morgen früh Geld in Deinen Beutel, wenn du hierher kommst.

So, da hast Du einen ganz unerlaubt langen Brief von mir, in der Zeit hätte ich auch eine Seite Sas geschafft. Also komme bestimmt spätestens morgen früh wegen der Karten – Ulla sagte ganz glücklich: Kann der Junge doch wieder seine fünf Scheiben Brot essen, und das kannst Du ja dann auch!

Alles Gute Deine Ditzen und Ulla

Am 6. Juni. 17.00 Uhr.

Lieber Uli,
herzlichen Dank für Brief und Sendungen – die Seife war leider wieder nicht dabei, das scheint mein Schicksal zu

sein. – Du musst mir – hoffentlich morgen – erzählen, was die Kenterin gesagt hat, ob ich den Artikel veröffentlichen soll oder warte, bis sie zurückkommt usw. Es tut mir leid, dass die Fahrt Dich so angestrengt hat, irgend etwas steckt Dir doch in den Knochen, vermutlich Schlappheit wegen Unterernährung. – Trotzdem (oder grade deswegen) erinnere ich Dich noch einmal an das Fleisch, es wäre doch schön, wenn Ihr das noch zum Pfingstfest hättet, geht es irgend, so hole es. Fahre doch mit der U-Bahn, schone vorläufig Deinen Körper. – Zeitungen, Pinguin und zwei hübsche Sträusschen dankend erhalten, Du bist ein braver Sohn – bis auf die Seife. – Nach einer schlecht verbrachten Nacht habe ich mir wieder so eine Art Vorrede zurechtgeschustert, natürlich nichts von dem was früher war, aber es muss nun eben so gehen! – Die beiden anliegenden Postsachen stecke morgen gelegentlich in den Kasten, sie sind nicht eilig. – Ich bin eifrig beim Tippen des grossen Manuskriptes, so eine Art Start habe ich heute doch gemacht. Sei der Himmel und in ihm die Tägl. Rundschau uns allen gnädig!

Ulla geht es heute wesentlich besser, augenblicklich ist sie mit Jutta strümpfestopfend im Garten. Ich bin des Tippens sehr müde und sage Dir darum Gute Nacht.

Nochmals herzlichst

Deine Ditzen und Ulla!

[Ein kaum entzifferbarer handschriftlicher Zettel ohne Datum:]

Lieber Uli, anbei die gewünschten 200 RM. Da Ulla in der nächsten Woche nach Hause kommt und für Geld sorgen wird, bezahle von dem Geld noch am Sonnabend den Gärtner. – Bitte besorge für die beiliegende Karte in dem Geschäft neben der Kommandantur Zigaretten. Bitte bringe uns doch Deine kleine Pfeife für Ulla mit.

Herzliche Grüsse

Das war die letzte schriftliche Nachricht vom Vater, die der Sohn erhielt. Im Jahre 1946 schrieb der Vater noch zwei Romane, den »Alpdruck« und das wesentlich gewichtigere Werk »Jeder stirbt für sich allein«. Zwischen den Arbeitsphasen aber war er immer wieder in Kliniken, zuletzt in einem Pankower Hilfskrankenhaus – das war nicht einmal dem Sohn bekannt, bis er am 5. Februar 1947 die Todesnachricht erhielt. Der Vater lag, als der Sohn ihn zum letzten Male sah, noch auf dem Sterbebett; der Sohn sah auf dem Gesicht des toten Vaters einen gelösten Ausdruck von Ruhe und Frieden, wie er ihn noch nie bemerkt hatte.

1 Das Dorf Carwitz um 1935 (»Fliegerfoto aus etwa 100 m Höhe«). Der Pfeil bezeichnet das Anwesen der Ditzens

2 Feldberg zwischen den dreißiger und achtziger Jahren. Heute steht auf der linken Straßenseite ein Einkaufszentrum

Alle Fotos sind aus dem Archiv von Uli Ditzen

3 Das Wohnaus der Ditzens von der Seeseite

4 Uli und der Vater Rudolf Ditzen (Hans Fallada), 1938

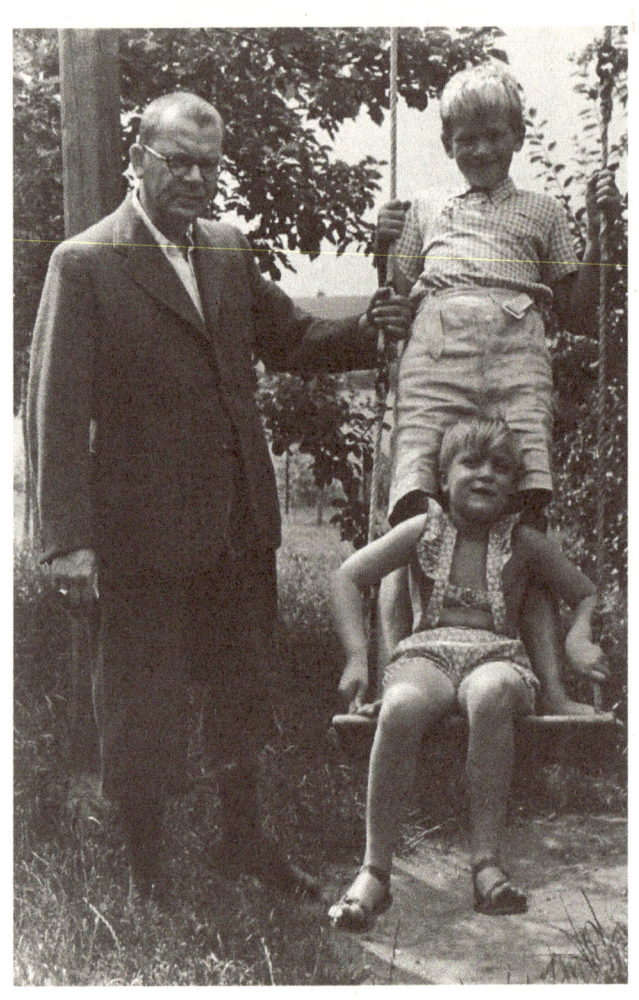

5 Der Vater mit den Kindern Uli und Lore, genannt Mücke
6 Bootsfahrt der Familie im Juli 1939

Joachimsthalsches Gymnasium, Templin U.-M.

7 Paul Utnehmer fährt mit seinem Wagen Uli nach Templin. Hinten
die Mutter Anna Ditzen (»Suse«) und Mücke

8 Das Joachimsthalsche Gymnasium in Templin. Links (mit Turm)
der Schul- und Direktoren-Wohntrakt, rechts die drei Schüler-
wohnhäuser mit je zwei Alumnaten

9 Der Eingang zum Schulgebäude des Joachimsthalschen Gymnasiums (Foto Uli Ditzen). Hinter der Tür befindet sich der lateinische Wahlspruch der Schule DIC CUR HIC (Sag, warum du hier
bist)

10 Vor dem Uckermärker Hof in Templin, Mai 1940

11 Uli mit dem Neufundländer Brumbusch am Hoftor in Carwitz
12 Aus Spiegelei wird Rührei (Brief vom 29. 5. 1942)
13 Pfingstausflug über die Templiner Seen

14 Anna Ditzen mit dem jüngsten Sohn Achim und Tochter Mücke,
   Frühjahr 1942
15 Der Vater mit Sohn Achim an der Badetreppe des Bootshauses.
   Die Zigarette darf auch hier nicht fehlen, der Tabak wurde bald
   darauf auf eigenem Acker angebaut.

16 Uli und Mücke vor dem Kaninchenstall, 1942
17 Die drei Geschwister Uli, Mücke und Achim, Weihnachten 1942.
    Uli, zwölf Jahre alt, mit dem ersten langen Anzug

S p e i s e z e t t e l   vom 8. bis 14. März 1942

	Mittagessen	Abendessen
Sonntag 8.	Kalbsbraten(125),Salzkartoffeln, Bohnensalat,Vanillespeise,Apfel= saft. Vesper: Rührkuchen.	Tee,Eibrot,Käse,Butter(3o), ᴰrot, Rettich
Montag 9.	Gemüsesuppe, Makkaroni,Tomaten= sosse, Hefeflocken	Rindfleisch(55?, Kümmelkar= toffeln
Dienstag 1o.	Obstsuppe, Zwieback,Hammel= fleisch(6o),Pellkart., Kohl	Apfelhaferflocken, Zimmt und Zucker
Mittwoch 11.	Königinsuppe, Kartoffelpudding, Apfelmus	Tee, ᴬartoffelsalat, Würstchen(6o)
Donnerstag 12.	Gulasch(7o),Pellkartoffeln, Krautsalat	Gemüsesuppe, Butter(1o),Brot
Freitag 13.	Nudelsuppe, Pellkartoffeln, Möhren	Kakao, Kalbskxxixleberwurst(3o Butter(2o), Brot
Sonnabend 14.	Linsensuppe mit Kartoffeln, Quargspeise	Bonbons, Pellkartoffeln,Sosse, Essiggemüse

18 Speisezettel des Internats. In Klammern ist die jeweilige Gramm-
Menge angegeben, die entsprechend der Lebensmittelkarte für
den einzelnen Schüler verbraucht werden kann

19 Uli 1943

20 Die Eltern im Juli 1943

21 Ulla Losch mit ihrer Tochter Jutta

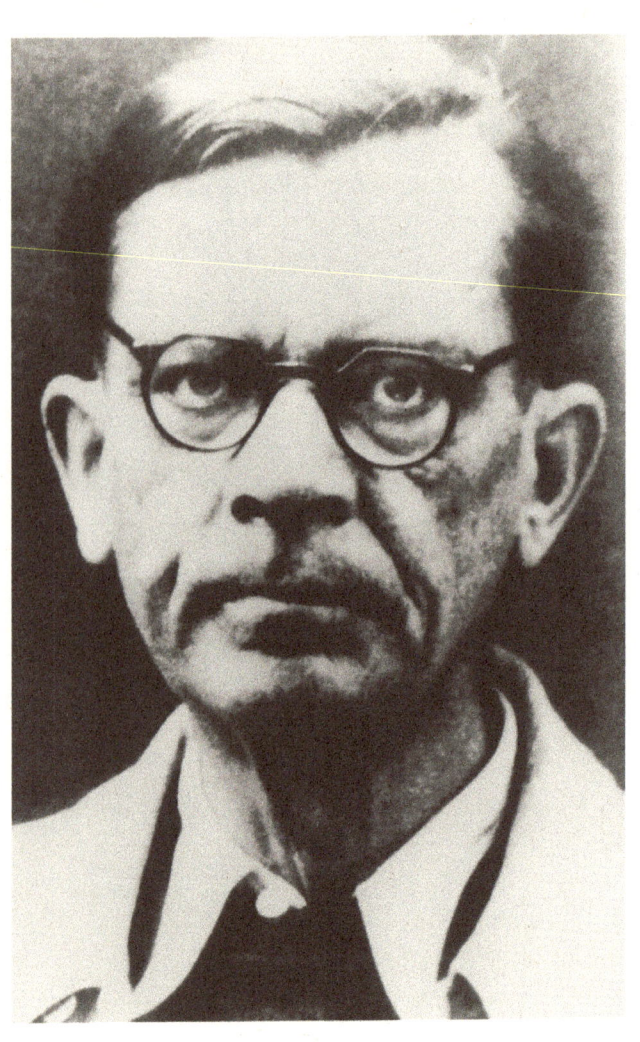

22 Hans Fallada, 1946

Anhang

Anmerkungen

Vorwort

5 *Mummi* – Anna Margarete Louise Ditzen geb. Issel (1901–1990) wurde von Fallada und im Freundeskreis meist Suse, von den Kindern Mummi genannt. Nach der Ehe mit Fallada (1929 bis 1944) blieb sie unverheiratet. Anna Ditzen ließ sich nach der Veräußerung des Carwitzer Anwesens in Feldberg nieder, wo sie als Ehrenbürgerin der Stadt starb.

Mücke – Lore Ditzen, Tochter Falladas, geboren am 18. Juli 1933, in der Familie Mücke genannt. Sie starb 1951 im Kreiskrankenhaus Neustrelitz wegen fehlender Medikamente an einer Sepsis.

6 *Carwitz* – Dorf bei Feldberg, Kreis Burg Stargard, heute Mecklenburg-Strelitz. Hatte in den vierziger Jahren des 20. Jahrhunderts ca. 240 Einwohner, vor allem Bauern, Land- und Waldarbeiter. Fallada erwarb hier im Sommer 1933 die Büdnerei Nr. 17, ein 7-Zimmer-Haus am Ende des Dorfes, insgesamt 7 Morgen Land. Das Anwesen lag direkt am Carwitzer See. Der große Nutzgarten von zwei Morgen sowie Vieh erlaubten weitgehende Selbstversorgung. Fallada produzierte mit zwölf Bienenvölkern Honig, der ein begehrter Geschenk- und Tauschartikel war. Von 1933 bis 1965 im Familienbesitz, wurde das unwirtschaftlich gewordene Anwesen danach Erholungsheim des Kinderbuchverlages; nach der Wende wurde es Fallada-Museum.

Feldberg – Kleinstadt in Mecklenburg, von Carwitz fünf Kilometer entfernt, per Auto und Kutschwagen sieben Kilometer. Urkundlich erstmals 1256 erwähnt. Der Ort hatte 1940, vor dem Zustrom Hunderter von Evakuierten, etwa 1400 Einwohner, 20 Läden, alle wesentlichen Handwerker und ein Dutzend Gaststätten.

7 *im »Völkischen Beobachter«* – Von der Nationalsozialistischen Deutschen Arbeiter-Partei (NSDAP) 1920 bis 1945 herausgegebene Tageszeitung.

Templin – Kreisstadt in der brandenburgischen Uckermark an der Grenze zu Mecklenburg, von Carwitz rund 20 Kilometer entfernt, von Feldberg 25 Kilometer. Mittelalterliche Wehrstadt, innerhalb der bis heute erhaltenen Stadtmauer mit 52 Türmen und Wiekhäusern mehrfach abgebrannt, zuletzt 1945.

7 *Joachimsthalsches Gymnasium* – Vom brandenburgischen Kurfürsten Joachim Friedrich 1607 ursprünglich im Jagdschloß Joachimsthal errichtete Schule zur Vorbereitung adeliger und bürgerlicher Kinder auf das Studium. Wegen der Plünderungen im Dreißigjährigen Krieg wurde die Schule 1638 nach Berlin verlagert, 1912 nach Templin, wo sie in einem Gebäude ca. zwei Kilometer außerhalb der Stadt untergebracht war. Bis 1944 humanistisches Gymnasium mit Wohnmöglichkeit für 150 Schüler (Alumnen); es gab sechs Wohnheime (Alumnate) für jeweils 25 Schüler, von denen jedes durch einen Lehrer-Inspektor und eine Hausdame geleitet wurde. Nach dem Krieg wurde die Schule zunächst als Stiftung fortgeführt, ab Mitte der fünfziger Jahre Institut für Lehrerbildung, seit 1989 ungenutzt.

8 *in Pankow am Eisenmenger Weg* – Fallada wohnte mit seiner zweiten Frau, deren Tochter und seinem Sohn Uli ab November 1945 in einem Einfamilienhaus in Berlin-Pankow, Eisenmengerweg 19 (ab 1951 Majakowskiweg, seit 1994 Rudolf-Ditzen-Weg). Das Haus war ihm auf Vermittlung von Johannes R. Becher zugewiesen worden.
Pajoks – Pajok (russ.) Ration; Päckchen mit Lebensmittelzuteilungen.
zweite Ehefrau Ulla – Ulla Losch geborene Boltzenthal (1921 bis 1958). Sie war in erster Ehe mit dem Seifenfabrikanten und Drogeriefilialisten Kurt Losch verheiratet, aus dieser Ehe stammt die Tochter Jutta (geb. 1939). Am 1. 2. 1945 heiratete sie in zweiter Ehe Hans Fallada. In dritter Ehe heiratete sie den Kaufmann Herbert Tretzack. Sie starb als Sozialhilfeempfängerin in einem Berliner Untermietzimmer.

9 *Monographie von Jürgen Manthey* – Jürgen Manthey: Hans Fallada in Selbstzeugnissen und Bilddokumenten dargestellt. Reinbek, Rowohlt 1963 (erweiterte Ausgabe 1973).

11 *die großformatigen Rotationsdrucke* – Der Rowohlt Verlag veröffentlichte von 1946 bis 1949 Romane im Zeitungsformat (Rowohlts Rotations-Romane), insgesamt 30 Ausgaben mit je 100 000 Exemplaren. Ab Juni 1950 erschienen die rororo-Taschenbücher, Nr. 1 der Reihe war Falladas »Kleiner Mann – was nun?«.

13 *Feuertaufe. Er war aus dem Polenfeldzug* – Die Dokumentation »Feuertaufe« über den Krieg gegen Polen wurde 1939 von Hans Bertram gedreht, er kam, ebenso wie der gleichartige Film »Feldzug in Polen«, 1940 in die Kinos.

D. J. – »Deutsches Jungvolk«, 1933 als Teil der »Hitlerjugend« geschaffene NSDAP-Organisation für Jungen von 10 bis 14 Jahren. Ab Dezember 1936 war die Mitgliedschaft Pflicht, ebenso die Teilnahme an den meist wöchentlich und in der Freizeit stattfindenden Veranstaltungen: Heimabende, Wanderungen, Sport, vormilitärische Ausbildung u. a. Üblich war der Nachmittagsdienst zweimal pro Woche. Die Mitglieder des »Deutschen Jungvolks«, allgemein »Pimpfe« genannt, wurden im nationalsozialistischen Sinn erzogen, sie trugen zum Dienst Uniform und waren militärischen Strukturen entsprechend hierarchisch organisiert. (S. auch zweite Anm. zu S. 127.)

14 *Achim* – Achim Ditzen, geboren am 3. April 1940, jüngster Sohn der Ditzens. Nach dem Abitur erlernte er in einem Dresdner graphischen Betrieb den Beruf eines Schriftsetzers, er arbeitete als Abteilungsleiter im Verlag der »Sächsischen Zeitung« in Dresden.

15 *Onkel Willi* – Dr. Willi Burlage, schon seit der Leipziger Schulzeit mit Fallada befreundet, war von Beruf Psychiater, hatte in Berlin eine Praxis und leitete daneben die Klinik »Heidehaus« in Zepernick bei Berlin. Er und seine Frau Eva (»Tante Evchen«) gehörten zu den engsten Freunden der Ditzens und waren häufig in Carwitz zu Gast. Willi Burlage kam am 22. November 1943 bei einem Luftangriff auf Berlin ums Leben; Eva Burlage überlebte ihren Mann um Jahrzehnte, sie starb in einem Würzburger Kloster. Uli Ditzen lebte 1939/40 für ein Jahr im Haushalt der Burlages in Berlin, um dort zur Schule zu gehen und sich auf das Gymnasium vorzubereiten.

Ich zog mit Hertha – Wahrscheinlich Hertha Taesler, damals eine der Haustöchter der Ditzens. Als Haustochter wurden vor allem solche Mädchen angestellt, die ihr »Pflichtjahr« ableisten mußten, eine von den NS-Behörden eingeführte Dienstverpflichtung, bei der die Mädchen meist in Haushalten oder als Landhelferinnen arbeiteten. – Über die Haustöchter der Familie Ditzen gibt das Buch von Manfred Kuhnke »Wir saßen alle an einem Tisch. Sekretärin und Krankenschwester, Pflichtjahrmädchen und Haustöchter erzählen von Hans Fallada« Auskunft, das 2001 im federchen Verlag Neubrandenburg erschien.

15 *sahen wir einen Schulfilm, von Negern* – Vermutlich der Film »Die letzten Paradiese – Afrika«, den der Afrikaforscher und Natur-filmpionier Hans Schomburgk 1932 drehte. Eine im nationalso-zialistischen Sinn manipulierte Fassung des Films kam 1942 in die Kinos.

Professor Dögen – Wilhelm Doegen (1877–1967), Sprachwissen-schaftler, Mitglied der »Preussischen Phonographischen Kom-mission«. Doegen machte Anfang des 20. Jahrhunderts, vor allem bei Kriegsgefangenen, mit einem selbstentwickelten Phonogra-phen Tonaufzeichnungen von Sprachen und Musik zahlreicher Völker, die er als »Laut-Bibliothek« sammelte (heute der TU Berlin angeschlossen). Schrieb mehrere Bücher zu sprachwissen-schaftlichen Themen, u. a. »Unter fremden Völkern« (1925). Doegen beriet Schomburgk bei der Herstellung seines Films »Die letzten Paradiese – Afrika« und stellte dafür Musik- und Lautaufnahmen zur Verfügung.

17 *die Hullerbuscher Leute* – Das Waldgebiet Hullerbusch ist heute ein kleines Naturschutzgebiet auf der schmalen Landzunge zwi-schen dem Carwitzer See/Zansen und dem Schmalen Luzin, etwa zwei bis drei Kilometer nördlich von Carwitz; dort befindet sich eine Villa, heute mit Restaurant und Hotelbetrieb. Daneben gab es einen Gutsbetrieb, der dem Bauunternehmer Frentz gehörte.

18 *Ich bin gut angekommen* – Aus den Pfingstferien zurück in Templin.

21 *ein Jahr lang alles ... für Dich getan haben* – S. Anm. zu S. 15.

Frl. Krohn – Die Hausdame des Internats in Templin.

22 *die Berliner und die Koralle* – Die »Berliner Illustrirte Zeitung« (ab 1941: Illustrierte) erschien ab 1892 im Ullstein Verlag (1937 in Deutscher Verlag umbenannt), 1945 stellte sie ihr Erscheinen ein; Wochenschrift mit Beiträgen zu allen Themen und mit zahl-reichen Illustrationen. – »Die Koralle. Magazin für alle Freunde von Natur und Technik« erschien ab 1924/25 ebenfalls im Ull-stein Verlag und brachte Artikel über technische Neuerungen, Geographie, Botanik, Ethnologie u. a., von 1937 bis 1944 im Deutschen Verlag als »Koralle. Wochenschrift für Unterhaltung, Wissenschaft, Lebensfreude« fortgeführt.

23 *Zepernick* – Ort bei Bernau nordöstlich von Berlin. In Zepernick führte Willi Burlage seine Klinik »Heidehaus«, in der Fallada oft zur Behandlung war.

25 *Nun geht's mit England los* – Am 3. 9. 1939 erklärten Frankreich und England als Verbündete Polens Deutschland den Krieg. Deutschland begann daraufhin einen Seekrieg gegen England und mit ihm alliierte Staaten, zu Lande dagegen fanden bis zum Überfall auf die Niederlande, Belgien, Luxemburg und Frankreich am 10. 5. 1940 kaum Kampfhandlungen statt (Drôle de guerre – Komischer Krieg). Am 16./17. Mai flog die Royal Air Force die ersten Luftangriffe gegen deutsche Städte (Ruhrgebiet). Da die englische Regierung unter Churchill auch nach der Kapitulation Frankreichs am 22. 6. 1940 zu keinem »Ausgleich« mit Hitler bereit war, griff die deutsche Luftwaffe Ziele in England an, verstärkt ab Mitte August. Im September wurde London bombardiert, im November Coventry.

Onkel Räder – Hubert Räder (1914–1941), war als Gärtner und Chauffeur bei Ditzens angestellt, bei Kriegsbeginn zur Wehrmacht einberufen, an der Front gefallen.

26 *Grossmutter in Celle* – Falladas Mutter Elisabeth Ditzen geb. Lorenz (1868–1951). Sie wohnte ab 1938 wie ihre Tochter Elisabeth Hörig und deren Mann in Celle. Im September 1943 zog sie als »Kriegsevakuierte« nach Carwitz, wo sie auch nach der Scheidung ihres Sohnes blieb, von Anna Ditzen versorgt.

27 *Hauptmannsberg* – Etwa 40 Meter hohe Erhebung nördlich von Carwitz, von der man einen schönen Rundblick über das Seengebiet hat, vom Haus der Ditzens knapp einen Kilometer entfernt.

am Luzin – Der Schmale Luzin, langgestreckter See nördlich von Carwitz.

28 *Neuhof... Rosenhof* – Neuhof liegt etwa drei Kilometer nordwestlich, Rosenhof etwa einen Kilometer westlich, von Carwitz.

29 *Gandenitz* – Dorf ca. sechs Kilometer nördlich von Templin.

Luftschutzalarm – Der 1933 gegründete Reichsluftschutzbund begann mit dem Aufbau eines Luftschutzsystems und der Ausbildung von Luftschutzwarten; 1939 hatte die Organisation über 13 Millionen Mitglieder. Das 1935 erlassene Luftschutzgesetz verpflichtete alle Deutschen im Falle von Luftangriffen zu Maßnahmen wie Verdunkelung, Brandbekämpfung, Erster Hilfe und zu Arbeitsleistungen. Der Luftschutzalarm wurde im Lauf des Krieges zu einer alltäglichen Erscheinung.

30 *Opa Lewerenz ... Herr Lindenberg* – Zeitweilige Angestellte der Ditzens aus Carwitz.

31 *in der Nähe von Burlages, wo wir wieder wohnten* – In der Kurfürstenstraße 78 in Berlin-Tiergarten.

Shellhaus – 1930–1932 am Berliner Landwehrkanal (heute Reichpietschufer/Ecke Stauffenbergstraße) errichteter Hauptsitz der Shell-Tochter Rhenania-Ossag-Mineralölwerke. Während des Krieges wurde das Gebäude teilweise vom Oberkommando der Marine genutzt, nach dem Krieg war es Sitz der Berliner Elektrizitätsgesellschaft BEWAG, seit dem Jahr 2000 der GASAG. Das von dem Architekten Emil Fahrenkamp errichtete Shellhaus zählt zu den markantesten Bauten der Neuen Sachlichkeit.

32 *gegen die Lychner* – Lychen: Kleinstadt ca. 15 Kilometer nordwestlich von Templin.

33 *Abstecher nach Hamburg machen und die Oma dort besuchen* – Anna Ditzens Mutter Louise Issel (1860–1943) wohnte in Hamburg. Sie kam ins Altenheim und wurde von dort ohne Rücksprache mit den Angehörigen in die Landesheilanstalt Hadamar verlegt.

Tante Tilly – Mathilde Frerksen geb. Issel, Anna Ditzens Schwester in Hamburg, häufig in Carwitz zu Gast, nach 1943 als »Kriegsevakuierte«.

Margarete – Margarete Norweg geb. Reich, 1940/41 Haustochter der Ditzens. Nach ihrer Hochzeit im Herbst 1941 zog sie nach Berlin. Fallada verbrachte im Februar/März 1944 einige Wochen Erholungsurlaub bei ihrer Familie in Eisfeld/Thüringen.

34 *sobald das Auto wieder fahren darf* – Die Ditzens hatten sich im März 1938 einen Ford V8 gekauft. Nach einem Erlaß vom 4. September 1939 durfte Kraftstoff nur noch für »lebensnotwendige« Fahrten verbraucht werden, ab 6. September galt ein Fahrverbot für private Pkw.

Brandplättchen – Diese bestanden aus einer Mischung von Chemikalien (z. B. Phosphor, Kautschuk und Zelluloid) und wurden vor allem über ländlichen Gebieten abgeworfen, um, durch Sonnenschein gezündet, Felder, Scheunen, Wälder u. a. in Brand zu setzen. Die Dorfbevölkerung, Schulklassen oder »Hitlerjugend« sammelten die Brandplättchen nach Möglichkeit wieder ein, oft nur mit Kohlenzange und Wassereimer.

35 *Stuka* – »Sturzkampfflugzeug«, die Ju 87 und Ju 88 der Firma Junkers. Die Ju 87 wurde für den Schlachtfliegereinsatz, vor allem zur Panzerbekämpfung entwickelt. Von beiden Grundtypen wurden zahlreiche Entwicklungs- und Bewaffnungsvarianten produziert.

36 *Wochenschau* – Neben Presse und Rundfunk wurde die Wochenschau zu einem wichtigen Propagandainstrument des Dritten Reiches. Bis 1940 kamen die Wochenschauen von vier Firmen in die Kinos: Deulig-Tonwoche, Bavaria-Wochenschau (später Tobis), Fox tönende Wochenschau, Ufa-Tonwoche. Diese wurden im November 1940 zur »Deutschen Wochenschau« zusammengefaßt, die in ca. 2000 Kopien überall in Deutschland zu sehen war. *Tütchen* – (auch Tüta), Gertrud Malingriaux, geb. 1921, Haustochter in Carwitz. Sie war von allen die bei Eltern wie Kindern beliebteste und kam für eine zweite Anstellungsperiode nach Carwitz zurück.

37 *Saalschlank* – Richtig: Saalschlang, von »schlingen«.

1941

38 *Onkel Rowohlt* – Ernst Rowohlt (1887–1960), deutscher Verleger. Rowohlt emigrierte im Februar 1938 nach Brasilien, arbeitete dort als Pferdehändler und Häuteverkäufer, kehrte aber, nach der Trennung von seiner Frau, Ende 1940 nach Deutschland zurück. Rowohlt war mit Fallada freundschaftlich verbunden und häufig in Carwitz zu Gast. Fallada war von 1920 bis 1943 Autor des Rowohlt Verlages, 1930/31 auch dessen Angestellter. *Schwester Josefine* – Fallada wurde wegen seiner Krankheit über längere Zeit von einer Krankenschwester betreut, die auch in Carwitz Dienst tat.

41 *den Sextaner spielen* – Die früher an den Gymnasien üblichen Bezeichnungen für die Klassenstufen waren: Sexta (sechstletzte Klasse vor dem Abitur, das nach 13 Schuljahren abgelegt wurde), Quinta (fünftletzte), Quarta (viertletzte); die drei letzten Schuljahre waren unterteilt in Untertertia/Obertertia, Untersekunda/Obersekunda, Unterprima/Oberprima. Um 1940 wurde die Klassenzählung geändert entsprechend der heutigen Zählung: von 1 an aufwärts, beide Zählweisen wurden aber nebeneinander gebraucht.

41 *Onkel Rowohlt ... als Blockadebrecher* – Rowohlt kehrte Ende 1940 nach zweimonatiger Reise auf einem mit falscher Bezeichnung (»Belgrano«) getarnten Schiff nach Deutschland zurück, das die englische Seeblockade durchbrechen mußte.

42 *Klosterwalder Wassermühle* – Etwa fünf Kilometer nordöstlich von Templin am Kleinen Dolgensee gelegene ehemalige Mühle.
zum D. J. einen Heimatabend – Die Mitglieder des »Deutschen Jungvolks« hatten regelmäßig an Heimatabenden, Sportfesten, Sammlungen u. a. teilzunehmen; s. Anm. zu S. 13.

44 *J. G.* – Joachimsthalsches Gymnasium.
Mummis Geburtstag – Anna Ditzen wurde am 12. März 1901 geboren.
Der Wettlauf zwischen dem Hasen und dem Igel – 1937 drehten die Brüder Hermann, Ferdinand und Paul Diehl den Puppentrickfilm »Wettlauf zwischen Hase und Igel« und schufen dafür die Gestalt des später sehr populär gewordenen »Mecki«.

45 *zu Deinem Geburtstage* – Am 14. März.

48 *Horst-Wessel- und Deutschlandlied* – Der 1930 erschossene SA-Mann Horst Wessel (geb. 1907) wurde von der NSDAP, besonders vom Berliner Gauleiter Joseph Goebbels, zum »Blutzeugen der Bewegung« hochstilisiert. Ein von ihm geschriebenes Gedicht, das zur Melodie eines Matrosenliedes gesungen wurde, wurde als Horst-Wessel-Lied bekannt, es war seit 1930 offizielles NSDAP-Lied, ab 1933 neben dem Deutschlandlied auch Nationalhymne. – Das Deutschlandlied (»Das Lied der Deutschen«) schrieb Hoffmann von Fallersleben 1841, die Komposition ist Joseph Haydns österreichische Kaiserhymne von 1797, seit 1922 Nationalhymne. Im Dritten Reich wurden bei offiziellen Anlässen immer beide Lieder gespielt.

49 *Als früher die Slaven im Land waren* – Das Gebiet östlich von Elbe und Saale, ursprünglich von Germanen bewohnt, wurde im Zuge der Völkerwanderung ab dem 6./7. Jahrhundert von slawischen Stämmen besiedelt. Im 10. Jahrhundert drangen deutsche Heere und Siedler über die Elbe nach Osten vor, wurden jedoch nach der Slawenerhebung 983 zurückgeworfen. Ab dem 12. Jahrhundert wurden die Slawen dauerhaft unterworfen und in die neu gebildeten Verwaltungssysteme integriert, einige ihrer Stammesfürsten zu Herzögen erhoben. Im Laufe der folgenden Jahrhunderte vermischten sich in Mecklenburg und Brandenburg slawi-

sche und deutsche Bevölkerung, lediglich die Sorben blieben als ethnische Gruppe bestehen.

49 *Vielen Dank für ... die Zeitungen* – »Berliner Illustrierte« und »Koralle«, s. Anm. zu S. 22.

51 *Kopf hoch, Johannes!* – 1940 von der Majestic Film GmbH gedrehter Film über einen Hitlerjungen, der sich in einer »Nationalpolitischen Erziehungsanstalt« vom Skeptiker zum begeisterten Nationalsozialisten wandelt. Regie: Viktor de Kowa; Darsteller u. a. Otto Gebühr, Albrecht Schoenhals, Dorothea Wieck. Hauptdarsteller Claus Detlef Siercks (geb. 1925) fiel 1944 an der Ostfront, sein Vater wurde in den USA als Douglas Sirk international bekannt.

53 *Bald müssen bei euch wohl auch die Reifen abgegeben werden* – Als kriegswichtig geltende Güter konnten schon mit Kriegsbeginn requiriert werden.

54 *Mummi ... ganz unbeschädigt aus Hamburg zurückgekommen* – In der Nacht zum 19. und am 28. Juni flogen englische Bomber einen Luftangriff auf Hamburg und Bremen. Bei den schwersten Angriffen auf Hamburg Ende Juli 1943 (Aktion »Gomorrha«) starben etwa 40000 Menschen.

56 *Hotel Excelsior* – Das Hotel Excelsior am Anhalter Bahnhof in Berlin, vor dem Ersten Weltkrieg errichtet, war eines der größten und zugleich exklusivsten Hotels Europas. Ende April 1945 wurde es bei einem Luftangriff zerstört.

Onkel Peter – Ehemann von Anna Ditzens Schwester Tilly; Verkaufsangestellter im Porzellanwaren-Einzelhandel.

58 *folgende Lieder* – »Der Gott, der Eisen wachsen ließ«: Text von Ernst Moritz Arndt (1812); »Ein Heller und ein Batzen«: Text von Albert Graf von Schlippenbach (1830); »Ob's stürmt oder schneit« (Panzerlied): Text von Kurt Wiehle (1933); »Wenn die bunten Fahnen wehen«: Text von Alfred Ziesche (1908).

59 *Ich habe drei Wochen im Justizministerium gesessen und Akten über einen grossen Strafprozess gewälzt.* – In den ersten drei Septemberwochen hielt sich Fallada in Berlin auf, um Stoff für einen Roman über den Börsenskandal Barmat-Kutisker von 1925/27 zu sammeln. Die Arbeit an diesem wegen seiner erwarteten »antisemitischen« Thematik von den NS-Behörden für wichtig erachteten, aber nie erschienenen Roman nahm Fallada gelegentlich als Vorwand, um sich eine gewisse künstlerische und wirtschaftliche Unabhängigkeit zu bewahren.

59 *dass ich vielleicht einen grossen Filmauftrag bekomme* – Auf einen
   Auftrag der Wien-Film GmbH, die eine »Berliner Geschichte«
   verfilmen wollte, geht der Roman »Ein Mann will hinauf« zurück.
   Fallada schrieb von Oktober 1941 bis Ende Januar 1942 das
   Buchmanuskript (Arbeitstitel: »Der Mann des Staubes«, auch
   »Die Eroberung von Berlin«) und schickte Ende Februar 1942
   eine erste Fassung an die Wien-Film und an die Deutsche Verlags-
   Anstalt. Im Oktober/November 1942 arbeitete er an einer neuen
   Fassung für die Filmgesellschaft und stellte im April 1943 die
   druckfertige Buchfassung her. Das Filmprojekt wurde allerdings
   nicht verwirklicht. Der Roman erschien stark gekürzt als Fortsetzungsabdruck unter dem Titel »Die Frauen und der Träumer« von
   Oktober 1942 bis Februar 1943 in der »Berliner Illustrier-
   ten Zeitung«. Als Buch erschien »Ein Mann will hinauf« (in
   einer nichtautorisierten Fassung) zuerst 1953 im Münchner Süd-
   verlag.

60 *»Die Hölle von Gallipoli«* – Walter von Schoen: »Die Hölle von
   Gallipoli. Der Heldenkampf an den Dardanellen«, Berlin: Ull-
   stein 1937. Bericht über die Kämpfe zwischen englischen und
   türkischen Truppen um die Halbinsel Gallipoli 1915/16 und damit die Herrschaft über die Dardanellen.

62 *Ich ... habe unterdes den erwarteten Filmauftrag bekommen* –
   S. zweite Anm. zu S. 59; der Vertrag wurde am 15 10. 1941 geschlossen.

64 *»Ein Volksfeind«* – 1937 unter der Regie von Hans Steinhoff gedrehter Film der Terra Filmgesellschaft, nach dem gleichnamigen
   Stück von Henrik Ibsen.

65 *Jungschaftsführer* – »Jungenschaftsführer« war der niedrigste
   Führerdienstgrad im Deutschen Jungvolk, ihm unterstand eine
   »Jungenschaft« mit 10 bis 15 Jungen.

66 *Margarete Norweg* – S. dritte Anm. zu S. 33.
   D. a. Th. S.!!! – Die handschriftliche Erklärung fehlt auf dem
   Durchschlag.

67 *Napola* – Nationalpolitische Erziehungsanstalt (NPEA, Napola);
   ab 1933 als Internatsschulen mit dem Ziel der Heranbildung
   einer nationalsozialistischen Führungselite eingerichtet. Besonderer Wert wurde auf Wehrsport und musische Erziehung gelegt,
   dazu kamen regelmäßige Einsätze in Industrie und Landwirtschaft. Der Unterricht bot zunächst einige neue Inhalte, wurde

aber 1939 wieder dem regulären Lehrplan der Gymnasien ange-
glichen. In Deutschland (einschließlich Österreich) existierten
1944 etwa 35 Napolas, darunter vier für Mädchen. Die Anforderungen waren hoch, nur ein Drittel der Schüler absolvierte die
Napolas erfolgreich.

67 *die Dschungelbücher* – »Die Dschungelbücher« des englischen
Schriftstellers Rudyard Kipling (1865–1936) erschienen in der
Originalausgabe in zwei Teilen 1894 und 1895 und wurden, in
viele Sprachen übersetzt, in Millionenauflage verbreitet.
Brumbusch – Der Hund der Ditzens, ein großer Neufundländer
Rüde. Brumbusch mußte im Oktober 1942 wegen Futterknapp-
heit verkauft werden und wurde durch die leichte Mischlings-
hündin Teddy ersetzt.

68 *Filmarbeit* – S. Anm. zu S. 59.
Mowgli und Rikki-Tikki-Tavi – Mowgli ist die Hauptgestalt aus
Kiplings »Dschungelbüchern«, ein indischer Junge, der von
einem Tiger geraubt und von einer Wölfin aufgezogen wird.
Rikki-Tikki-Tavi ist ein Mungo (Schleichkatzenart).
von Kipling »Kim« kennen lernen ... Fischerjungens – Kiplings
Roman »Kim« erschien 1901, in deutscher Übersetzung 1908.
Das Buch erzählt die Geschichte des verwaisten Jungen Kim,
dessen irischer Vater in der englischen Kolonialarmee in Indien
diente. Es gilt als Kipling reifstes Prosawerk und als überzeu-
gende Darstellung des indischen Lebens. »Fischerjungens« bezieht sich auf Kiplings Roman »Captain Courageous« von 1897,
der auf deutsch 1902 unter dem Titel »Brave Seeleute« erschien.

72 *und meinen schönen Klopstock* – Friedrich Gottlieb Klopstock
(1724–1803), einer der bedeutendsten Dichter der deutschen
Aufklärung; bekannt vor allem durch seine formal an griechischen
Vorbildern orientierten Oden und sein Epos »Der Messias«.

74 *Bann* – Obereinheit des »Deutschen Jungvolkes«, auch der anderen militärischen Organisationen der NSDAP. Zu einem Bann
gehörten etwa 3000 Jungen.

1942

75 *der Einberufungsbefehl für unser Auto* – Seit dem 1. September 1939
konnten private Kraftfahrzeuge bei Bedarf requiriert werden.
Vater Licht – Elektromeister in Feldberg.

76 *Heute habe ich die 1000. Druckseite dieses Romans geschrieben –* »Die Eroberung von Berlin«, s. zweite Anm. zu S. 59.

77 *Johanna* – Die Tochter des Elektromeisters Licht.

79 *ein kleiner D. K. W.* – »Dampfkraftwagen«; von dem dänischen Ingenieur Rasmussen ab 1917 in seiner »Zschopauer Maschinenfabrik« produzierter »Wagen«. 1932 wurden die Autohersteller Audi, Horch und Wanderer mit den D.K.W.-Werken zur Auto Union AG vereint. In den dreißiger Jahren war DKW nach Opel die meistgefahrene Automarke, als Motorrad- und Automarke bestand DKW noch bis in die sechziger Jahre.

»Meister Gert Westphalen« – Komödie von Ludvig Holberg (1684 bis 1754) über einen schwatzhaften, rechthaberischen Barbier.

»Der Geizhals« – Lustspiel in fünf Akten von Molière (1622–1673).

in den Mennoniten von Wildenbruch – Ernst von Wildenbruch (1845–1909), deutscher Dramatiker, Erzähler und Lyriker. Seine zahlreichen Stücke standen auf den Spielplänen fast aller deutschen Bühnen. Das Drama »Der Mennonit« erschien 1882; Fallada spielte die Titelrolle in einer Aufführung des Vereins »Literaria« seines Gymnasiums in Rudolstadt am 30. September 1911.

81 *Fräulein Klapper* – Anfang Februar 1942 kam die freiberuflich arbeitende Schreiberin Frau Klapper nach Carwitz, um das Manuskript von »Die Eroberung von Berlin« (»Ein Mann will hinauf«) abzuschreiben. Fallada nannte sie »eine angenehme Hausgenossin«.

Thompson-Seton … direkt von Franckh – Der englisch-kanadische Schriftsteller Ernest Thompson Seton (eigentlich Ernest Seton Thompson, 1860–1946) schrieb Tier- und Abenteuerbücher, die in Deutschland vor allem in der Franckh'schen Verlagsbuchhandlung Stuttgart erschienen.

82 *meine grosse Arbeit ist nun abgeschlossen* – Die Abschrift des Romans »Die Eroberung von Berlin« (»Ein Mann will hinauf«) wurde am 25. 2. 1942 beendet, am folgenden Tag schickte Fallada je ein Exemplar an die Wien-Film GmbH und an die Deutsche Verlags-Anstalt Stuttgart.

83 *das letzte Federspiel* – Eine Art Mikado mit geschnitzten Elfenbeinfiguren.

84 *»Von Chicago nach Chunking« … Den Silbernern Fürsten* – Gemeint sind die Bücher »Von Chicago nach Chunking. Einem jungen Deutschen erschließt sich die Welt« des österreichischen

Reiseschriftstellers Ralph Colin Ross (1885–1945), das 1941 im Verlag Die Heimbücherei erschienen, und der Roman »Der silberne Fürst« von Alexej Tolstoi, der erstmals 1926 unter dem Titel »Der Bojar Iwans des Schrecklichen« auf deutsch erschien, 1941 mit Illustrationen von Wilhelm M. Busch.

85 *Umsiedlung der Klassen 4 und 6 nach Kosten bei Posen* – Die ohne Einwilligung der Eltern vollzogene zeitweilige Umsiedlung der Schüler erfolgte auf Veranlassung des »Inspekteurs der Deutschen Heimschulen«, SS-Obergruppenführers Heißmeyer, der unmittelbar dem Reichsminister für Wissenschaft, Erziehung und Volksbildung unterstellt war. Heißmeyer gründete in den Gebieten östlich der Oder eine Reihe Deutscher Heimschulen in der Form von Gymnasien mit Internat, zuerst am 2. 6. 1942 in Kosten (heute Kościan). Für diese Schule übernahm das Joachimsthalsche Gymnasium die Patenschaft und sandte zur Vorbereitung der Eröffnung zwei Schulklassen mit jeweils einem Lehrer dorthin.

87 *Deine Tante Ibeth in Celle* – Falladas Schwester Elisabeth Hörig.
Eichendorff – Joseph von Eichendorff (1788–1857), bedeutender Lyriker und Erzähler der deutschen Romantik.
der Lebrecht Drewes heisst (1816–1870) – Lebrecht Treves; sein von Fallada zitiertes Gedicht wurde von Wilhelm Stade (1817 bis 1902) vertont.

88 *Was sagst du nur zu Rostock?* – In der Nacht zum 24. April 1942 flog die Royal Air Force einen Angriff auf Rostock, bei dem ein großer Teil der Rostocker Innenstadt zerstört wurde.
Warnemünde, wo ja Dein Vetter Adolf Jensen mit Frau und Kind wohnt – Warnemünde: Stadtteil von Rostock, damals ein beliebtes Ostseebad. – Vetter Jensen: ein Verwandter mütterlicherseits.
bei den Flugzeugwerken von Heinkel – 1935 errichtete die Firma Heinkel im Rostocker Stadtteil Marienehe eine Montagefabrik, in der der Standardbomber der Luftwaffe He 111 gebaut wurde.

90 *»Über alles in der Welt«* – 1941 von Karl Ritter gedrehter Film, mit Carl Raddatz, Hannes Stelzer, Marina von Ditmar u. a.
Evchen und Jan – Eva Burlage und ihr Vetter.

91 *Wir Frösche* – So wurden die Schüler der 1. und 2. Klasse genannt.

92 *rumtelefoniert, um ein Auto zu bekommen* – Für Fahrten mit einem privaten Pkw mußte eine Sondergenehmigung vorliegen, z. B. für Ärzte.

94 *Mückes Abtransport nach Hermannswerder* – Mücke war von Mai
1942 bis November 1943 Schülerin der Hoffbauer-Stiftung auf
der Halbinsel Hermannswerder bei Potsdam (s. Anm. zu S. 123),
danach wieder in der Carwitzer Dorfschule, ab August 1944 im
Lyzeum Neustrelitz.

95 *Esbit* – Brennstofftabletten für Campingkocher, noch heute im
Handel erhältlich.

96 *die neue Haustochter, auch eine Herta* – Herta Matuschek, Haustochter von 1942 bis 1944. Sie lernte bei Anna Ditzen meisterhaft
kochen. Die Rezepte, die sie in dieser Zeit notierte, sind enthalten in »Der Schmortopf ist ganz überflüssig«, Berlin, Aufbau Taschenbuch Verlag, 2001.

Meine neue Arbeit ist fertig – Von Anfang April bis Mitte Mai 1942
schrieb Fallada das Manuskript zu dem Buch »Heute bei uns zu
Haus«, das Ende Mai in der Abschrift durch Else Marie Bakonyi
vorlag. Das Buch erschien Anfang 1943.

97 *Bewahre diese Karte bitte auf* – Die Karte zeigt eine Abbildung
des Bombenflugzeugs Do 17 der Firma Dornier, im Volksmund
»Fliegender Bleistift« genannt.

99 *Rowohlt ... auf Urlaub aus Athen* – Ernst Rowohlt, der im Ersten
Weltkrieg Fliegerleutnant war, hatte sich nach der Rückkehr aus
Brasilien zum Dienst beim Luftfahrtministerium gemeldet, war
zunächst nach Stettin eingezogen und 1941 als Fliegerhaupt-
mann nach Griechenland versetzt worden.

von Max Eyth: Der Schneider von Ulm – Max Eyth (1836–1906),
Ingenieur und Autor von Büchern mit meist technischen Sujets.
Der zweibändige Roman »Der Schneider von Ulm« (1906) erzählt
die Geschichte des Schneiders und Erfinders Albrecht Ludwig
Berblinger (1770–1829), der mit dem Versuch scheiterte, sich mit
seinem 1810/11 gebauten Flugapparat in die Luft zu erheben.

von Cronin »Die Sterne blicken herab« – Archibald Joseph Cronin
(1896–1981), engl. Schriftsteller und Arzt; sein Buch »Die Sterne
blicken herab« (engl. u. dt. 1935) beschreibt die elende Lage der
englischen Bergarbeiter und ihre Kämpfe um soziale Verbesse-
rungen in der Zeit vom Ersten Weltkrieg bis in die Mitte der
zwanziger Jahre. Weitere Werke: »Die Zitadelle« (1937), »Ein
Held im Schatten« (1978).

101 *wieder erstaunlich schnell eingelebt* – Nach den Sommerferien, die
Uli zu Hause in Carwitz verbrachte.

102 *Fahrtenschwimmen* – Die nach dem »Freischwimmen« nächst-
höhere Leistungsstufe.

103 *Debbi ... SS gemeldet* – SS: Schutzstaffel, 1925 gebildete Einheit
der NSDAP, ursprünglich als Sicherungsgruppe bei Auftritten von
Parteiführern, im Dritten Reich als Eliteeinheit zur Durchsetzung
der rassisch-völkischen Ideen des Nationalsozialismus weiterent-
wickelt. Die SS war bis 1934 formal der SA-Führung unterstellt,
danach selbständige Gliederung der NSDAP. Der »Reichsführer
SS« Heinrich Himmler wurde 1936 auch Chef der Deutschen
Polizei, wodurch die SS gleichzeitig Partei- und Staatsorganisation
wurde. Nach Kriegsbeginn stellte die SS Schritt für Schritt militärische Verbände auf (Waffen-SS). Vom Nürnberger Kriegsge-
richtshof 1946 zur »verbrecherischen Organisation« erklärt. –
Gottlieb Rohde (»Debbi«) wurde 1945 bei einer nächtlichen Raz-
zia der Roten Armee in Carwitz gefangengenommen und in das
NKWD-Lager Fünfeichen bei Neubrandenburg gebracht. Dort
starb er, ohne daß ein Verfahren gegen ihn eingeleitet worden
wäre, wie ein Großteil der Häftlinge an den Folgen von Unterernährung und Seuchen. Uli Ditzen entging diesem Schicksal
durch den Zufall, daß er die Razzia-Nacht, in der alle jungen Männer in Carwitz festgenommen wurden, nicht bei seiner Mutter,
sondern im Feldberger Bürgermeister-Haus des Vaters verbrachte.

105 *Pötter* – Der Töpfer.

106 *Ich hause aber meist in meiner Höhle drüben und schanze für den
Film* – Fallada arbeitete manchmal in dem ausgebauten Zimmer
seiner Carwitzer Scheune (»Gärtnerzimmer«); im Oktober und
November schrieb er an einer neuen Fassung von »Die Eroberung
von Berlin« (»Ein Mann will hinauf«) für die Wien-Film GmbH.
Marcelin Rizzo ist eine grosse Hülfe – Marcelin Riseau, franz. Arbeiter. Wegen des Arbeitskräftemangels wurde ein Teil der französischen Kriegsgefangenen in Industrie und Landwirtschaft
eingesetzt, sie erhielten Lohn und mußten nach einer bestimm-
ten Zeit in die Gefangenenlager zurückkehren; ihr Einsatz wurde
über die örtlichen Arbeitsämter gelenkt. Außerdem warb man in
den besetzten Ländern Arbeitskräfte oder verpflichtete sie unter
Druck; ab 1942 wurden mehrere Millionen Menschen, vor allem
aus Osteuropa, nach Deutschland verschleppt (offiziell »Fremdarbeiter« genannt) oder in ihrer Heimat zur Arbeit gezwungen,
was nach der Definition der Internationalen Arbeitsorganisation

von 1930 den Tatbestand der »Zwangsarbeit« erfüllte und internationalen Abkommen widersprach. Üblich war der Arbeitseinsatz von Kriegsgefangenen.

106 ›Teddy‹, eine junge Hundedame – S. zweite Anm. zu S. 67.

107 »... reitet für Deutschland« – 1941 nach dem gleichnamigen Buch von Clemens Laar gedrehter Ufa-Film über einen im Ersten Weltkrieg verwundeten Rittmeister und sein Pferd; Regie: Arthur Maria Rabenalt, Buch: Fritz Reck-Malleczewen, Darsteller: Willy Birgel, Gertrud Eysoldt, Wolfgang Staudte u. a. Der Film wurde als »Staatspolitisch wertvoll« und »Jugendwert« eingestuft.

108 Und was macht der Franzose – Marcelin Riseau, s. zweite Anm. zu S. 106.

109 eine erhebliche Verbesserung der Ernährung – Eines der Kriegsziele war die Nutzung der sowjetischen Landwirtschaft für die Ernährung der deutschen Bevölkerung. Im Laufe des Krieges wurden mehrere Millionen Tonnen landwirtschaftlicher Produkte und Vieh nach Deutschland gebracht.

112 ein Chef von mir auf Rügen – Fallada lebte Anfang der zwanziger Jahre mehrmals für längere Zeit auf dem Gut seines Freundes Johannes Kagelmacher in Gudderitz auf Rügen, so in der ersten Jahreshälfte 1921, als er dort u. a. als Rendant (Buchhalter) arbeitete.

113 Großmutter und Adelheid – Falladas Mutter bzw. seine Nichte Adelheid Hörig (1921–1988), die Tochter seiner ältesten Schwester Elisabeth.

115 Adam – Bahnhofswirt in Feldberg.

1943

116 E. O. Plauen ... hat ... ein paar reizende Karikaturen von mir gemacht – E. O. Plauen (eigentlich Erich Ohser, 1908–1944) zeichnete 1943 die bekannteste Karikatur Falladas, einen Einbandentwurf von ihm zu einem Fallada-Buch gibt es allerdings nicht. – Wegen »politischer Unzuverlässigkeit« wurde Ohser nicht in den Reichsverband der deutschen Pressezeichner aufgenommen, erhielt aber unter dem Pseudonym E. O. Plauen schließlich eine Arbeitserlaubnis; im Ullstein-Verlag veröffentlichte er die beliebte Bilderreihe »Vater und Sohn«. 1944 sollte ihm – unter dem Vorwurf, Witze über Hitler verbreitet zu haben – der Prozeß

gemacht werden; einen Tag vor Prozeßbeginn beging Plauen Selbstmord; sein Freund, der Schriftsteller Erich Knauf, wurde wegen desselben »Delikts« am 2. Mai 1944 hingerichtet.

116 *Abschluss mit der »Woche« auf einen Roman* – Am 19. 1. 1943 schloß Fallada mit dem Berliner Scherl Verlag, der »Die Woche« herausgab, einen Vertrag über einen Fortsetzungsroman. Daraufhin schrieb er von Mitte Februar bis Anfang März den Roman »Der Jungherrr von Strammin«, der zwischen August und November 1943 in gekürzter Fassung in der »Woche« erschien und seine letzte während des Krieges veröffentlichte Arbeit ist.

118 *Stalin* – Der polnische Fremdarbeiter Matjä, der vom 10. Dezember 1942 bis Kriegsende bei den Ditzens arbeitete, wurde wegen seines Schnauzbartes »Stalin« genannt.

119 *daß du wieder einmal krank bist* – Ende Januar war Fallada wegen schwerer Depressionen in die Berliner Kuranstalten Westend eingeliefert worden, am 13. Februar kehrte er nach Carwitz zurück.

führt Alumnat IV. den »zerbrochenen Krug« auf – Das Lustspiel »Der zerbrochene Krug«, entstanden 1803–1806, war Heinrich von Kleists (1777–1811) erfolgreichstes Stück.

als Luftwaffenhelfer verschickt – Ab Februar 1943 wurden 15- bis 17jährige Schüler klassenweise als »Luftwaffenhelfer« eingezogen, an Flugabwehrgeschützen ausgebildet und bei der Luftverteidigung eingesetzt; sie ersetzten die Soldaten, die an die Front geschickt wurden. Die Luftwaffenhelfer, auch Flakhelfer genannt, waren meist kaserniert und erhielten neben ihrer militärischen Ausbildung zunächst noch normalen Schulunterricht. Insgesamt leisteten etwa 200 000 Schüler Dienst als Luftwaffenhelfer, viele von ihnen kamen dabei ums Leben.

Gorch Focks Werke – Gorch Fock, eigentlich Johan Kinau, geb. 1880, gefallen in der Seeschlacht am Skagerrak 1916, schrieb in Hoch- und Plattdeutsch humoristische Geschichten aus dem Seefahrermilieu, die vor allem bei Jugendlichen sehr beliebt waren (»Hein Godenwind«, 1912, »Seefahrt ist not!«, 1913).

120 *dass ich entweder zum Zivil oder zum Militär eingezogen werde* – Nach Hitlers Erlaß vom 3. 1. 1943 unterlagen alle Männer von 16 bis 65 Jahren einer »Dienstpflicht« und konnten zu Arbeitsleistungen in Industrie und Landwirtschaft sowie für militärische Einsätze herangezogen werden. Ebenso konnten Frauen vom 17. bis 45. Lebensjahr »dienstverpflichtet« werden.

120 *Wie lange man mich noch meiner Bücherschreiberei wird nachgehen*
lassen, ahne ich nicht – Diese Äußerung bezieht sich teils auf die
Unsicherheit nach dem »Dienstpflicht-Erlaß«, teils auf Falladas
Skepsis, ob er nicht doch irgendwann einem generellen Schreib-
verbot unterworfen würde.

einen Roman für die ›Woche‹, die ja als ›kriegswichtig‹ gilt – Für
nicht als »kriegswichtig« eingestufte Publikationen wurde kein
Papier mehr zur Verfügung gestellt.

›Les Précieuses Ridicules‹ – »Die lächerlichen Preziösen«, Komödie von Molière, Uraufführung 1659, in Frankreich schon 1900
verfilmt, ein weiteres Mal 1935.

Dorfrichter Adam ... im Film, mit Emil Jannings besetzt – Der
Dorfrichter Adam ist die Hauptfigur in Kleists Lustspiel »Der
zerbrochene Krug«, seine Darstellung durch den Schauspieler
Emil Jannings (1884–1950) in dem gleichnamigen Film von 1937
gilt als filmgeschichtlich bedeutsam. Jannings sollte auch die
Titelrolle in der Verfilmung von Falladas Roman »Der eiserne
Gustav« spielen, dessen Entstehung er selbst angeregt hatte. Das
1938 geplante Filmprojekt wurde nicht verwirklicht.

122 *aus Pölitz* – Pölitz: heute Police, Ort ca. zehn Kilometer nördlich
von Stettin (Szczecin).

123 *Hoffbauer-Stiftung* – Von dem Fabrikantenehepaar Clara und
Herrmann Hoffbauer 1901 gegründete Stiftung mit dem Ziel päd-
agogischer und sozialer Betreuung, Behinderten- und Altenpflege
sowie Ausbildung von Jugendlichen. Die Stiftung erwarb auf der
Halbinsel Hermannswerder bei Potsdam ein Grundstück und errichtete dort mehrere Gebäude. 1938 wurde die Stiftung, trotz Widerstands, in die »Nationalsozialistische Wohlfahrt« eingegliedert,
heute ist sie innerhalb der Evangelischen Kirche in Berlin-Bran-
denburg tätig.

124 *heute Mittag mit meinem Roman fertig geworden* – Von Mitte Februar bis zum 9. März schrieb Fallada den Roman »Der Jungherr
von Strammin«, der gekürzt in Fortsetzungen in der »Woche«
erschien.

Frau Bakonyi – Else Marie Bakonyi (auch Bakonié, Bakonjé) war
Falladas langjährige Sekretärin, der er mehrere seiner Romane
nach seinen handschriftlichen Manuskripten in die Maschine dik-
tierte. Zwischen beiden kam es 1943 zum Zerwürfnis, als Frau
Bakonyi, die Halbjüdin war, wegen des vermuteten Antisemitis-

mus ablehnte, Falladas geplanten Kutüsker-Roman abzuschreiben; sie beschuldigte ihn deswegen nach dem Krieg öffentlich des opportunistischen Handelns »unter der Göbbels'schen Gnadensonne«.

125 *auf Einladung des Arbeitsdienstführers ... nach Frankreich fahren* – Im März erhielt Fallada auf Anregung seiner sudetendeutschen Verehrerin und Freundin Annemarie Steiner eine Einladung, in Frankreich Einheiten des Reichsarbeitsdienstes (RAD) zu besuchen und über die Arbeit des RAD einen Bericht zu schreiben. Er fuhr am 15. Mai über Paris nach Bordeaux, besuchte die RAD-Lager bei Clermont-Ferrand und Perpignan und war auch kurz in Spanien; am 23. Juni traf er wieder in Carwitz ein. Anfang August fuhr die Familie Ditzen, mit Ausnahme von Achim, nach Niemes in Nordböhmen, wo der RAD ebenfalls ein Lager unterhielt. Nachdem Anna Ditzen die Kinder am 24. 8. nach Carwitz zurückgebracht hatte, fuhr sie nochmals für einige Tage nach Niemes. Fallada reiste dann Anfang September ein zweites Mal nach Frankreich und kehrte Anfang Oktober nach Carwitz zurück.

127 *Potsdam hat beim letzten Fliegerangriff einiges abbekommen* – Beim Angriff auf Berlin am 30. März.
H. J. – »Hitlerjugend«, 1926 gegründete Jugendorganisation der NSDAP für 14- bis 18jährige Jugendliche (»Hitlerjungen«), die nach 1933 zu einer allgemeinen Staatsjugendorganisation ausgebaut wurde. Das »Gesetz über die Hitlerjugend« vom 1. 12. 1936 bestimmte, daß die gesamte deutsche Jugend innerhalb des Reichsgebietes in der »Hitlerjugend« zusammengefaßt werden sollte, damit wurde die gesamte Erziehung der Jugend außerhalb von Schule und Elternhaus der »Hitlerjugend« übertragen. Der Schwerpunkt der Jugendarbeit lag auf der weltanschaulichen Schulung im Sinne des Nationalsozialismus, auf Sportveranstaltungen, militärischer Ausbildung der Jungen, Ausflügen, Wanderungen und beruflichen Leistungswettkämpfen. Die »Hitlerjugend« war gegliedert in: »Deutsches Jungvolk« (10- bis 14jährige Jungen), die »Hitlerjugend« im engeren Sinn (15- bis 18jährige Jungen), »Deutsche Jungmädel« (10- bis 14jährige Mädchen) und »Bund deutscher Mädel« (BDM, für 15- bis 21jährige Mädchen). Daneben gab es, analog zur NSDAP, Sondereinheiten wie die Flieger-, Marine- und Motor-HJ und – während des Krieges – den HJ-Streifendienst.

130 *dass er erst mal 5–6 Tage bei Paris sein wird* – Fallada traf am
18. Mai in Paris ein und blieb dort einige Tage, um Verhandlungen
mit seinem französischen Verleger Sorlot zu führen.

Reichsschrifttumskammer – Das am 22. 9. 1933 erlassene Reichs-
kultur-Gesetz verpflichtete alle Künstler, sich ab 1. 11. 1933 in
den jeweiligen Unterorganisationen der »Reichskulturkammer«
zu organisieren. Demnach waren alle Autoren in der Reichsschrifttumskammer bzw. im nachgeordneten Reichsverband
Deutscher Schriftsteller zusammengefaßt. Schriftsteller, die
nicht Mitglieder der Reichsschrifttumskammer waren, hatten
keine Publikationsmöglichkeit. Fallada trat dem Reichsverband
Deutscher Schriftsteller im Sommer 1933 bei.

131 *BV 222* – Das Großraumtransportflugzeug B 222 »Wiking« der
Hamburger Firma Blohm & Voß.

132 *Niemes* – Heute: Mimoň, Kleinstadt bei Česka Lípa in Nordböhmen, s. auch Anm. zu S. 125.

RAD-Lager – RAD: Reichsarbeitsdienst. Auf der Tradition frei-
williger Hilfsdienste in den zwanziger Jahren basierender Arbeitsdienst; ab Juni 1935 gesetzlich eingeführte Dienstpflicht für Männer von 18 bis 25 Jahren zur Leistung gemeinnütziger Arbeiten
(z. B. Straßenbau), zur militärischen Ausbildung und Erziehung
im nationalsozialistischen Sinn. Die »Arbeitsmannen« waren in
der Regel für ein Jahr in einem Lager kaserniert. Im April 1936
wurde auch der freiwillige Arbeitsdienst von Frauen dem RAD
angegliedert. Während des Krieges entwickelte sich der mehrere
hunderttausend Mann starke RAD zur paramilitärischen Truppe,
die sowohl zivile auch wie kriegswichtige Bauarbeiten zu leisten
hatte und auch bei militärischen Operationen eingesetzt wurde.
In der Cité von Carcassonne – Hauptstadt des südfranzösischen
Departements Aude. Im 12./13. Jahrhundert war die Region um
Carcassonne Zentrum der Albigenser (Katharer), die von der rö-
mischen Kirche als Ketzer verfolgt wurden. Der mittelalterliche
Stadtkern (Cité) von Carcassonne mit seiner großen Festungs-
mauer gehört zum Weltkulturerbe der UNESCO.

135 *Züge mit Evakuierten aus dem Rheinland* – Wegen der häufigen
schweren Luftangriffe auf das Rheinland, insbesondere das Ruhrgebiet, wurden Tausende Einwohner in andere Gebiete Deutschlands evakuiert und bei Familien eingewiesen. Auch bei der Familie
Ditzen waren mehrfach Evakuierte untergebracht.

141 *im VB* – Im »Völkischen Beobachter«, s. Anm. zu S. 7.

der Film: Himmel, wir erben ein Schloß – 1943 gedrehter Film nach Falladas Roman »Kleiner Mann, großer Mann – alles vertauscht«. Regisseur war Carl Froelich (1875–1953), seit Juli 1939 Präsident der Reichsfilmkammer. Die Zeitschrift »Die Dame« hatte 1939 unter demselben Titel einen Vorabdruck des Romans gebracht und diesen mit einer Fotoreportage über Fallada und seine Familie eingeleitet.

Italiens Verrat – Am 10. Juli 1943 landeten angloamerikanische Truppen auf Sizilien, am 25. Juli 1943 wurde Regierungschef Benito Mussolini nach einem Mißtrauensvotum des »Großen Faschistischen Rates«, der italienischen Regierung, verhaftet und Marschall Pietro Badoglio zum neuen Regierungschef ernannt. Badoglio schloß am 3. September mit den Westalliierten einen geheimen Waffenstillstandsvertrag, der am 8. September bekannt wurde; am 13. Oktober erklärte Italien Deutschland den Krieg.

142 *die Herren Europas* – Positive Äußerungen über die Kriegsaussichten Deutschlands, fast gleichlautend mit diesen, schreibt Fallada mehrfach von dieser Reise, auch in die Schweiz. Viele Biographen sehen hierin ein »Spiel mit dem Zensor« – vgl. Werner Liersch, »Hans Fallada. Sein großes kleines Leben«, Hildesheim: Claassen Verlag 1993, S. 329; Cecilia von Studnitz, »Es war wie ein Rausch. Fallada und sein Leben«, Düsseldorf: Droste Verlag 1997, S. 325 f.; Jenny Williams, »Mehr Leben als eins. Hans Fallada. Eine Biographie«, Berlin: Aufbau-Verlag 2002, S. 302.

Und wenn wir jetzt im Osten zurückgehen – Nach der Niederlage von Stalingrad Anfang 1943 geriet die Wehrmacht zunehmend in die Defensive und mußte nach und nach wichtige strategische Positionen aufgeben.

143 *mit unsern neuen Waffen* – Propagandaminister Goebbels prägte 1943 das Wort von den deutschen »Wunderwaffen«, mit denen die materielle Überlegenheit und die strategischen Vorteile der Alliierten wettgemacht werden sollten. Tatsächlich jedoch konnten die neuen militärtechnischen Entwicklungen, wie z.B. die V1-Raketen, den Kriegsverlauf nicht entscheidend beeinflussen.

145 *der Rowohlt-Verlag … ist stillgelegt worden* – Im Oktober 1943 wurde der Rowohlt Verlag, der seit Ende 1938 nur als Tochtergesellschaft der Deutschen Verlags-Anstalt Stuttgart weiterbestehen konnte, für »kulturpolitisch unzuverlässig« erklärt und

liquidiert. Begründet wurde dies mit dem Hinweis auf zwei »un-
erwünschte« Autoren: Joachim Ringelnatz und Hans Fallada.
Außerdem hatte man in Erfahrung gebracht, daß Ernst Rowohlt
1921 eine Petition zur Freilassung des Führers des Mitteldeut-
schen Aufstands Max Hoelz mitunterschrieben hatte. Die Deutsche Verlags-Anstalt wurde von dem NSDAP-Verlag Eher über-
nommen, der den Autor Hans Fallada nicht haben wollte.

145 *Herrn Ledig* – Heinrich-Maria Ledig-Rowohlt (1908–1992),
Sohn Ernst Rowohlts, ab 1940 Leiter des Rowohlt Verlages innerhalb der Deutschen Verlags-Anstalt und Falladas Lektor. Er gründete 1945 den Rowohlt Verlag in Stuttgart neu, in den fünfziger
Jahren übernahm er von seinem Vater die Geschäftsführung.

146 *Tante Dola* – Dorothea Blöcker geb. Issel, ältere Schwester von
Anna Ditzen in Hamburg.

147 *Wir wollen uns besonders auf den Film legen* – Die Arbeit für Filmgesellschaften wurde in den dreißiger und vierziger Jahren von
den Autoren allgemein als eine lukrativere Einnahmequelle angesehen, da die Filmfirmen bessere Honorare als die Buchverlage
zahlen konnten und die Buchproduktion mit Kriegsbeginn unter
restriktiven Papierzuteilungen litt.

149 *nach Berlin ins Sanatorium* – Fallada war mehrfach in den Kur-
kliniken Westend in Berlin-Charlottenburg zur Behandlung.

150 *die schweren Terrorangriffe auf Berlin* – Am 19., 22./23., 24. und
26. 11. sowie am 2./3. 12. flogen britische Bomber die bis dahin
schwersten Luftangriffe auf Berlin, bei denen Tausende Menschen umkamen und große Teile der Stadt zerstört wurden.
mit einer Schwester … nach Haus geschickt – Wegen der Bombarde-
ments konnte der normale Krankenhausbetrieb kaum aufrecht-
erhalten werden, die Patienten wurden, wenn möglich, nach Hause
geschickt.

152 *Do-Werfer* – Von dem Ingenieur und Offizier (ab 1943 General)
Walter Dornberger in den dreißiger Jahren entwickelter Nebel-
bzw. Granatwerfer, der zum ersten Mehrfachwerfer weiterent-
wickelt wurde. Dornberger war wesentlich an der Entwicklung
der sogenannten A- bzw. V-Waffen beteiligt und leitete die »Hee-
resversuchsanstalt« in Kummersdorf und Peenemünde. Nach
Kriegsende ging er in die USA.
der größte Teil der Tiere des Zoos ist ausgebrochen und erschossen –
Bei den Luftangriffen auf Berlin vom 22. bis 24. 11. 1943 wurden

auch die Tierhäuser, das Aquarium und die Verwaltungsgebäude des Zoos zerstört oder stark beschädigt; die meisten Tiere starben, viele verletzte Tiere mußten getötet werden.

152 *Dann wird Evchens Wohnung wohl auch kaputt sein* – Bei dem Angriff am 22. 11. 1943 kam Willi Burlage während seiner Sprechstunde ums Leben, als das Haus Kurfürstenstraße 78 von Bomben getroffen wurde. Uli Ditzen hatte hier 1939/40 ein Jahr lang bei der Familie Burlage gelebt.

1944

154 *Kuranstalten Westend* – 1887 als »Privat-Irrenanstalt« gegründete Klinik in Berlin-Charlottenburg (damals eine selbständige Gemeinde); 1910 um ein Kurhaus erweitert und nach der Bildung von Groß-Berlin 1920 als »Kuranstalten Westend« weitergeführt; nach Gründung der Freien Universität dieser als Psychiatrische Klinik angegliedert.

155 *trotzdem ich schon Mitte kommender Woche schlafmittelfrei sein soll* – Fallada nahm über längere Zeiträume regelmäßig Opiate und Schlafmittel.

Du und Ihr alle habt keine guten Weihnachtsferien gehabt – Fallada hatte vor Weihnachten Streit mit seiner Frau wegen einer Affäre mit der Haustochter Anneliese und befand sich in einer depressiven Stimmung.

157 *Adolf-Hitlerplatz* – 1906 bis 1933 Reichskanzlerplatz, 1933 bis 1945 Adolf-Hitler-Platz, heute Theodor-Heuss-Platz in Berlin-Charlottenburg.

Autor des Wilhelm Heyne Verlages in Dresden – Wegen der Liquidierung des Rowohlt Verlages im Oktober 1943 hatte Fallada keinen Verlag mehr. Ab November führte er Verhandlungen mit dem Heyne Verlag, am 26. Januar unterschrieb er einen Vertrag und wurde dessen Autor. Allerdings veröffentlichte er bei Heyne kein einziges Buch.

161 *Eisfeld* – Thüringische Kleinstadt zwischen Coburg und Suhl.

bei Margarete und ihren Eltern – Fallada verbrachte vom 22. 2. bis 29. 3. 1944 einen Erholungsurlaub bei der Familie seiner ehemaligen Haustocher Margarete Norweg, geb. Reich.

162 *Hier hat … der Dichter Otto Ludwig gelebt* – Otto Ludwig (1813 bis 1865), Erzähler und Dramatiker, wurde in Eisfeld geboren

und lebte dort von 1840 bis 1842. Von seinen Werken wurden vor allem die Erzählungen »Die Heitheretei und ihr Widerspiel. Aus dem Regen in die Traufe« (1857) und »Zwischen Himmel und Erde« (1856) sowie das Drama »Der Erbförster« (1853) bekannt.

163 *Unsere alte Schule ist jetzt offiziell Heimschule geworden* – Der Heimschul-Inspekteur Heißmeyer ersetzte am 1. 2. 1944 den bisherigen Direktor Hertzberg durch Oberstudiendirektor Dr. Bauer (»Boß Bauer«), der sofort die Umwandlung der Schule in eine »Deutsche Heimschule« einleitete. Die Familienalumnate wurden aufgelöst, an ihre Stelle trat eine formationsmäßige Belegung der Häuser. Die Alumnen wurden in Hundertschaften eingegliedert. (Siehe Siegfried Joost, »Das Joachimsthalsche Gymnasium«. Festschrift zum 375jährigen Jahrestag der Gründung. Wittlich 1982)

165 *den Herodot oder den Xenophon exerzieren* – Griech. Geschichtsschreiber: Herodot (um 490 – um 425 v. d. Z.) berichtete vor allem über die Kriege der Griechen gegen die Perser, Xenophon (um 430 bis um 355 v. d. Z.) nahm an mehreren Feldzügen nach Asien teil, worüber er in seinem Hauptwerk »Anabasis« berichtet. *Homer* – Griech. Dichter, der vermutlich im 8. Jh. v. d. Z. im griech. Teil Kleinasiens lebte; ihm werden die beiden bedeutendsten antiken Epen »Ilias« und »Odyssee« zugeschrieben.

167 *hatten wir hier auch Alarm* – Nach einem amerikanischen Luftangriff auf Berlin am 6. März wurde beim Rückflug auch Templin bombardiert.

168 *Bericht von einer Reise um die Welt* – Rudolf Michael: »Roman einer Weltreise«, Hamburg, Broschek 1940.

169 *Es wird doch kein Papier für Bücher bewilligt* – Papier wurde nur noch für solche Bücher bewilligt, die von der Reichsschrifttumskammer als »kriegswichtig« eingestuft wurden.
so dass jetzt schon 3 Bücher, die von mir fertig vorliegen, nicht erscheinen können – »Wizzel Kien. Der Narr von Schalkemaren« (geschrieben 1935/36), »Dies Herz, das dir gehört« (auch »Die Zuflucht«, 1939); die Romane »Die Stunde, eh' du schlafen gehst« (geschrieben Juni 1941), »Ein Mann will hinauf« (1942/43) und »Der Jungherr von Strammin« (Februar/März 1943) konnten nur als Fortsetzungsabdrucke in Zeitschriften und gekürzt erscheinen.

170 *Nun bin ich endgiltig aus der Wehrmacht ausgeschieden* – Fallada wurde am 27. April 1944 als »völlig untauglich zum Dienst in der Wehrmacht« ausgemustert.

173 *»Quax, der Bruchpilot«* – Humorvoll-grotesker Film von 1941 mit Heinz Rühmann in der Titelrolle; Regie Kurt Hoffmann.

Führergeburtstag – Hitlers Geburtstag, der 20. April, war im Dritten Reich, analog dem »Kaisergeburtstag«, Staatsfeiertag.

177 *Die Invasion* – In der Nacht zum 6. Juni 1944 landeten englische und amerikanische Truppen in der Normandie im Gebiet zwischen den Flüssen Vire und Orne und eröffneten damit die Westfront gegen die deutsche Wehrmacht.

Nettuno-Anzio – Am 22. Januar 1944 landete das VI. Korps der 5. US-Armee nahe der Küstenstädte Anzio und Nettuno, 50 Kilometer südlich von Rom. Nach Gegenangriffen der Wehrmacht konnte sich der Verband im Mai mit den von Süditalien vordringenden englischen und amerikanischen Truppen vereinigen.

180 *Meseritz/Warthe* – Meseritz (heute Międzyrzecz), Kreisstadt ca. 70 km östlich von Frankfurt/Oder.

181 *Neuhöfchen* – Dorf im damaligen Landkreis Züllichau-Schwiebus, Regierungsbezirk Frankfurt/Oder, Provinz Mark Brandenburg.

183 *Obertertia* – S. Anm. zu S. 41.

Ich bin ... in der Drossen-Crossener Gegend tätig gewesen – Fallada war von 1916 bis Mitte der zwanziger Jahre in verschiedenen landwirtschaftlichen Betrieben in Pommern, Mecklenburg und Westpreußen angestellt, z. B. vom 1. 11. 1923 bis zum 15. 4. 1925 auf dem Gut Radach bei Crossen (Krosno), damals eine Kreisstadt im Regierungsbezirk Frankfurt/Oder (ca. 50 Kilometer südöstlich von Frankfurt/Oder). Drossen: heute Ośno Lubuskie, eine Kleinstadt ca. 25 Kilometer nordöstlich von Frankfurt/Oder.

184 *Hüppers* – Grashüpfer.

187 *Ich lebe hier in einem seltsamen traurigen Hause* – Am 6. 9. wurde Fallada in die Landesheilanstalt Neustrelitz-Strelitz eingeliefert.

ich arbeite ... den ganzen Tag – Fallada bekam von der Anstaltsleitung die Genehmigung zu schreiben und arbeitete wie besessen an dem Roman »Der Trinker« (Aufbau-Verlag, 1950), an mehreren Geschichten und an Erinnerungen.

schreibe mal wieder Kurzgeschichten – Zu diesen Geschichten, die Fallada in umgekehrter Richtung zwischen die Zeilen des »Trinker«-Manuskripts schrieb, gehören »Der kleine Jü-Jü und der große Jü-Jü«, »Die Geschichte von der großen und von der kleinen Mücke«, »Der Kindernarr«, »Swenda, ein Traumtorso oder Meine Sorgen« und »Ich suche den Vater«, die 1997 in dem

Band »Drei Jahre kein Mensch. Erlebtes, Erfahrenes, Erfunde-
nes« (Aufbau-Verlag) veröffentlicht wurden.

187 *eine Achim-Geschichte vom Grossen und vom Kleinen Jü-Jü ...
eine Geschichte von meiner Mücke und von meinem Uli* – »Die
Geschichte vom kleinen und großen Jü-Jü« schrieb Fallada am
6. 9. 1944, eine veränderte Version erschien in der »Täglichen
Rundschau« vom 1. 1. 1946. Die »Mücke«-Geschichte entstand
am 22. 9. 1944. Als Weihnachtsgeschenk für seine Tochter Mücke
schrieb Fallada Anfang Dezember 1944 die Erzählung »Fridolin,
der freche Dachs«, die nicht zur Veröffentlichung vorgesehen
war. Sie erschien als Buch 1954 im Verlag Heinrich Scheffler,
Frankfurt/Main.

188 *Die gute Erde (von Buck)* – Pearl Sydenstricker Buck (1892–1973),
amerikanische Schriftstellerin, Nobelpreis 1938. Pearl S. Buck verbrachte ihre Kindheit in China, wo ihr Vater als Missionar tätig war.
Nach dem Studium in den USA kehrte sie nach China zurück, arbeitete dort als Professorin für englische Literatur. Romantrilogie »Die
gute Erde« (Pulitzer-Preis 1932), »Söhne« (1933), »Das geteilte
Haus« (1935); weitere Werke: »Ostwind – Westwind« (1930), »Land
der Hoffnung, Land der Trauer« (1939), »Drachensaat« (1942). Ihre
Bücher schildern das Leben in China und waren weltweit populär.
Der junge Revolutionär – Pearl S. Bucks Buch »The Young Revo-
lutionist« erschien auf deutsch 1934 im Zinnen-Verlag Basel, Berlin, Leipzig, Wien.

189 *die Bildung des sog. »Volkssturmes«* – In dem durch Hitlers Erlaß
vom 25. 9. 1944 gebildeten »Volkssturm« wurden alle Männer
von 16 bis 60 Jahren zusammengefaßt, die bis dahin noch nicht
zum Wehrdienst eingezogen worden waren. Die Volkssturmmän-
ner wurden vor allem beim Bau von Notunterkünften, Panzer-
sperren u. ä. eingesetzt, der militärische Einsatz der schlecht aus-
gebildeten und bewaffneten Einheiten erwies sich als sinnlos.
Vale – (lat.) lebe wohl.

190 *die Reichsministerrede* – Am 27. 10. sprach Goebbels im Rundfunk
und verbreitete Durchhalteparolen: »Der Aufruf zum Volkssturm
durch den Führer ist ein Beweis dafür, daß wir, je näher die Gefahr
rückt, um so fanatischer entschlossen sind, ihr mit allen zur Verfügung stehenden Mitteln entgegenzutreten.«

191 *das »Ave verum«* – Wolfgang Amadeus Mozarts Motette »Ave
verum Corpus« (KV 618) aus dem Jahr 1791.

254

194 *NPEA* – Nationalpolitische Erziehungsanstalt, s. Anm. S. 67.

195 *Klinkecken* – Fallada wohnte mit seiner zweiten Frau Ulla bis Mai 1945 in Feldberg, Klinkecken 1.

1946

198 *Professor Zutt* – Prof. Dr. Jürg Zutt (1893–1980), Falladas behandelnder Arzt. Zutt leitete seit den dreißiger Jahren die psychiatrische Abteilung des Klinikums Westend, nach dem Krieg war er Inhaber des Lehrstuhls für Psychiatrie an der Universität Frankfurt am Main und bedeutender Vertreter der anthropologischen Psychiatrie.

199 *wende dich sofort an Becher* – Im Oktober 1945 machte Fallada die Bekanntschaft von Johannes R. Becher (1891–1958), der ihn, über die Sowjetische Militäradministration (SMAD), mit einer Wohnung versorgte und sich auch sonst um ihn kümmerte. Becher hoffte, Fallada für die Kulturpolitik der sowjetischen Besatzungsmacht gewinnen zu können.

200 *vom Pitaval ... 2 Bände* – Die Sammlung »Berühmte und interessante Kriminalfälle« des französischen Rechtsgelehrten François Gayot de Pitaval (1673–1743) erschien 1734–43 in 20 Bänden, eine erste deutsche Auswahl 1747–67; zu einer zweiten Ausgabe, 1792–95, schrieb Friedrich Schiller ein Vorwort. Ab 1842 wurde die Sammlung von J. E. Hitzig und Willibald Alexis unter dem Titel »Der neue Pitaval« fortgesetzt, sie umfaßte zuletzt 60 Bände und beinhaltete neben den originalen auch zeitgenössische Rechtsfälle. – Eine sechsbändige Auswahl »Geschichten aus dem Neuen Pitaval. Interessante Kriminalfälle aller Länder aus älterer und neuerer Zeit« kam 1927 im Verlag Hendel, Leipzig und Meersburg, heraus.

Grimm: Volk ohne Raum, und Wiltfeber: der Auslandsdeutsche – Hans Grimm (1875–1959) gilt als Begründer der deutschen Kolonialliteratur. Sein Roman »Volk ohne Raum« (1926) wurde im Dritten Reich zur Pflichtlektüre in den Schulen, der Titel diente zur schlagwortartigen Legitimation nationalsozialistischer Expansionspolitik. – Für seinen Roman »Wiltfeber, der ewige

Deutsche« erhielt Hermann Burte (eigentlich Hermann Strübe, 1879–1960) 1912 den Kleistpreis. Das Buch ist eine aus nationalistischer Sicht verfaßte Darstellung des Deutschen als allmächtigen und kraftstrotzenden Typus, beeinflußt von Friedrich Nietzsche und Germanentum.

200 *Thomas Wolfe: Von Strom und Zeit* – Thomas Wolfe (1900–1938), amerikanischer Schriftsteller, sein Roman »Von Zeit und Strom« (1935, dt. 1936 in zwei Bänden bei Rowohlt) ist stark von James Joyces »Ulysses« beeinflußt.

Dickens: Barnaby Rudge – Charles Dickens (1812–1870), englischer Schriftsteller; sein Roman »Barnaby Rudge« erschien 1841. Auf deutsch liegen mehrere Ausgaben vor, Fallada könnte die 1899–1902 im Leipziger Schirmer-Verlag innerhalb der »Sämtlichen Romane und Erzählungen« erschienene zweibändige Ausgabe gemeint haben.

201 *was meiner Arbeit nicht grade gut bekam* – Von Februar bis August 1946 schrieb Fallada an dem Roman »Der Alpdruck« (zunächst unter dem Titel »Fallada sucht einen Weg«), der 1947 im Aufbau-Verlag erschien, daneben Kurzprosa für die Tagespresse.

pater peccavi – (lat.) Vater, ich habe gesündigt (Lukas 15,18). Die Formel gilt als Eingeständnis einer Sünde und Bitte um Vergebung.

205 *die Pfingstgeschichte* – Die Geschichte »Pfingstgruß an Achim«, die am 1. Juni entstand und am 9. Juni in der »Täglichen Rundschau« veröffentlicht wurde.

Interesse für meine grosse Arbeit – Der Roman »Der Alpdruck«.

206 *T. R.* – »Tägliche Rundschau. Zeitung für Politik, Wirtschaft und Kultur«, von der SMAD herausgegebene Tageszeitung, sie erschien vom 15. Mai 1945 bis zum 30. Juni 1955.

207 *Die Niederschrift der Sas'schen Arbeit* – Einen Artikel über Alfred Schmidt-Sas, den früheren Lebensgefährten von Falladas Bekannter Marga Dietrich-Kenter, der 1942 verhaftet, dann aus dem Konzentrationslager entlassen, kurz danach erneut verhaftet, zum Tode verurteilt und am 8. April 1943 hingerichtet worden war. Fallada plante zu jener Zeit einen Roman über Schmidt-Sas.

die grosse Arbeit, die hoffentlich ... die T. R. nehmen wird – Fallada rechnete wohl mit einem Fortsetzungsabdruck des Romans »Der Alpdruck«, von dem tatsächlich zwischen dem 10. und 28. Dezember 1946 Teile in der »Täglichen Rundschau« veröffentlicht wurden.

208 *so hole es* – Von der russischen Pajok-Verteilungsstelle in Stadt-
mitte.

so eine Art Vorrede – Wohl das Vorwort zum Roman »Der Alpdruck«, das in der Buchausgabe allerdings auf »August 1946« da-
tiert ist.

Ich bin eifrig beim Tippen des grossen Manuskriptes – »Der Alpdruck«.

Zu dieser Ausgabe

Die hier abgedruckten Briefe sind eine Auswahl aus der Korrespondenz von insgesamt 461 Blatt aus den Jahren 1940 bis 1946. Die handschriftlichen Briefe Uli Ditzens sind im Original erhalten, die Briefe von Hans Fallada (Rudolf Ditzen) als Schreibmaschinen-Durchschläge. Sie befinden sich im Besitz von Uli Ditzen.

Bei den Durchschlägen fehlen handschriftliche Zusätze, insbesondere die Unterschriften. Bei schief eingelegten Durchschlagblättern fehlen mitunter einzelne Wörter oder Zeilen.

Die Texte dieses Bandes folgen buchstaben- und zeichengetreu den Vorlagen. Eindeutige Schreibfehler wurden stillschweigend korrigiert. Vereinzelte Auslassungen innerhalb der Briefe sind nicht ausgewiesen. Sie betreffen für den Zusammenhang dieses Bandes nicht relevante Äußerungen.

Zusätze des Herausgebers stehen in eckigen Klammern. Kommentare des Herausgebers außerhalb des Brieftextes sind kursiv gesetzt.

Von den Briefschreibern vorgenommene Hervorhebungen einzelner Wörter werden kursiv wiedergegeben.

Die Wiedergabe von Daten und Ortsangaben in den Briefköpfen sowie die typografische Einrichtung der Grußformel wurde normiert.

Die Anmerkungen von Hartmut Schönfuß sind auf Veranlassung des Verlages entstanden. Uli Ditzen unterstützte sie freundlicherweise durch Anregungen und Hinweise in bezug auf biographische, familiäre und lokale Informationen.

Inhalt

Anhang

Hans Fallada
Meine lieben jungen Freunde
Briefe an die Kinder
144 Seiten. Gebunden mit Schutzumschlag und Banderole
ISBN 978-3-351-03477-1
Auch als E-Book lieferbar

Unveröffentlichte Briefe

Der Bestsellerautor im innigen Austausch mit seinen Kindern: Hans Fallada war Morphinist, Trinker, ein von seinen Dämonen bedrängter Künstler, der große Romane seiner Zeit schuf. Zugleich war er ein liebender Familienvater, der mit seinen Kindern Uli, Mücke und Achim Ruderboot fuhr, ihnen Geschichten erzählte und diese für sie aufschrieb – legendär sind seine »Geschichten aus der Murkelei«. Und er schrieb ihnen zu Herzen gehende Briefe. Das brillante wie berührende Selbstporträt des Autors, das er für seinen ältesten Sohn Uli verfasste, stellt zusammen mit bislang unveröffentlichten Briefen an Tochter Mücke, die ab August 1942 für ein Jahr das Internat in Hermannswerder besuchte, eine ganz besondere Liebeserklärung des Vaters an seine Kinder dar.

»Damals für die Eltern vielleicht nicht immer leicht – für uns Leserinnen und Leser heute dafür umso vergnüglicher zu lesen.« Christoph Amend, ZEITmagazin

Regelmäßige Informationen erhalten Sie über unseren Newsletter.
Jetzt anmelden unter: www.aufbau-verlage.de/newsletter

Hans Fallada
Jeder stirbt für sich allein
Roman
704 Seiten. Broschur
ISBN 978-3-7466-2811-0
Auch als E-Book lieferbar

Ein einzigartiges Panorama des Berliner Lebens in der Nazizeit

Hans Falladas eindringliche Darstellung des Widerstands der kleinen Leute avancierte rund 60 Jahre nach ihrer Entstehung zum überragenden Publikumserfolg in Deutschland und der Welt. Millionen Leser sind berührt von der Geschichte des Ehepaars Quangel, das nach dem Kriegstod des Sohnes einen ganz privaten Weg findet, sich gegen das unmenschliche Regime zur Wehr zu setzten und so die eigene Seele zu retten.

»Die literarische Wiederentdeckung.« Der Tagesspiegel
»Ein ganz und gar großartiger Roman.« Die Zeit
»Zeitlose Größe erreicht dieses Buch.« Spiegel online
»Das Buch hat die Spannung eines Le-Carré-Romans: ein tiefgehendes, erschütterndes Porträt.« The New Yorker

Regelmäßige Informationen erhalten Sie über unseren Newsletter.
Jetzt anmelden unter: www.aufbau-verlage.de/newsletter

 aufbau taschenbuch

Hans Fallada
Kleiner Mann – was nun?
Roman. Erstmals in der Originalfassung
557 Seiten. Broschur
ISBN 978-3-7466-3344-2
Auch als E-Book lieferbar

Der Weltbestseller erstmals so, wie Fallada ihn schrieb

Zu brisant, um so gedruckt zu werden: Von der Urfassung des Romans, der Hans Fallada am Vorabend der Machtergreifung der Nazis zum international gefeierten Erfolgsautor machte, wurde ein Viertel noch nie veröffentlicht. Der Verkäufer Johannes Pinneberg und seine Freundin Lämmchen erwarten ein Kind. Kurz entschlossen heiratet das Paar, auch wenn das Geld immer knapper wird. Trotz Weltwirtschaftskrise und erstarkender Nazis nimmt Lämmchen beherzt das Leben ihres verzweifelnden Mannes in die Hand. In dieser rekonstruierten Urfassung führt ihr gemeinsamer Weg noch tiefer ins zeitgenössische Berlin, ins Nachtleben und in die von den »Roaring Twenties« geprägten Subkulturen. Jetzt mit Charlie Chaplin, Robinson Crusoe, Goethe, Wilhelm Busch und dem Prinzen von Wales.

Regelmäßige Informationen erhalten Sie über unseren Newsletter.
Jetzt anmelden unter: www.aufbau-verlage.de/newsletter

aufbau taschenbuch

Hans Fallada
Der eiserne Gustav
Roman
832 Seiten. Broschur
ISBN 978-3-7466-3862-1
Auch als E-Book lieferbar

»Eine notwendige Neuausgabe.«

Neues Deutschland

Berlin 1914–1924: Der Fuhrbetrieb des Droschkenkutschers Gustav Hackendahl kann neben der Automobilkonkurrenz nicht bestehen. Da setzt er trotzig einen Traum in die Tat um, eine letzte Reise mit der Droschke – von Berlin nach Paris.
Diese Neuausgabe präsentiert die Geschichte des eisernen Gustav erstmals in einer Textfassung, die gänzlich frei von politisch motivierten Eingriffen ist. Denn der Roman wurde zunächst durch die Nazis und dann in der DDR gezielt manipuliert. Damit geriet eines der bedeutendsten Werke Falladas gleich in doppelter Weise zum tragischen Spiegelbild der deutschen Geschichte des 20. Jahrhunderts. Ein packender Zeitroman, der auf wahren Begebenheiten beruht und endlich mit seinem typischen Fallada-Schluss gedruckt wird.

»Ein Zeitpanorama voller interessanter Figuren und Szenen, die man so schnell nicht wieder vergisst.« Jens Bisky, Süddeutsche Zeitung

Regelmäßige Informationen erhalten Sie über unseren Newsletter.
Jetzt anmelden unter: www.aufbau-verlage.de/newsletter

Hans Fallada
Ohne Euch wäre ich aufgesessen
Geschwisterbriefe
473 Seiten. Broschur
ISBN 978-3-7466-3611-5
Auch als E-Book lieferbar

»Das Herz muss dabei sein, sonst ist alles Schiet!«

Unveröffentlichte Briefe an die Familie

Ende 1928, nach Jahren der Sucht und mehrerer verbüßter Gefängnisstrafen, ist es Hans Fallada gelungen, sein Leben in neue Bahnen zu lenken. Auch mit den Schwestern Elisabeth und Margarete sucht er einen Neuanfang. Von seinem ersten Brief bis zum letzten im Dezember 1946 entsteht ein Verhältnis tiefer Verbundenheit und wirklicher Solidarität: Die Verwandten sind die ersten, leidenschaftlichen Leser seiner Romane, sie durchleben gemeinsam große Erfolge, schmerzliche Verluste und private Umbrüche in politisch bedrohlichen Zeiten.

Regelmäßige Informationen erhalten Sie über unseren Newsletter.
Jetzt anmelden unter: www.aufbau-verlage.de/newsletter

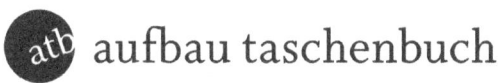

Peter Walther
Hans Fallada
Die Biographie
527 Seiten. Broschur
ISBN 978-3-7466-3416-6
Auch als E-Book lieferbar

Mit Größe am Leben gescheitert

Die umfassende Biographie: Populär war er schon immer, mittlerweile erkennt man seinen weltliterarischen Rang: Der Autor Hans Fallada wurde in den letzten Jahren noch einmal völlig neu entdeckt. Es ist Zeit, sich auch seiner Biographie neu zu nähern und das reiche, bislang unerschlossene Material auszuwerten. So schärfen sich selbst für den Kenner die Konturen und schließen sich die Lücken.

Hier der von seinen Dämonen bedrängte Künstler, Frauenheld, Opportunist, Ex-Sträfling und Morphinist, dort der respektierte Landwirt, liebende Familienvater, sich unter Lebensgefahr vom Alptraum des Dritten Reichs freischreibende Nazi-Gegner – die dramatische Biographie einer zerrissenen Persönlichkeit.

Mit zahlreichen neuen Archivfunden – von Peter Walther kenntnisreich und souverän erzählt.

»Eine rätselhafte, vielschichtige Gestalt – vielleicht war dieser ›Hans im Glück‹ stärker, als er selber wusste: reich in all seinem Unglück.« The New York Times

Regelmäßige Informationen erhalten Sie über unseren Newsletter.
Jetzt anmelden unter: www.aufbau-verlage.de/newsletter